高职高专公共基础课规划教材

普通话与口语交际

康毕华 于立新 主 编

清华大学出版社
北 京

内容简介

全书分为普通话基础训练和口语交际应用两部分内容。基础训练篇包括第1~6章,解决会说、说准、说好普通话的问题,主要包括普通话的历史及发展、普通话水平测试、普通话基础语音知识、如何说好普通话等内容;交际与职业应用篇包括第7~10章,解决怎样用好普通话,怎样让它服务于交际需要的问题,主要包括口语交际、交谈与接待、谈判与推销、演讲与辩论等具体内容。各章节既有独立性,又有连贯性。学习者无论是零起点还是高起点,都能各取所需,从中有所收获。

本书既适用于服务类高职高专院校教学,又是服务类行业从业人员提升口语表达能力的训练参考书,也是从事汉语言文学专业、传播学相关专业提高口语表达水平的训练参考书。本书可以作为职业院校普通话课程教材,也可以作为大中专院校学生、教师及其他行业从业人员参加普通话测试考级的自学、辅导用书。

本书封面贴有清华大学出版社防伪标签,无标签者不得销售。
版权所有,侵权必究。举报: 010-62782989,beiqinquan@tup.tsinghua.edu.cn。

图书在版编目(CIP)数据

普通话与口语交际/康毕华,于立新主编. —北京:清华大学出版社,2017(2023.9重印)
(高职高专公共基础课规划教材)
ISBN 978-7-302-46793-9

Ⅰ. ①普… Ⅱ. ①康… ②于… Ⅲ. ①普通话—口语—高等职业教育—教材 Ⅳ. ①H193.2

中国版本图书馆 CIP 数据核字(2017)第 052770 号

责任编辑:张龙卿
封面设计:徐日强
责任校对:袁 芳
责任印制:沈 露

出版发行:清华大学出版社
网　　址:http://www.tup.com.cn,http://www.wqbook.com
地　　址:北京清华大学学研大厦 A 座　　邮　编:100084
社 总 机:010-83470000　　邮　购:010-62786544
投稿与读者服务:010-62776969,c-service@tup.tsinghua.edu.cn
质量反馈:010-62772015,zhiliang@tup.tsinghua.edu.cn
课件下载:http://www.tup.com.cn,010-83470410
印 装 者:三河市龙大印装有限公司
经　　销:全国新华书店
开　　本:185mm×260mm　　印　张:13.25　　字　数:299 千字
版　　次:2017 年 6 月第 1 版　　印　次:2023 年 9 月第 7 次印刷
定　　价:39.00 元

产品编号:074104-02

前言

语言是人类最重要的交际工具,对于职业工作者,尤其是时时刻刻都需要与客人沟通的旅游工作者而言,语言是最能体现其职业能力的标志。大家都知道,说话不难,但要会说话,说得好,而且用文字表达得好,并不是件容易的事,所以说,学习语言是一辈子的事。

普通话作为我国的共同语言,优美而庄重,说普通话、用普通话进行沟通,这是时代的要求。大力推广普通话是《中华人民共和国宪法》和《中华人民共和国国家通用语言文字法》所规定的基本国策,推广普通话有利于维护民族团结、增强民族凝聚力,有利于对外开放交流,也有利于促进社会主义先进文化建设。在人才必备的基本素质中,普通话口语交际能力是一种可感性较强的显性素质,它是诸多隐性素质的物质外化。所以,加强大学生语言能力的培养和提高,既是高等院校适应社会发展、培养合格人才的需要,也是大学生自身发展的需要。

本书主要针对普通话训练和口语交际训练而编写,包括普通话语音、普通话词汇、普通话语法、普通话朗读训练、普通话水平测试、口语交际、交谈与接待、谈判与推销、演讲与辩论等内容。

体例编排上,普通话与口语交际两条主线并行贯穿整部教材。普通话训练部分,着重在掌握语音知识的基础上进行音节、音变及作品朗读的训练,使普通话水平与应试能力在各项基础训练中得到提高;口语交际部分,选材用例和训练设计尽可能贴近社会交往和职场沟通的需要,同时,实践环节注重课堂教学训练、课外训练和日常口语交际相结合。全书尽量做到理论阐述系统全面,内容编排有序合理,实例分析新颖透彻,训练内容针对性强。

本书适合职业院校语言教学用,也可作为广大读者提高语言能力的普及读物。

限于我们的知识能力,书中难免有不足之处,敬请广大读者批评、指正。

编　者
2017 年 1 月

目录

第一章　普通话概述 ………………………………………………………… 1
 第一节　语言 …………………………………………………………… 1
  一、语言是人类最重要的交际工具 ………………………………… 1
  二、语言是一种符号系统 …………………………………………… 1
  三、语言的发展 ……………………………………………………… 2
 第二节　普通话与方言 ………………………………………………… 6
  一、普通话 …………………………………………………………… 6
  二、普通话规范的标准 ……………………………………………… 7
  三、现代汉语方言 …………………………………………………… 8
  四、学习普通话的意义 ……………………………………………… 9
 第三节　发声技能训练 ………………………………………………… 10
  一、保护嗓子的办法 ………………………………………………… 10
  二、用气发声训练 …………………………………………………… 10
 第四节　态势语训练 …………………………………………………… 14
  一、表情与眼神 ……………………………………………………… 14
  二、姿态与动作 ……………………………………………………… 15
 第五节　推广普通话 …………………………………………………… 16
  一、推广普通话的方针 ……………………………………………… 16
  二、当前推广普通话的任务 ………………………………………… 16

第二章　普通话语音 ………………………………………………………… 18
 第一节　语音的基本概念 ……………………………………………… 18
  一、音节与音素 ……………………………………………………… 18
  二、元音与辅音 ……………………………………………………… 18
  三、语音的四要素 …………………………………………………… 18
  四、汉语拼音方案 …………………………………………………… 18
 第二节　普通话声母 …………………………………………………… 21
  一、声母的发音 ……………………………………………………… 21
  二、普通话声母的发音 ……………………………………………… 23

三、零声母 … 24
　　四、声母发音难点以及唇舌力量练习 … 25
第三节　普通话韵母 … 26
　　一、韵母的分类 … 26
　　二、普通话韵母发音及分辨 … 28
　　三、普通话韵母综合训练 … 31
第四节　普通话声调 … 34
　　一、声调的性质和作用 … 34
　　二、普通话四声的读法及训练 … 36
　　三、普通话声调分辨 … 40
第五节　普通话音节 … 43
　　一、普通话音节的结构和拼写规则 … 43
　　二、音节拼读 … 46
　　三、普通话的音节变化 … 46
第六节　普通话音变 … 51
　　一、音变的含义及类型 … 51
　　二、轻声的发音及训练 … 51
　　三、儿化的发音及训练 … 52
　　四、语气词"啊"的音变训练 … 53
第七节　普通话声调 … 54
　　一、普通话声调介绍 … 54
　　二、普通话声调练习 … 55

第三章　普通话词汇 … 58
　第一节　普通话词汇与汉语方言的差异 … 58
　　一、形同实异 … 58
　　二、实同形异 … 59
　第二节　普通话词汇规范 … 60
　　一、普通话词汇的组成 … 60
　　二、普通话词汇的发展变化 … 62
　　三、普通话词汇的规范化 … 64
　第三节　普通话词汇与我国七大方言词汇的差异 … 65
　　一、普通话词汇与北方方言词汇的差异 … 65
　　二、普通话词汇与吴方言词汇的差异 … 66
　　三、普通话词汇与湘方言词汇的差异 … 67
　　四、普通话词汇与赣方言词汇的差异 … 68
　　五、普通话词汇与客家方言词汇的差异 … 68
　　六、普通话词汇与闽方言词汇的差异 … 69

七、普通话词汇与粤方言词汇的差异 …………………………………… 70
第四章　普通话语法 ……………………………………………………………… 73
　第一节　语法概说 ……………………………………………………………… 73
　　一、什么是语法 …………………………………………………………… 73
　　二、语法单位 ……………………………………………………………… 74
　第二节　词 ……………………………………………………………………… 75
　　一、词的构成 ……………………………………………………………… 75
　　二、词类 …………………………………………………………………… 76
　第三节　短语 …………………………………………………………………… 81
　　一、短语的结构类型 ……………………………………………………… 81
　　二、短语的功能类型 ……………………………………………………… 83
　　三、多义短语 ……………………………………………………………… 84
　第四节　句子 …………………………………………………………………… 85
　　一、句法成分 ……………………………………………………………… 85
　　二、句类 …………………………………………………………………… 90
　　三、句型 …………………………………………………………………… 93
　　四、复句 …………………………………………………………………… 95
第五章　普通话朗读训练 ………………………………………………………… 98
　第一节　朗读的要领 …………………………………………………………… 98
　　一、读准字音,念准词句 ………………………………………………… 98
　　二、深入理解作品,表达感情 …………………………………………… 98
　　三、掌握朗读技巧,熟悉普通话节律 …………………………………… 98
　第二节　朗读的基本要求与技巧 ……………………………………………… 102
　　一、朗读的基本要求 ……………………………………………………… 102
　　二、朗读技巧 ……………………………………………………………… 103
　第三节　不同文体的朗读 ……………………………………………………… 110
　　一、诗歌的朗读 …………………………………………………………… 110
　　二、散文的朗读 …………………………………………………………… 111
　　三、记叙文的朗读 ………………………………………………………… 112
　　四、说明文的朗读 ………………………………………………………… 113
　　五、寓言的朗读 …………………………………………………………… 114
　　六、童话的朗读 …………………………………………………………… 115
第六章　普通话水平测试 ………………………………………………………… 116
　第一节　普通话水平测试的性质与等级标准 ………………………………… 116
　　一、普通话水平测试的性质 ……………………………………………… 116
　　二、普通话水平测试等级标准 …………………………………………… 116
　第二节　普通话水平测试应试技巧 …………………………………………… 117

一、普通话测试的准备技巧 …………………………………… 117
　　　二、单音节字词应试技巧 ……………………………………… 118
　　　三、多音节字词应试技巧 ……………………………………… 119
　　　四、短文朗读 …………………………………………………… 120
　　　五、命题说话 …………………………………………………… 121
第七章　口语交际 …………………………………………………… 126
　第一节　口语交际的特点和要求 ………………………………… 126
　　　一、口语交际的特点 …………………………………………… 126
　　　二、口语交际的要求 …………………………………………… 127
　第二节　交际场合语体 …………………………………………… 128
　　　一、庄重语体 …………………………………………………… 128
　　　二、常态语体 …………………………………………………… 128
　　　三、随意语体 …………………………………………………… 129
　　　四、亲密语体 …………………………………………………… 131
　第三节　语言表达手段 …………………………………………… 131
　　　一、声音形象的创造 …………………………………………… 131
　　　二、语言组织 …………………………………………………… 136
　　　三、句子的构造 ………………………………………………… 137
　第四节　口语与书面语的区别 …………………………………… 139
　　　一、口语交际环境独特 ………………………………………… 139
　　　二、口语交流与思维的统一 …………………………………… 140
　　　三、口语交流句式简单 ………………………………………… 140
第八章　交谈与接待 ………………………………………………… 141
　第一节　交谈的特征和形式 ……………………………………… 141
　　　一、交谈的特征 ………………………………………………… 141
　　　二、交谈的形式 ………………………………………………… 142
　第二节　交谈的步骤与注意事项 ………………………………… 143
　　　一、寻找话题 …………………………………………………… 143
　　　二、展开话题 …………………………………………………… 145
　　　三、转移话题 …………………………………………………… 145
　　　四、结束话题 …………………………………………………… 146
　第三节　交谈的技巧 ……………………………………………… 147
　　　一、礼仪技巧 …………………………………………………… 147
　　　二、声音技巧 …………………………………………………… 148
　　　三、语言技巧 …………………………………………………… 149
　　　四、话题技巧 …………………………………………………… 149
　　　五、顺序技巧 …………………………………………………… 150

六、倾听技巧 ……………………………………………………… 151
　　七、表述方式的技巧 ……………………………………………… 152
　　八、交谈的雷区 …………………………………………………… 152
第四节　电话交谈 ……………………………………………………… 153
　　一、拨打电话 ……………………………………………………… 153
　　二、接听电话 ……………………………………………………… 154
　　三、手机使用技巧 ………………………………………………… 156
第五节　接待口语 ……………………………………………………… 157
　　一、迎送口语 ……………………………………………………… 157
　　二、拜访口语 ……………………………………………………… 159

第九章　谈判与推销 ……………………………………………………… 162
　第一节　谈判口语 …………………………………………………… 162
　　一、谈判口语的原则和策略 ……………………………………… 162
　　二、谈判中的语言表达 …………………………………………… 165
　第二节　推销口才 …………………………………………………… 174
　　一、推销口才的原则和策略 ……………………………………… 175
　　二、推销口才的技巧 ……………………………………………… 178

第十章　演讲与辩论 ……………………………………………………… 183
　第一节　命题演讲 …………………………………………………… 183
　　一、演讲准备 ……………………………………………………… 183
　　二、演讲稿的准备 ………………………………………………… 185
　　三、演讲提纲写作示例 …………………………………………… 189
　　四、演讲技巧 ……………………………………………………… 189
　第二节　即兴演讲 …………………………………………………… 190
　　一、即兴演讲的方法与要求 ……………………………………… 191
　　二、几种常见的即兴演讲 ………………………………………… 192
　第三节　辩论 ………………………………………………………… 194
　　一、辩论的特点及类型 …………………………………………… 194
　　二、辩论的环节及技巧 …………………………………………… 195

参考文献 ………………………………………………………………… 200

第一章 普通话概述

第一节 语　　言

一、语言是人类最重要的交际工具

　　语言是人类特有的交际工具,动物是没有语言的,那种"莺语落花中"的说法只是诗人的比拟。动物虽然也有传递信息的手段,但这些手段和人类的语言有着本质的区别,不能叫真正的语言。如蜜蜂发现蜜源,能通过"舞蹈"告知同伴蜜源的方位、距离、质量等情况,但这只是一种与生俱来的本能,它的舞蹈也不能像人类语言那样被拆分成语言单位并组合成新的话语;鹦鹉能模仿人类说话,但它并不明白它所模仿的话语是什么意思,更谈不上运用语言单位组成新的句子。会不会说话,有没有自己的语言,这是人类和其他动物最根本的区别之一,非洲有一个民族把新生的婴儿叫作 kuntu(物),到孩子学会说话后才被叫作 muntu(人),说的就是这个道理。

　　语言不但是人类交际的工具,而且是各种交际工具中最重要的一种。除了语言之外,人类还有其他的交际工具,如文字、旗语、红绿灯、电报代码、烽火等,其中,文字也很重要,但文字在交际中的重要性远不能和语言相比。一个社会可以没有文字,但不能没有语言。没有语言社会就不能生存和发展。文字是以语言为基础而产生的,只有几千年的历史,而语言在文字产生以前早已存在,估计已有几十万年的历史。今天世界上没有文字的语言比有文字的语言多得多。文字产生后也要随着语言的发展而演变,它始终从属于语言,只能作为一种辅助性的交际工具。至于其他的工具,其适用范围和所表达的意义就更为有限,当然更无法与语言相提并论。这些交际工具大多是在语言和文字的基础上产生的,是更加后起的交际工具,离开了语言文字,它们就不能独立存在。由此可见,语言是应用最广泛的交际工具,它随着社会的发展而发展,人类社会的所有活动都离不开语言。

二、语言是一种符号系统

　　人类用来交际的不是实在的事物,而是代表事物的符号。词就是一种能代表和指称某一种现实现象的符号,我们一听到"人"这个词就知道它指的是会说话、用两条腿走路、会制造生产工具进行劳动的动物。任何符号都包含形式和意义两个方面,是互相依存、不可分割的统一体。形式是人们的感官可以感知的,比如指挥交通的红绿灯、旗语的手势等是视觉可以感知的,盲文是触觉可以感知的,语言是听觉可以感知的。语言符号就是声音和意义相结合的统一体。

和任何其他符号一样,语言符号的形式和它所代表的意义之间没有必然的联系,什么样的语音形式代表什么样的意义内容,完全是人类在长期的社会实践活动中共同约定的。语言符号的这种音义结合的任意性是人类语言多样性形成的重要原因。比如照明用具,汉族人用 deng 表示,英国人用 lamp 表示;又如著作,汉语用 shu 表示,英语用 book 表示。同样的内容,形式不同,就是不同的社会集团选择了不同的语音形式的缘故。早在两千多年前,我国著名的哲学家荀子就说过:"名无固宜,约之以命,约定俗成谓之宜,异于约谓之不宜。名无固实,约之以命实,约定俗成谓之实名。"

语言是一个系统。它不是单一的东西,而是由许多大大小小不同层级的单位组成的。语言符号系统主要由语音系统、词汇系统和语法系统等子系统构成。语音是语言的物质外壳,词汇是语言的建筑材料,语法是语言的结构规则。这些子系统又是由更小的系统构成,如汉语的语音系统包括声母系统、韵母系统、声调系统等。这些单位不是孤立的,它们互相联系,处于一定的关系之中。

语言符号系统单位之间的关系主要是组合关系和聚合关系。

组合关系是纵向联系。例如声母和韵母构成音节,词和词构成句子,这些是纵向的组合关系。符号和符号的组合形成语言的结构。音素和音素组合成音节,语素和语素组合成词,词和词组合成句子。组合关系是有条件的,例如,在普通话中,声母 j、q、x 可以与齐齿呼和撮口呼韵母组合成音节,却不能与开口呼和合口呼韵母组合成音节;副词可以修饰动词或形容词,却不能修饰名词。符号组合的顺序也是有条件的,顺序不同,组合起来的关系就不同,意义也不一样,例如"红"和"花"可以组合成"红花"和"花红",它们在两个组合中的关系不同,整个组合的性质也就不同。

聚合关系是横向关系,是在语言符号组合链条的某一环节上能够互相替换的符号,它们具有某种相同的作用,自然就聚合成群。例如,北京话中,在 an 之前,能与之组合成音节的辅音有 b、p、m、f、d、t、n、l、z、c、s……,这些辅音能在语音结构的相同位置出现,所以构成一个聚合——声母;又如"红花"这一语言符号链条中,能出现在"红"这个位置上的有蓝、白、紫、大、小、香……;能出现在"花"这个位置上的有光、线、旗、房子、脸蛋、帽子……,这两组词也各构成一个聚合。处于同一个聚合中的符号单位可以互相替换,替换后就形成了不同的语言单位。

组合关系指符号之间在功能上的联系,聚合关系是符号在性质上的归类,它们就像几何中的横轴和纵轴,任何一个语言符号都有序地排列在这个语言系统的坐标系之中,我们可以借助这两个轴说明符号在语言系统中的地位。因此,组合关系和聚合关系是语言系统中的两种根本的关系,对于我们学习和运用语言具有十分重要的意义。组合关系使符号之间的关系呈现出有序性,反映了语言系统组织结构的基本法则,这是以较小的单位组合成较大的单位必须遵守的法则。聚合关系是组合关系的具体运用,充分反映了语言规则的概括性,为句子生成提供了无数的可能。

三、语言的发展

万物皆流,万物皆变,发展变化是事物运动的普遍规律,世界上没有固定不变的事物。语言也是这样,它无时无刻不在变化之中。我们知道唐诗是押韵的,但我们今天用普通话去读，就会发现有些字不押韵了。例如孟浩然的《过故人庄》："故人具鸡黍，邀我至田家。绿树村边合，青山郭外斜。开轩面场圃，把酒话桑麻。待到重阳日，还来就菊花。"其中"斜"就不押韵了。英语是表音文字，但是有许多词的写法与读音不一致，如 light[lait]、right[rait]、night[nait]中的"gh"就不发音。我们在翻阅几十年前的报纸杂志时也会感到有些词语很陌生，如"三反""五反""红卫兵""走资派""知青""上山下乡"等，对20世纪80年代以后出生的人来说就感到很陌生，不易理解其意义。这些现象都是语言的发展变化造成的。

社会的发展是语言发展的基本条件和强大动力。斯大林说："语言随着社会的产生和发展而产生和发展。语言随着社会的死亡而死亡。社会之外是没有语言的。"由此可见，语言是人类最重要的交际工具，它存在于运用之中。运用中的语言是社会成员之间最重要的联系纽带，因而它和社会的发展息息相关。

社会发展会推动语言的发展。随着社会的发展，新事物、新概念层出不穷，人们的思维越来越细致复杂，这些都会向人们的交际提出新的要求，而作为大众交际工具的语言，必然要反映这些变化，不断丰富词汇、改变语法，才能适应交际的需要。如近30年来，随着科学技术和社会的发展以及我国对外开放的进一步扩大，出现了很多新事物、新现象，于是，汉语中增添了很多新的词语，如"大款""大腕""小蜜""债转股""计算机""彩电""股票""手机""BP机""网络""网友""网迷""网吧""网恋""黑客""电子邮件""沙发""巧克力""特区""抢滩""VCD""DVD"等。这些新词的出现就是为了适应社会发展、满足人们日常交际的需要。

社会的分化和统一也会相应地引起语言的分化和统一。如我国战国时期是一个社会大分裂的时期，诸侯割据造成了社会的分化，因而形成了"言语异声"的局面。再如，最近这些年，世界的政治版图发生了很大变化，分化产生了许多新国家，相应地，许多新语言也就产生了。例如，捷克斯洛伐克原来讲捷克语，后来分裂为捷克和斯洛伐克两个国家，捷克仍然讲捷克语，而斯洛伐克则讲斯洛伐克语，其实，斯洛伐克语只是捷克语的一种方言而已，但社会的分裂导致了语言的分裂。语言不但随着社会的发展而发展，而且也会随着社会的消亡而消亡。例如，我国历史上的西夏语在西夏灭亡以后也逐渐消失了，成为历史陈迹。希伯来语是以色列的通用语言，历史上的《旧约全书》就是用希伯来语书写的。随着以色列民族的变化，犹太人流落到世界各地，特别是在欧洲，希伯来语随之经历了长期和复杂的演变，在公元200年前后，其口语就已经消失，犹太人使用的语言先后被阿拉伯语或其他欧洲语言取代，希伯来语作为一种书面语言被保留下来。19世纪末，犹太人开始重新在今以色列一带聚居，来自不同地方的人说着不同的语言。如何增强各地来此定居的犹太人的凝聚力，是当时以色列面临的重要问题。他们认识到，最重要的莫过于统一语言，复活自己民族的语言。于是，经过努力，消亡近两千年的口语在民族统一、民族团结的大旗下竟然奇迹般地死而复生！

不同社会的联系、交往、接触也必然会推进语言的发展。民族间贸易往来、文化交流、移民杂居、战争征服等各种形态的接触，都会引起语言的接触。语言的接触有不同的类型，主要有语言成分的借用和语言的融合。语言成分的借用中最常见的是借词。借词也叫外来词，指的是音与义都借自外语的词。例如沙发、夹克、咖啡、沙龙、拷贝等。

有些借词一直流传下来，使用年代久远，人们已经觉察不到它们是借词了。例如葡萄、石榴、苜蓿、菠萝、狮子、玻璃是汉代从西域借入的词；佛、菩萨、罗汉、阎罗、魔、僧、尼、和尚、塔是汉代以后从印度借入的佛教用词；胡同、站、蘑菇是元代时借入的蒙古语词。借词的音义虽然都借自外语，但在语音和语法上还得服从本族语言的结构规则，如果遇到本族语言中没有的音，就用相近的音去代替。但是如果借用数量很大，则被借语言的语音、语法特点也可能渗入借入语言的系统而出现音位、音节构造、构词规则乃至句法规则的借用。例如，侗语中送气音和不送气音本来是不起区别词义作用的，属于同一音位的不同变体，但与汉语长期接触后，现在它们都成了独立的音位，有区别意义的作用。侗语原来把"我的书"说成"le² jau²"（书我），自从借用了汉语的"的"[tji]之后，在语序上就和汉语一样，说成"jau² tji⁶ le²"。

当两个民族关系的发展日益密切，尤其是当他们杂居生活在同一地区，逐步趋向于民族融合的时候，他们的语言也会渐渐走向融合。语言融合并不是指产生"混合语"，而是指相互接触中的一种语言排挤代替了其他语言，即其中某一种语言成为胜利者，保留自己的语法构造和基本词汇，并且按自己发展的内在规律继续发展，成为趋向于融合的各民族人民的共同交际工具，而其他语言则由于无人使用而消亡。消亡的语言通常会在胜利者的语言中留下一些痕迹，如某些发音方式的特点，当地某些地名或特有地貌、物产的名称等。汉语在历史上曾和不少民族的语言发生过融合。春秋战国时期，我国历史上就有关于东夷、南蛮、西戎、北狄的记载。所谓夷、蛮、戎、狄，都是居住在汉族周围地区的一些兄弟民族，他们各有自己的语言，与汉语间不能通话。但经过春秋战国时期的会盟、战伐、兼并等，发生了民族的融合和语言的融合。汉语在融合中成为胜利者，继续按自己的发展规律发展。两汉以后，居住在我国北方的匈奴、鲜卑、羯、氐、羌等民族和汉族发生密切关系。隋唐以后，契丹、女真等民族也和汉族发生密切关系。随着民族关系的发展，汉语和这些民族的语言发生融合，在融合中，汉语继续成为胜利者，成为这些民族人民共同的交际工具。

语言随社会的发展而发展，但语言如何发展，这是由语言系统内部各种要素的相互关系决定的。

作为由语音、词汇、语法三要素构成的一个符号系统，其内部各个要素处于一种对立统一的关系之中，呈现出一种平衡状态。系统中一种要素发生变化，必然打破系统原有的平衡，那么系统中的有关要素就会相应地变化，以达到新的平衡，这样就引起了语言的变化。例如，语言作为音义结合的符号系统，符号和符号之间必须保持有效的区别，如果语言符号的区别性受到破坏，就会引起语言系统的变化。如古代汉语中单音节词占优势，那是因为古代汉语的语音系统比较复杂，音位和音位的组合方式比较多，因而单音节词能保持有效的区别，但后来由于浊音清化以及辅音韵尾[m]、[p]、[t]、[k]消失等，使语音趋向于简化，语言中同音词大量增加，同时新词又不断产生，这就使语言符号的区别性受到影响，给交际带来困难，因此就需要有新的方式来解决由于语音简化所带来的矛盾。于是人们就用加长词的长度来解决同音问题，用双音节词格局代替单音节词的格局。原来的单音节词变成了构词语素，如"想"变成了"想念、思想、想法、梦想、妄想"等，"民"变成了"人民、公民、选民、草民、小民、民族、民主、民权、民情、民意"等。随着双音节词的产生，一个词内部两个成分之间在语音、语义上又产生了轻重、主次的区分,于是又出现了轻声、儿化、变调等语音上的变化。某些实词也词缀化了,如"子、儿、头"等,在古代汉语中都是具有实际意义的词,但由于汉语构词的双音化,这些词逐渐虚化,变成了词缀,不但语音上发生了变化,而且意义也发生了很大的变化。如"盖子、花儿、看头"等词中的"子、儿、头"语音上只读轻声,意义上也只作为名词的标志,只具有语法意义而不具有词汇意义了。由此可见,语言系统内部某一要素的变化都会引起其他要素的变化。语言之所以朝某一特定的方向发展变化,是语言内部各要素相互制约、相互影响的结果。正是由于语言系统内部各要素之间这种彼此对立、彼此联系和彼此制约的关系,促进了整个语言系统的发展。

和任何事物的发展一样,语言的发展有自己的特点。语言发展的特点具有渐变性和不平衡性。

语言的发展变化不是像火山爆发、暴力革命那样的突变,而是一种逐渐变化的过程。语言是人类最重要的交际工具,它存在于群众的使用之中,每个成员无时无刻不在使用它,如果采取突变的方式,一夜之间面目全非,人们将会一下子丧失最重要的交际工具,社会的一切活动将会突然终止,其后果是不堪想象的。语言的交际职能决定了它不可能采取突变的方式,而只能采取渐变的方式。

语言的发展变化不是均衡的、匀速的,而是不平衡的。

第一,语言系统发展变化不平衡。在语言各子系统中,词汇系统的发展变化最快,相比而言,语法的发展变化就要慢得多,语音发展变化的速度也较为缓慢。这是因为社会生活随时都处在变化之中,这种变化直接在语言的词汇中得到反映,表现为新词的产生、旧词的消亡和词义的发展。但语言中成千上万的词都是通过有限的语音形式表达出来的,一种语言里,几十个音位的排列组合完全能够满足语言表达的需要。语法是组织语言材料的规则,即使词汇发生急剧的演变,人们还是要按照结构规则构词组句。因此,语音和语法比词汇更具有稳固性,它们的发展变化速度是非常缓慢的。语言各子系统内部的发展变化也是不平衡的。比如在词汇系统中,发展变化较快的是一般词汇,基本词汇却是相当稳固的。有人曾对不同语言中的 215 个常用词(其中主要是基本词)在一千年中的发展变化情况做过统计,发现汉语和法语 79% 未发生变化,英语 85% 未发生变化,德语 78% 未发生变化,罗马尼亚语 77% 未发生变化,葡萄牙语 82% 未发生变化,西班牙语和意大利语 85% 未发生变化。这说明基本词汇的发展变化速度是较为缓慢的。

第二,不同时期语言发展变化不平衡。当社会变革较为剧烈、社会发展的步伐较快、社会思维较为活跃、不同文化的接触较为频繁时,语言发展变化的速度就会快一些;反之,语言发展变化的速度就会慢一些。英语在从 9 世纪阿尔弗列德大帝到莎士比亚(1564—1616 年)这五个世纪中,发展变化的速度非常之快,以至于后代人读 9 世纪以前的作品时,就像是读外语。

第三,语言变体发展变化不平衡。地域方言的形成本身就是语言发展变化不平衡的一种表现。各种方言形成之后,在发展变化的速度和方向上也不是完全同步的。例如,在汉语各方言中,南方的一些方言发展变化的速度相对较慢,保存古代汉语的成分较多,而北方的方言,特别是北方官话区的方言,发展变化的速度就相对较快。

第二节　普通话与方言

语言是人类最重要的交际工具。但是,汉语还存在比较严重的方言分歧,给人们交往带来不便,因此需要一种通行全国的共同语言,这就是普通话。

一、普通话

(一) 普通话的概念

"普通"二字的含义是"普遍"和"共通"。1956年2月6日,国务院发布的《关于推广普通话的指示》中,正式把普通话定义为"以北京语音为标准音,以北方话为基础方言,以典范的现代白话文著作为语法规范"的现代汉民族共同语。这个定义从语音、词汇、语法三个方面明确规定了普通话的标准,使得普通话的定义更为科学,更为周密。可以从以下三个方面理解这一定义。

1. 语音

"以北京语音为标准音",指的是以北京话的语音系统为标准,而并不是把北京话一切读法全部照搬,普通话并不等于北京话。从1956年开始,国家对北京土话的字音进行了多次审订,制定了普通话的标准读音。因此,普通话的语音标准,当前应该以1985年公布的《普通话异读词审音表》以及1996年版的《现代汉语词典》为规范。

2. 词汇

就词汇标准来看,普通话"以北方话为基础方言",指的是以广大北方话地区普遍通行的说法为准,同时,也要从其他方言吸取所需要的词语。北方话词语中也有许多北方各地的土语,例如,北京人把"吝啬"说成"抠门儿";北方不少地区将"玉米"称为"棒子"。所以,不能把所有北方话的词汇都作为普通话的词汇,要有所选择。有的非北方话地区的方言词有特殊的意义和表达力,而北方话里没有相应的同义词,这样的词语可以吸收到普通话词汇中。例如"搞""垃圾""尴尬""噱头"等词已经在书面语中经常出现,早已加入了普通话词汇的行列。普通话所选择的词汇,一般都是流行较广而且早就用于书面上的词语。近年来,国家语委正在组织人力编写《现代汉语规范词典》,以对普通话词汇进一步进行规范。

3. 语法

普通话的语法标准是"以典范的现代白话文著作为语法规范",这个标准包括四个方面的意思:"典范"就是排除不典范的现代白话文著作作为语法规范;"白话文"就是排除文言文;"现代白话文"就是排除"五四"以前的早期白话文;"著作"就是指普通话的书面形式,它建立在口语基础上,但又不等于一般的口语,而是经过加工、提炼的语言。

(二) 普通话的产生和规范

汉语自古以来有方言,也有共同语言。根据有关史料记载,春秋时期孔夫子时代称共同语为雅言。雅言以洛阳雅言为标准。孔夫子的三千多徒弟来自当时的各地，各地的学生都讲自己的方言，孔夫子讲课的时候怎么能够让大家都听得明白呢？因为当时有共同语叫雅言，所以孔夫子在讲学的时候用雅言，这样交际就没有什么障碍了。

在汉代，共同语有了进一步的发展，当时把共同语叫作通语。各地讲不同方言的人可以用通语进行交际。从秦汉开始，黄河沿岸的中原人陆续向南方迁移，把河洛古语带到了南方。

晋代以后，中原雅言南移。不同的政权都以其首都的语言为标准。北方一般以洛阳话为标准音，南方一般以建康①话为标准音。洛阳话和晋代前的汉语已经有很大差别，是北方游牧民族学习汉语的产物，而建康话是南迁的晋王室的语言和当地语言融合形成的，也是今天吴语的源流。汉族知识分子主流上以南方的建康话为正统。

隋朝统一中国定都长安后，编著《切韵》，音系以参考洛阳话和建康话为主。唐代在《切韵》的基础上，又制定了《唐韵》作为唐朝标准音，规定官员和科举考试必须使用唐韵。宋代又在《唐韵》的基础上，制定了《广韵》。另外，隋唐时代，江南经济跃居全国前列，又是南朝时代的文化中心，因此，吴语仍然有一定流行度。金陵话、苏州话和扬州话都是当时吴语的代表。隋炀帝就曾经在扬州学习过吴语。

元代以首都大都话为基础，制定《中原音韵》作为标准音。明代，朱元璋将以南京话为基础的《洪武正韵》作为标准音。南京话也是南方官话的代表。清代雍正帝在1728年设正音馆，规定以北京话为基础的"官话"作为标准音。此外，在民间，由于南京和扬州在近代成为北方话地区，因此，南方的吴语开始以苏州话为主要代表，继承南朝的南方雅言，加之当地强大的经济实力而成为中国通行的语言之一。当时越剧、昆曲、评弹都以吴语为基础。另外，明清时期，粤语也因为经济发展而逐渐流行。

到了19世纪末，也就是清朝末年，中国的形势发生了很大变化，开始受到西方尤其是日本学术思想的影响。比如，"国语"这个词本来是中国古代一本书的名字，日本人把它当作民族共同语的名称，之后这个名词便在中国得到传播。在民国时期，"国语"这个词得到当时政府的承认，成为民族共同语的一个正式称呼。

近代"普通话"一词，是朱文熊于1906年首次提出的，经过"五四"以来的白话文运动、大众语运动和"国语"运动，北京语音的地位得到确立并巩固下来。

1949年新中国成立，为了发展新中国的文化教育，推广民族共同语变得非常必要。在1955年举行的"全国文字改革会议"上，张奚若在大会主题报告中说："为了突出我们是一个多民族的大家庭，为了突出我们各民族语言文字的平等，所以，经过深入研究，我们决定不采取'国语'这个叫法。如果叫'国语'的话，担心会被误解为把汉语凌驾于国内其他民族之上。"经过研究最后决定叫普通话。至此"普通话"一词开始以明确的内涵被广泛应用。

二、普通话规范的标准

普通话是一种规范的语言。它的语音、词汇和语法都有明确的规范标准，这就是普通

---

① 建康是东晋、南朝宋、齐、梁、陈五代京师的名称，今为江苏南京市。

话定义中的三条标准。

1. 普通话以北京语音为标准音

"以北京语音为标准音"是指普通话词语的读音是北京语音。普通话采用了北京话的声、韵、调系统。不过,普通话以北京语音为标准音,并不是一概照搬。作为一种规范的语言,普通话已经摒弃了北京语音中未加规范的成分,如:土音土语,儿化音过多,鼻音过重,口语里较多的连音、减音等现象;另外,普通话的腔调与北京话也有明显的差异。

2. 普通话以北方话为基础方言

"以北方话为基础方言"是指普通话是在北方方言的基础上形成的,这也是普通话的词汇标准。也就是说,北方方言(或称官话方言)是普通话的基础方言,北方方言的词汇是普通话词汇的基础。普通话主要以北方方言词汇作为自己的词汇,指的是那些在北方方言区内能够通行的词汇,并不是指北方方言区内的所有词汇。因此,北方方言词汇不等于普通话词汇。普通话词汇除了采用北方方言词汇外,还吸收了古词语(如"华诞")、有表现力的方言词(如"给力")及外来词汇(如"巧克力"),同时普通话词汇本身也要发展,随着社会的发展和社会生活的需求还会不断产生一些新词语(如"量贩店")。

3. 普通话以典范的现代白话文著作为语法规范

"以典范的现代白话文著作为语法规范"是指普通话的语法是以典范的现代白话文著作的语法规则作为语法标准的。如《毛泽东选集》,鲁迅、郭沫若的著作,以及国家的法令、文件等。当然,普通话也不一概采用这些著作中的所有语法模式,而是采用一般的、通行的语法规则。

三、现代汉语方言

现代汉语方言是与民族共同语相比较而言的,现代汉语方言与民族共同语——普通话,是现代汉语的不同分支。普通话是现代汉语发展的一种高级形式。普通话与方言的差异主要表现在语音方面,词汇和语法方面也有一定差异。方言是语言的地方变体,是通行于某一地域的语言。山川地理阻隔,交通不便,行政区划形成的封闭性,人口流动、迁徙等,是导致各地方言差异的主要原因。我国幅员辽阔,人口众多,由于历史和现实的多种因素,造成我国汉语方言复杂、分歧严重、南北方言难以交流的现实。语言学家根据方言的不同特征,划分了七大方言区。

1. 北方方言

北方方言习惯上称为"官话",有东北官话、西北官话、晋话、西南官话等,以北京话为代表,内部一致性较强。包括长江以北,长江下游镇江以上、九江以下的沿江地带,四川省、云南省、贵州省,湖北、湖南两省的西北部,广西壮族自治区北部一带。在各方言中,北方方言分布地域最广,使用人数最多,占汉族总人数的70%以上。

2. 吴方言

吴方言被誉为"吴侬软语",以上海话为代表(一说以苏州话为代表)。包括江苏省长江以南、镇江以东部分(镇江不在内),浙江省大部分地区,长江北东部地区也有个别地方用。

使用人数占汉族总人数的 8.4% 左右。

3. 湘方言

湘方言以长沙话为代表,分布在湖南省大部分地区,使用人数占汉族总人数的 5% 左右。

4. 赣方言

赣方言以南昌话为代表,主要分布在江西省(东部沿江地带和南部除外)以及湖北省东南一带,使用人数占汉族总人数的 2.4% 左右。

5. 客家方言

客家方言以广东梅县话为代表,主要分布在广东省东部、南部和北部,广西壮族自治区东南部,福建省西部,江西省南部,以及湖南省、四川省的少数地区,使用人数占汉族总人数的 4% 左右。

6. 闽方言

闽方言习惯上称为"客家话",以广东省东部、江西省南部、福建省西部连片最为集中,广泛分布于广东省、福建省、江西省、四川省、湖南省、海南省、广西壮族自治区以及台湾、香港、澳门地区,使用人数占汉族总人数的 4% 左右。

7. 粤方言

粤方言以广州话为代表,分布在广东省大部分地区和广西壮族自治区东南部。香港、澳门地区同胞和南洋及其他一些国家的华侨,大多说粤方言,使用人数占汉族总人数的 5% 左右。

四、学习普通话的意义

国家推广全国通用的普通话。普通话是以汉语文授课的各级各类学校的教学语言,是以汉语传送的各级广播电台、电视台的规范语言,是汉语电影、电视剧、话剧必须使用的规范语言,是我国党政机关、团体、企事业单位干部在公务活动中必须使用的工作语言,是不同方言区及国内不同民族之间人们的通用语言。

掌握和使用一定水平的普通话,是进行现代化建设的各行各业人员,特别是教师、播音员、节目主持人、演员等专业人员和服务业从业人员必备的职业素质。因此,有必要在一定范围内对某些岗位的人员进行普通话水平测试,并逐步试行持等级证书上岗制度。

普通话是汉民族的共同语言,是规范化的现代汉语。共同的语言和规范化的语言是不可分割的,没有一定的规范就不可能做到真正的共同。普通话的规范指的是现代汉语在语音、词汇、语法等各方面的标准。普通话水平测试是推广普通话工作的重要组成部分,是使普通话推广工作逐步走向科学化、规范化、制度化的重要举措。推广普通话,促进语言规范化,是汉语发展的总趋势。普通话水平测试工作的开展必将对社会的语言生活产生深远的影响。

第三节　发声技能训练

　　口语就是通常所说的口头语言,是与书面语相对应的一种语言形式,它是交流思想的工具,是知识信息的载体。教师口语是以普通话和一般口语为前提和基础的。教师必须用标准或比较标准的普通话进行教学,否则,良好的职业口语就无从谈起。充分认识人体发音器官和发音部位,掌握普通话基本语音常识和呼吸方法,对掌握标准的普通话发音有着重要的促进作用。口语不同于书面语的一个重要特征就是"以声传情",声音的质量,除了受说话的内容,说话者的心理状态以及说话的环境等因素的影响外,主要取决于人的呼吸器官运气所产生的气流强弱,声带的松紧薄厚。

　　声音是由人的呼吸器官所产生的气流冲击声带(即嗓子),再通过咽喉腔、口腔、鼻腔的放大、美化、传出体外,嗓子与气流有直接联系,因此,要想使声音达到良好的效果,就必须练习发声,锻炼嗓子,扩大音域,增强音强,把握音长,改善音色。教师要使自己的音色圆润动听,在音量上高低适宜,在语速上快慢适中,就要练好发声。

一、保护嗓子的办法

　　保护嗓子很重要,教师如果不保护好嗓子,不会正确用声,很容易使声带受伤,致声音嘶哑而影响表述,从而没法胜任教师这一职业。保护嗓子应注意以下几点。

　　(1) 注意劳逸结合,要有足够的睡眠时间。

　　(2) 生病时,由于声带黏膜增厚,易产生病变,应暂时不发声。

　　(3) 变声期、妇女月经期、鼻咽、声带充血,禁止练声。

　　(4) 尽量少食刺激性食物,如烟、酒、辣椒等。

二、用气发声训练

　　发声包括呼吸、共鸣、吐字归音三个环节。

　　(一) 呼吸训练

　　教师讲课时要掌握正确的呼吸方法,正确地使用发音器官。前面讲过,人类发音器官可分为三大部分:动力器官(肺部)、发音体(声带)和三腔(口腔、鼻腔、咽腔)。

　　1. 呼吸有三种方法

　　(1) 胸式:胸式呼吸是大部分人常用的呼吸方式,吸进的气流充塞于上胸部,造成实际吸气量小于可能的吸气量,又由于难以控制吸入的气息,致使发声时喉头负担过重,于是用束紧喉头的方法,以控制气流外泄,这种方法有损声带。其标志是吸气时抬肩,由于呼吸浅,所以声音轻而飘。

　　(2) 腹式:靠降下横膈膜,扩大胸腔的上下径得气,胸腔的周围扩大甚少,这样吸进的气量少,难以控制,气流也较弱。腹式呼吸的标志是挺腹,塌肩声音无力,缺乏持久性。

　　这两种办法不但不美观,久而久之,还会损坏声带和咽喉。

(3)胸腹式：是胸腹部联合呼吸，运用了胸中和腹部的全部肌肉群，同时扩大了胸腔的周围径和上下径，吸气量最大，使声音明亮。吸气后感觉到两肋扩大，横膈膜下降，小腹微收，教师掌握这种方法，可以加强操控和支持声音的能力，使声音达到理想状态。

吸气呼气示意图如图1-1所示。

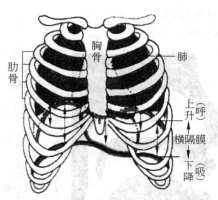

图1-1 吸气呼气示意图

呼吸方法示意：横膈膜下降，胸腔扩大，肺部膨胀，吸入空气横膈膜上升，胸腔缩小，肺部收缩，呼出气流

2. 胸腹式呼吸训练方法

（1）站立式：全身放松，立定站稳，或一只脚稍向前，双目平视，双肩放松，头正。意念上如前面放置一盆香花，闻花香，深吸一口气，将气吸到肺底，要吸得深入，自然柔和。或意念上准备抬起一件重物，先要深吸一口气，然后憋足一股劲，做深呼吸。"一、二"吸气，"三、四"呼气，"五、六"吸气，"七、八"呼气。如此循环往复，体会两肋扩展胸腔增大及小腹内收的感觉。

（2）坐式：坐在椅子前端，上身略向前倾，小腹稍作内收，吸入气息，体会两肋展开的过程。

3. 呼吸综合训练

训练目标：学会将吸气与呼气紧密地结合起来使用，掌握控制呼气的能力。吸气多一些，深一些，气沉丹田，气息量多了，就可以减轻声带的负担。

（1）训练要领。

两肋开、胸腔扩、小腹自然内收等要领综合运用。

（2）训练方法。

① 喘气练习。深吸气后连续发短促的音。如：hei hei hei hei hei……

② 长气练习。一口气说到底，但要求字字清楚，快而不乱，快而不断。如：那次作伪证的意图是要从一个贫苦的土著寡妇及其无依无靠的女儿手里夺取一块贫瘠的香蕉园，那是她们失去亲人之后的凄凉生活中的唯一的依靠和唯一的生活来源。

（二）共鸣训练

1. 口腔共鸣训练

声带发出的声音经过共鸣腔的共振，才会变得响亮清晰。人体共鸣腔，包括咽腔、喉腔、口腔、鼻腔和胸腔。口腔是最主要最灵活的共鸣腔体。口腔的开合,舌头的伸缩,软腭的提降,都会改变口腔的形状,影响共鸣效果。因此要重视发音器官各部分的锻炼,调动共鸣腔体才能减轻声带的负担,发出响亮圆润的声音,为口语表达奠定坚实的基础。

口腔共鸣的特点是提起轻腭,适当打开后槽牙,扩大口腔容积,让气息在口腔内共振,使声音变得明亮而结实,并且传得远。

口腔和鼻腔各部分的名称见图1-2。

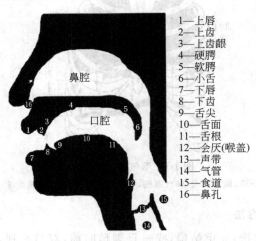

图 1-2 口腔和鼻腔示意图

（1）训练要领。

适当地打开后槽牙(不是张大嘴),使声波畅通地到达口腔。

（2）训练方法。

用"提""打""挺""松"的训练方法。"提"就是提起颧肌;"打"就是打开牙关;"挺"就是挺起软腭;"松"就是放松下巴。坚持训练可以提高口语表达的声音美感。

① 要有意识集中发音,似子弹从嘴里喷射出来击中意念中的一个目标。

② 模拟练习。学发汽笛长鸣声"di——",或学发鞭炮声"pi、li、pa、la",体会声束冲击硬腭前部的感觉。

2. 鼻腔共鸣训练

（1）训练要领。

鼻腔共鸣是通过软腭来实现的,发鼻音时,软腭下降,阻塞口腔通道,声音全部由鼻腔通过;发鼻韵尾时,软腭先上挺后下降,声音分别从口腔和鼻腔通过。

（2）训练方法。

口腔和鼻腔是发音的共鸣器。口腔内小舌和软腭把口腔和鼻腔隔开。如果发音时软腭和小舌上升,堵住鼻腔通道,气流从口腔出去,发出的就是口音;如果软腭下垂,把口腔闭塞起来,气流从鼻腔出去,发出的音就是鼻音;如果软腭下垂,口腔不闭塞,气流可以从口腔和鼻腔同时出去,发出的就是鼻化音。

① 发口音"ba、pa、da、la",再发鼻音"ma、mi、mu、an、en",会感到鼻子的振动明显不同。

② 交替发口音"a"和鼻化音"ã",体会软腭升起和下降的不同状态,以及由此产生的不同声音色彩。

（三）吐字归音训练

吐字归音是我国传统戏团唱法中关于吐字方法的概念,是指字头、字腹、字尾的完整处理过程。目的是使字音清楚、准确、完善、饱满,是把一个音节的发音过程分为出字、立字、归音三个阶段。出字指声母和韵头的发音过程。

(1) 训练目标:了解吐字归音对音节各部分的要求,达到吐字清晰、规整、字正腔圆的效果。

(2) 训练要领。

① 出字是指声母和韵头的发音过程,要做到叼住弹出,部位准确,气息饱满,干净利落,准确有力。

② 立字指韵腹的发音过程,要做到气息均匀,音长声响,拉开立起,圆润饱满。

③ 归音是指对字尾(韵尾)的处理,要做到到位弱收,尾音轻短,定态自如,趋向鲜明,干净利索。

将每个汉字的发音过程处理成为"枣核形",以声母或者韵头为一端,以韵尾为另一端,韵腹为核心,才能做到"字正腔圆",如：电[diàn]、跳[tiào]、快[kuài]。

(3) 训练方法。

① 口部操练习。

喷,也称双唇后打响,双唇紧闭,堵住气流,不要满唇用力,将力量集中在唇的中央三分之一,唇齿相依,不裹唇,突然放开发出"pa、pa、pa"音。双唇紧闭,用力噘嘴,嘴角后拉,前后交替进行,这一练习听不到声音。撇,双唇紧闭,撅起,向上抬,向下压,向左右歪,反复进行,交替进行。双唇紧闭,撅起,然后左转360°,再右转360°,交替进行,左右圈数相等。利,舌尖抵住下齿背,舌体用力,用上门齿的齿沿刮舌尖和舌面,反复进行。捣,把一物体(如枣核、橄榄核、糖等)竖放在舌面上,用舌面挺起的动作,使它翻转,反复进行。

② 舌部练习。

伸舌,把口张开,感觉鼻孔略微张开一些,然后努力伸出舌头,舌尖越尖越好,伸完回缩到最大程度,反复练习,使舌体集中,舌尖能集中用力。

饶舌,闭唇,把舌尖伸到齿前唇后,向顺时针方向环绕360°,再向逆时针方向环绕360°。

顶舌,闭唇,把舌尖顶住左内颊,用力顶,似逗小孩儿嘴里有糖状,然后转向右内颊,反复练习。

弹舌,先把力量集中在舌尖,抵住上齿龈,堵住气流,堵住呼出的气流,突然打开发出"t、t、t"音,越有力越好。

③ 绕口令练习。

练习时,要注意将唇的力量集中在唇的中央三分之一处,唇的力量分散是造成音散的主要原因。

双唇练习：

吃葡萄不吐葡萄皮,不吃葡萄倒吐葡萄皮。

八百标兵奔北坡,北坡炮兵并排跑;炮兵怕把标兵碰,标兵怕碰炮兵炮。

唇舌练习：

会炖我的炖冻豆腐；来炖我的炖冻豆腐；不会炖我的炖冻豆腐；别胡炖乱炖，炖坏了我的炖冻豆腐。

归音练习：

一个胖娃娃，捉了三个大花活蛤蟆，三个胖娃娃，捉了一个大花活蛤蟆，捉了一个大花活蛤蟆的三个胖娃娃，真不如捉了三个大花活蛤蟆的一个胖娃娃。

在浩瀚无垠的沙漠里，有一片美丽的绿洲，绿洲里藏着一颗闪光的珍珠。

这颗珍珠就是敦煌莫高窟，它坐落在我们甘肃省敦煌市三危山和鸣沙山的怀抱中。

第四节 态势语训练

教师在教学、教育过程中除了使用书面语和口头语以外，还使用态势语。态势语也称体态语或形体语，是教师口语活动中的重要辅助手段，它通过体态、手势、表情、眼神、动作等非语言因素，在一定程度上传递信息、表达思想感情。美国心理学家艾帕尔·梅拉别恩曾经对态势语在信息传递中的作用做过研究并总结出这样的公式："信息的效果＝7％的文字＋38％的音调＋55％的面部表情"。这个比例足以说明态势语在口语交际中的重要作用。在课堂上，态势语能够微妙地起到沟通师生感情的桥梁作用，它能够引起学生的注意，使学生在接受语言信息的同时，得到生动的感官形象。训练态势语的总体要求是得体、自然、适度。

一、表情与眼神

人的面部表情丰富而又细腻，它能够传达各种不同的信息，教师在教育教学过程中，经常通过不同的表情表达内心的感情。比如学生在回答问题的时候，教师可以用微笑表示赞许、鼓励和支持，在学生破坏课堂正常秩序的时候，教师可以用皱眉头表示批评和制止。在人的面部表情中，最重要的是眼神。俗话说"眼睛是心灵的窗户"，眼神是最富表现力的表情。从眼神中表现出来的信息，可以流露出人的喜怒哀乐等各种表情。教师在课堂上要善于运用眼神，通过眼神向学生传送不同的思想感情，力求收到"无声胜有声"的效果。

教育教学实践证明，一个教师对他所喜欢的学生注视的时间比他不喜欢的学生时间长。那些成绩好的学生往往容易受到教师的青睐，而一些差生则容易被教师忽略。所以，为了整体的教学效果，教师在课堂上应该以热情的眼光注视教室里的每一个学生，使他们觉得被教师认同和重视，这样就能够很好地激发学生的学习热情。这里可以借用一下董远骞《教学的艺术》中的一个实例。

长春市语文特级教师牟丽芳在一次课上范读课文，她手捧着书，声情并茂，全班学生也都在她眼里了，有一位学生眼睛偷偷地离开了课本，去看桌子上的什么东西了，但手仍捧着书。牟老师敏锐地注意到了。她仍照旧读着，非常自然地、慢慢地朝他那里踱去，一点也不露声色，仿佛踱步是课文情节所需要的。别的同学都沉浸在老师朗读课文所创造的意境中去了，那个溜了神的同学却感觉到了气氛的细微变化：老师离他近了。他立即抬起头，溜了老师一眼,恰好,牟老师也看了他一眼,这一短暂的对视,是一次无声的交流。那个同学悄悄地溜了神,现在又悄悄地集中了精力。一个小小的风波就这样平息了,课堂上不见一丝涟漪,好像什么也没有发生过。

这一案例中,如果牟老师直接在课堂上说"某某同学请不要开小差",不但会分散学生的注意力,也打乱了自己的思维,同时会使被点名批评的同学难堪,因此,牟老师的眼神恰到好处地起到了阻止该生分神,使课堂秩序正常化的作用。

袁微子先生在《小学语文教学笔谈》中谈道,他经常使用态势语来辅助有声语言表达语义。这种方法对于教学效果起着莫大的作用。请看一则学生听课后的日记。

(《在仙台》的授课)当问到鲁迅在仙台的食宿时我站起来说:"他们饮食不太好,每天都喝难以下咽的芋梗汤。"袁爷爷这时讲:"芋梗汤啊,我没吃过,但我查了查,这是用酱和芋芳梗做的,鲁迅觉得很难吃。"说着,他皱皱眉头,咧咧嘴,好像刚刚尝过那难吃的味道似的。接着他又问:"课文上用什么词来形容它难吃呀?"大家齐说:"难以下咽。""皱皱眉头,咧咧嘴",这样的表情使"难以下咽"的语义表达得更加形象生动,从而也加深了学生的印象。

二、姿态与动作

姿态是指说话时身体的姿势。端庄、稳重是教师在言语交流中姿态的基本要求。如果是站着说话,身体要直,挺胸收腹,重心略向前倾,两腿自然分开与肩同宽,女教师可以略作"丁"字步。注意不要含胸驼背,两腿不能抖动。如果是坐着讲话,上身要挺直,一般只坐椅子的三分之二,不能靠背,两脚着地,重心略向前,注意不能跷二郎腿,也不能双脚离地晃来晃去。如果是站在讲台前讲话,不要长时间将双手撑在讲台上或上半身趴在讲台上。在课堂上,走动的频率不宜过高,幅度也不适宜太大,不能因此而分散学生的注意力。

教师要善于发挥身姿的形象功能和情意功能,配合有声语言更好地传授知识、表达情感。一位学生在回忆文章中写到年过花甲的高润华老师在讲授朱自清的《背影》一文时给他留下的深刻印象。

当高老师讲到"父亲"爬上月台去买橘子一段时,她引导同学仔细理解"攀""缩""倾"等动词的用法,并体味其中所蕴含的父亲对儿子深厚的爱。说着,"只见她慢慢地转过身去,双手攀着活动黑板的上沿,一条腿慢慢地向上缩着,她那胖胖的身子向左微倾,显出很努力的样子。……每一个人都屏住了呼吸。顿时,我仿佛看到了文章中那带着黑布小帽的慈父,在铁栅栏上艰难地攀着;我仿佛觉得眼前这就是高大的背影……这一瞬间父亲的背影消失了,但高老师的背影却永远也无法从我的脑海中消失。此时此刻我已经完全理解了这三个动词的深刻含义——高老师已用她的行动证明:这就是爱!"

由此可见,在教学中使用适当的体态动作,在教学中有很高的价值。

在课堂教学中的动作主要指手势。手势能像面部表情一样辅助说话,表达情感。手势是没有固定模式的,在课堂上,教师可以适当运用手势,但是要注意朴素准确、繁简适度、大方潇洒,所运用的手势要以表达情感、有助于学生理解讲课内容为主要目的,不宜过多过杂,使学生摸不着头脑而分散注意力。同时,一些个人的不良手势也要克服,如抓耳挠腮、抠鼻子、摆弄衣角或发梢等动作都应该避免。

第五节 推广普通话

《中华人民共和国宪法》明文规定:"国家推广全国通用的普通话。"《中华人民共和国国家通用语言文字法》明确指出:"普通话是国家通用语言。"

大力推广、积极普及全国通用的普通话,对克服语言隔阂、维护国家统一、增强中华民族的凝聚力、促进经济发展等具有重要的意义。从某种意义上说,语言的规范化、标准化程度,也是一个国家综合国力的重要体现之一。语言的规范化、标准化也是社会主义精神文明建设的重要组成部分。培养有理想、有道德、有文化、有纪律的社会主义公民,提高全民族的思想道德和科学文化素质,都离不开语言的规范化、标准化。

一、推广普通话的方针

当前我国推广普通话的方针是"大力推行,积极普及,逐步提高"。这与过去"大力提倡,重点推行,逐步普及"的方针相比,不难看出我国在强化政府行为、扩大普及范围、提高全民普通话应用水平方面提出了更高的要求。

21世纪我国推广普通话的战略目标是:2010年以前,普通话在全国范围内初步普及,交际中的方言隔阂基本消除,受过中等或中等以上教育的公民具备普通话的应用能力,并在必要的场合自觉地使用普通话,与口语表达关系密切行业的工作人员,其普通话水平达到相应的要求;21世纪中叶以前,普通话在全国范围内普及,交际中没有方言隔阂,经过未来四五十年的不懈努力,我国国民文化素质将大幅度提高,普通话的社会应用更加适应社会主义政治、经济、文化建设需要,形成与中等发达国家水平相适应的良好语言环境。

二、当前推广普通话的任务

当前推广普通话工作,要认真贯彻《中华人民共和国国家通用语言文字法》,重点抓好以下几个方面的工作。

1. 抓好国家机关的推广普通话工作

推广普通话,归根结底是一种政府行为。《中华人民共和国国家通用语言文字法》明确规定了国家和地方语言文字工作部门及相关部门对国家通用语言文字进行管理和监督的任务和职责;明确要求国家机关工作人员在办公、会议、面向社会公众讲话等公务活动中应当使用普通话。而从确立国家意识、法制意识、现代意识,从提高个人素质、改善自我形象、提高工作效率和工作质量的角度看,国家机关工作人员在推广普通话工作中也理所当然地站在最前列,做出表率。

2. 抓好学校的推广普通话工作

推广普通话,学校教育是基础。学校校园用语,特别是教学用语使用普通话,使受教育者接受普通话教育的熏陶,这就为国家推广和普及普通话奠定了坚实的基础。

学校推广普通话,要根据《中华人民共和国国家通用语言文字法》,把普及普通话纳入学校的培养目标和教学内容,纳入对教师的基本要求。各级各类学校都必须把推广普通话工作列入学校的工作计划,提出工作目标和要求,建立必要的规章制度,配备必要的专、兼职人员来抓这项工作,从"教学用语必须使用普通话"入手,进而实现校园用语使用普通话的目标。

3. 抓好广播电视部门和服务行业的推广普通话工作

广播、电视、电影是通过声像进行信息传播的媒体,在我国社会主义物质文明建设和精神文明建设中具有特殊的重要意义。广播、电视又是党和政府的宣传工具。播音员、主持人使用标准的普通话,可以提高宣传质量,有利于优化推广普通话环境,同时也有直接教育、引导群众学习普通话的积极作用。服务行业是推广普通话工作的重要窗口,大力推广普通话,使各类人员达到文明用语、规范用语要求,对提高服务质量和工作效率,对树立窗口服务行业的形象意义重大。同时,服务行业又是社会交际的重要场所,服务行业从业人员广泛而直接地与群众接触,服务行业从业人员坚持使用普通话,可以全方位、多层面地创造良好的推广普通话的社会大环境,这无疑将会大大有利于我国的推广普通话工作。

第二章 普通话语音

第一节 语音的基本概念

为了便于学习,我们需要了解音素与音节、元音与辅音、声母、韵母、声调等几个常用的语音基本概念和语音的四要素。

一、音节与音素

音节,是语音的基本单位,是听觉上自然分辨的语音片段。一般来说,一个汉字表示一个音节。

音素,是从音节中分解出来的最小的语音单位,一个或几个音素组成一个音节。音素可以分为元音音素和辅音音素,如 a、o、e 是元音音素,b、p、m 是辅音音素。

二、元音与辅音

元音,是气流振动声带,在口腔中不受阻碍而形成的响亮的音素。普通话的单元音共有 10 个,分别是 a、o、e、ê、i、u、ü、-i(前)、-i(后)、er(卷舌韵母)。

辅音,是气流在口腔中受到阻碍而发出的音素,大多不响亮。普通话的辅音有 22 个,分别是 b、p、m、f、d、t、n、l、g、k、h、j、q、x、z、c、s、zh、ch、sh、r、ng。

三、语音的四要素

音高,即声音的高低,它取决于声音的频率。物体振动得越快,声音越高;反之,声音越低。音高在普通话中有构成声调和语调的作用。

音强,即声音的强弱,它取决于声音的振幅。声波的振幅越大,声音越强;反之,声音越弱。音强在普通话中有构成轻重音和语调的作用。

音长,即声音的长短,它取决于发音体振动时间的长短。振动时间越长,声音越长;反之,声音越短。在普通话中,音长在声调方面起着重要作用。

音色,即声音的特色,它取决于发音时声波振动的形式。音色的差异是由发音体、发音方法和共鸣器形状的不同造成的。音色是语音中最重要的变异音素。

四、汉语拼音方案

(一)汉语拼音方案发展历程

1958 年 2 月 11 日,第一届全国人民代表大会第五次会议讨论了国务院周恩来总理提出的关于汉语拼音方案草案的议案,以及中国文字改革委员会吴玉章主任关于当前文字改革和汉语拼音方案的报告、决定。

(1) 批准汉语拼音方案。

(2) 原则同意吴玉章主任关于当前文字改革和汉语拼音方案的报告,认为应该继续简化汉字,积极推广普通话;汉语拼音方案作为帮助学习汉字和推广普通话的工具,应该首先在师范、中、小学校进行教学,积累教学经验,同时在出版等方面逐步推行,并且在实践过程中继续求得方案的进一步完善。

1998年2月11日,为纪念《汉语拼音方案》颁布40周年,国家语委在京举行座谈会。与会专家学者认为,汉语拼音从应用上看更方便,注音更为准确,与现代技术的联结更为直接,某种程度上已经发展为一种辅助性文字。在国际上它已成为国际标准化组织通过的情报网络、图书馆和文献管理中拼写汉语的国际标准。专家们特别指出,今天的汉语拼音不仅是识字教育的基本工具,而且是信息处理领域的有力工具。近年来以拼音方案为基础的计算机汉字编码输入方法的普遍运用,促进了我国计算机应用的普及;推行《汉语拼音方案》并以之推广普通话等方面的成果,越来越多地用于中文信息处理,为我国信息技术的发展提供了有利条件。

(二) 汉语拼音方案的特点

(1) 只用国际通用的26个字母,不增加新字母。
(2) 尽量不用附加符号(只用了两个附加符号)。
(3) 尽量不用变读。
(4) 采用y,w和隔音符号"'"来隔音。
(5) 采用四个双字母zh、ch、sh、ng。
(6) 采用四个声调符号来表示阴平、阳平、上声、去声四个调类。
(7) 采用拉丁字母通用的字母表顺序,并确定了汉语拼音字母的名称。

(三) 汉语拼音方案

1. 字母

字母表如表2-1所示。

表2-1 字母表

字母	名称	字母	名称	字母	名称	字母	名称	字母	名称
Aa	ㄚ	Hh	ㄏㄚ	Oo	ㄛ	Vv	ㄪㄝ		
Bb	ㄅㄝ	Ii	ㄧ	Pp	ㄆㄝ	Ww	ㄨㄚ		
Cc	ㄘㄝ	Jj	ㄐㄧㄝ	Qq	ㄑㄧㄡ	Xx	ㄒㄧ		
Dd	ㄉㄝ	Kk	ㄎㄝ	Rr	ㄚㄦ	Yy	ㄧㄚ		
Ee	ㄜ	Ll	ㄝㄌ	Ss	ㄝㄙ	Zz	ㄗㄝ		
Ff	ㄝㄈ	Mm	ㄝㄇ	Tt	ㄊㄝ				
Gg	ㄍㄝ	Nn	ㄋㄝ	Uu	ㄨ				

V 只用来拼写外来语、少数民族语言和方言。字母的手写体依照拉丁字母的一般书写习惯。

2. 声母

声母表如表 2-2 所示。

表 2-2 声母表

声母	读音	声母	读音	声母	读音
b	ㄅ玻	l	ㄌ勒	zh	ㄓ知
p	ㄆ坡	g	ㄍ哥	ch	ㄔ蚩
m	ㄇ摸	k	ㄎ科	sh	ㄕ诗
f	ㄈ佛	h	ㄏ喝	r	ㄖ日
d	ㄉ得	j	ㄐ基	z	ㄗ资
t	ㄊ特	q	ㄑ欺	c	ㄘ雌
n	ㄋ讷	x	ㄒ希	s	ㄙ思

3. 韵母

韵母表如表 2-3 所示。

表 2-3 韵母表

韵母	读音	韵母	读音	韵母	读音	韵母	读音
a	ㄚ啊	ang	ㄤ昂	in	ㄧㄣ因	uan	ㄨㄢ弯
o	ㄛ喔	eng	ㄥ亨	iang	ㄧㄤ央	uen(un)	ㄨㄣ温
e	ㄜ鹅	ong	ㄨㄥ轰	ing	ㄧㄥ英	uang	ㄨㄤ汪
ai	ㄞ哀	i	ㄧ衣	iong	ㄩㄥ雍	ueng	ㄨㄥ翁
ei	ㄟ诶	ia	ㄧㄚ呀	u	ㄨ乌	ü	ㄩ迂
ao	ㄠ熬	ie	ㄧㄝ耶	ua	ㄨㄚ蛙	üe	ㄩㄝ约
ou	ㄡ欧	iao	ㄧㄠ腰	uo	ㄨㄛ窝	üan	ㄩㄢ冤
an	ㄢ安	iou(iu)	ㄧㄡ忧	uai	ㄨㄞ歪	ün	ㄩㄣ晕
en	ㄣ恩	ian	ㄧㄢ烟	uei(ui)	ㄨㄟ威	er	ㄦ儿

（1）知、蚩、诗、日、资、雌、思等字的韵母用 i，即：知、蚩、诗、日、资、雌、思等字拼作 zhi、chi、shi、ri、zi、ci、si。

（2）韵母ㄦ写成 er，用做韵尾的时候写成 r。例如，"儿童"拼作 ertong，"花儿"做 huar。

（3）韵母ㄝ单用的时候写成 ê。

（4）i 行的韵母，前面没有声母的时候，写成 yi（衣）、ya（呀）、ye（耶）、yao（腰）、you（忧）、yan（烟）、yin（因）、yang（央）、ying（英）、yong（雍）。

u 行的韵母,前面没有声母的时候,写成 wu(乌)、wa(蛙)、wo(窝)、wai(歪)、wei(威)、wan(弯)、wen(温)、wang(汪)、weng(翁)。

ü 行的韵母,前面没有声母的时候,写成 yu(迂)、yue(约)、yuan(冤)、yun(晕),ü 上两点省略。

ü 行的韵母跟声母 j、q、x 拼的时候,写成 ju(居)、qu(区)、xu(虚),ü 上两点也省略;但是跟声母 n、l 拼的时候,仍然写成 nü(女)、lü(吕)。

(5) iou、uei、uen 前面加声母的时候,写成 iu、ui、un。例如,niu(牛)、gui(归)、lun(论)。

(6) 在给汉字注音的时候,为了使拼式简短,ng 可以省做 ŋ。

4. 声调符号

声调符号如表 2-4 所示。

表 2-4 声调符号

声调	符号	声调	符号
阴平	ˉ	上声	ˇ
阳平	´	去声	`

声调符号标在音节的主要母音上,轻声不标。例如,妈 mā(阴平)、麻 má(阳平)、马 mǎ(上声)、骂 mà(去声)、吗 ma(轻声)。

5. 隔音符号

a、o、e 开头的音节连接在其他音节后面的时候,如果音节的界限发生混淆,用隔音符号(')隔开,例如,pi'ao(皮袄)。

第二节　普通话声母

一、声母的发音

1. 什么是声母

一个音节开头部分的音叫声母,如:普通话 pǔtōnghuà 三个音节中,p、t、h 都是声母。声母由辅音充当。

普通话语音共有 21 个声母,声母的发音取决于发音时口腔里挡住气流的部位(称发音部位)和挡住气流的方法(称发音方法)的变化。

2. 声母的分类

(1) 按发音部位的不同,可将 21 个声母分为七类。

① 双唇音——b、p、m:由上唇和下唇构成阻碍而形成的音。

举例:bǎobèi 宝贝　pípá 枇杷　měimiào 美妙

② 唇齿音——f:由下唇和上齿构成阻碍而形成的音。

举例:fēnfù 吩咐

③ 舌尖中音——d、t、n、l：由舌尖和上齿龈构成阻碍而形成的音。
举例：dǎdiǎn 打点　tuántǐ 团体　niǎonuó 袅娜　línlí 淋漓
④ 舌面后音（舌根音）——g、k、h：由舌根和软腭构成阻碍而形成的音。
举例：gǎigé 改革　kāngkǎi 慷慨　huānhū 欢呼
⑤ 舌面前音（舌面音）——j、q、x：由舌面和硬腭构成阻碍而形成的音。
举例：jīngjì 经济　qíqū 崎岖　xūxīn 虚心
⑥ 舌尖后音（翘舌音）——zh、ch、sh、r：舌尖翘起和硬腭构成阻碍而形成的音。
举例：zhǎnzhuǎn 辗转　chóuchú 踌躇　shèshī 设施　róuruǎn 柔软
⑦ 舌尖前音（平舌音）——z、c、s：由舌尖和上齿背构成阻碍而形成的音。
举例：zìzài 自在　cēncī 参差　sīsuǒ 思索

（2）按阻碍和消除阻碍的不同的发音方式，可以把声母分为塞音、擦音、塞擦音、鼻音和边音。

① 塞音——b、p、d、t、g、k：构成阻碍的两个部位完全闭塞。软腭上升，堵塞通向鼻腔的通路。气流经过口腔时冲破阻碍迸裂而出，爆发成声。其中，b、d、g 呼出的气流比较弱，是不送气音；p、t、k 呼出的气流强，是送气音。举例如下。

b、p：bēnpǎo 奔跑　bàopò 爆破
d、t：dàitì 代替　dìtú 地图
g、k：gàikuò 概括　gōngkāi 公开

② 擦音——f、h、x、sh、r、s：构成阻碍的两个部位非常接近，留下窄缝。软腭上升，堵塞通向鼻腔的通路。气流经过口腔时从窄缝挤出，摩擦成声。其中 f、h、x、sh、s 不振动声带，是清音。r 振动声带，是浊音。举例如下。

f：fēngfù 丰富　fēifǎ 非法
h：huānhū 欢呼　hūhǎn 呼喊
x：xíngxiàng 形象　xuéxí 学习
sh：shānshuǐ 山水　shàngshēng 上升
r：róuruǎn 柔软　róngrěn 容忍
s：sīsuǒ 思索　sùsòng 诉讼

③ 塞擦音——j、q、zh、ch、z、c：构成阻碍的两个部位完全闭塞。软腭上升，堵塞通向鼻腔的通路。气流经过口腔先把阻塞部位冲开一条窄缝，从窄缝中挤出，摩擦成声。先破裂，后摩擦，结合成一个音。其中 j、zh、z 呼出的气流比较弱，是不送气音；q、ch、c 呼出的气流强，是送气音。举例如下。

j、q：jiānqiáng 坚强　jīnqián 金钱
zh、ch：zhànchǎng 战场　zhēnchéng 真诚
z、c：zūncóng 遵从　cāozuò 操作

④ 鼻音——m、n：口腔里构成阻碍的两个部位完全闭塞。软腭下垂，打开通向鼻腔的通路。气流颤动声带，从鼻腔通过。鼻音都振动声带，是浊音。举例如下。

m：měimiào 美妙　miànmào 面貌
n：nǎiniú 奶牛　néngnài 能耐

⑤ 边音——l：舌尖与齿龈相接构成阻碍，舌头两边留有空隙。软腭上升，堵塞通向鼻腔的通路。气流经过口腔，颤动声带，从舌头的两边通过。边音是浊音。举例如下。

l：lìlǜ 利率　lúnliú 轮流

(3) 按发音时声带是否颤动，可以把声母分为清音、浊音。

颤动声带的叫浊音，不颤动声带的叫清音。

① 浊音：普通话中共有 4 个浊辅音声母：m、n、l、r。气流呼出时，颤动声带，发出的音比较响亮。

② 清音：除 4 个浊辅音声母外，普通话中其余 17 个辅音声母全是清音，它们分别是：b、p、f、d、t、g、k、h、j、q、x、zh、ch、sh、z、c、s。发清音时，气流呼出，声门打开，声带不颤动，发出的音不响亮。

(4) 按发音时呼出气流的强弱，可以把声母中的塞音和塞擦音分为送气音、不送气音。

① 送气音：普通话中共有 6 个送气音：p、t、k、c、ch、q，发音时呼出的气流强。

② 不送气音：普通话共有 6 个不送气音：b、d、g、z、zh、j，发音时呼出的气流弱。

普通话声母发音方法总表见表 2-5。

表 2-5　普通话声母发音方法总表

发音方式 发音部位	塞音		塞擦音		擦音		鼻音	边音
	清音		清音		清音	浊音	浊音	浊音
	不送气	送气	不送气	送气				
双唇	b	p					m	
唇齿					f			
舌尖前			z	c	s			
舌尖中	d	t					n	l
舌尖后			zh	ch	sh	r		
舌面			j	q	x			
舌根	g	k			h			

二、普通话声母的发音

把上面讲的声母的发音部位和发音方法结合起来，就可以说明普通话中 21 个声母是怎么发音的，见表 2-6。

表 2-6　普通话声母的发音

声母	发音类别				例字及例词
	发音部位	气流强弱	声带振动	发音方式	
b	双唇	不送气	清音	塞音	罢、拜、报、辨别、标兵
p	双唇	送气	清音	塞音	怕、派、炮、批评、乒乓
m	双唇	/	浊音	鼻音	骂、迈、冒、美满、面目

续表

声母	发音类别				例字及例词
	发音部位	气流强弱	声带振动	发音方式	
f	唇齿	/	清音	擦音	法、飞、凤、方法、反复
d	舌尖中	不送气	清音	塞音	大、代、到、地点、当代
t	舌尖中	送气	清音	塞音	踏、太、套、团体、探讨
n	舌尖中	/	浊音	鼻音	纳、耐、闹、牛奶、农奴
l	舌尖中	/	浊音	边音	辣、赖、烙、联络、劳力
g	舌根	不送气	清音	塞音	尬、盖、告、骨干、国歌
k	舌根	送气	清音	塞音	喀、慨、靠、刻苦、宽阔
h	舌根	/	清音	擦音	哈、害、浩、欢呼、辉煌
j	舌面	不送气	清音	塞擦音	架、街、建、积极、经济
q	舌面	送气	清音	塞擦音	恰、窃、欠、请求、确切
x	舌面	/	清音	擦音	下、歇、县、学习、虚心
zh	舌尖后	不送气	清音	塞擦音	诈、债、照、主张、政治
ch	舌尖后	送气	清音	塞擦音	岔、拆、超、出产、查抄
sh	舌尖后	/	清音	擦音	事、晒、哨、声势、手术
r	舌尖后	/	浊音	擦音	日、热、绕、柔软、仍然
z	舌尖前	不送气	清音	塞擦音	杂、在、早、走卒、栽赃
c	舌尖前	送气	清音	塞擦音	擦、菜、草、层次、参差
s	舌尖前	/	清音	擦音	撒、塞、臊、思索、琐碎

三、零声母

普通话语音中，有些音节是韵母独立自成音节，发音时，音节开头有一点轻微摩擦，语音学里把这种成分称为零声母。有了零声母这个概念，我们就可以说，普通话里所有的音节都有声母了。

零声母共有两类，一类是 i、u、ü 和 i、u、ü 开头的韵母自成音节时前面的成分。《汉语拼音方案》规定：这类零声母用 y、w 作为书写形式，它们的作用主要是使音节界限清楚。

yi(i)yī 一　　　　　ya(ia)yā 压　　　　　you(iou)yōu 优
yao(iao)yáo 摇　　　yan(ian)yān 烟　　　yin(in)yīn 因
yang(iang)yāng 秧　 ying(ing)yīng 英　　ye(ie)yě 也
yong(iong)yōng 拥　 wu(u)wū 屋　　　　wa(ua)wā 挖
wo(uo)wǒ 我　　　　wai(uai)wài 外　　　wei(uei)wēi 微
wan(uan)wān 弯　　 wen(uen)wēn 温　　wang(uang)wāng 汪
weng(ueng)wēng 翁　yu(ü)yú 余　　　　 yue(üe)yuē 约
yuan(üan)yuán 元　　yun(ün)yún 云

另一类是 a、o、e 开头的韵母自成音节后前面的成分。《汉语拼音方案》没有用字母来表示这类零声母的书写形式,当它们与前面一个音节连写时,要用隔音符号(')分隔。

a ā 阿	ài 爱	āo 凹	ān 安	áng 昂
o o 哦	ōu 欧	pèi'ǒu 配偶		
e è 饿	ēn 恩	ér 儿	jī'è 饥饿	

四、声母发音难点以及唇舌力量练习

1. 声母发音难点

（1）双唇音 b、p、m 的练习：发声母 p 的音时,气流如果太强,会产生噪声,话筒里跟着会传出"噗噗"的声音。进行发声练习时,要注意收紧唇部,接触有力,控制小腹,使气流集中,将力量集中在双唇部,这样声音也就集中了。

（2）f 的练习：f 本身是擦音,发声时要注意节制气流,上齿和下唇自然接触,不要用上齿咬住下唇发音。如果发声时气流的成阻面积大,力量就会分散。

（3）n 的练习：发声母 n 的音时,舌尖要抵住上齿龈。如果舌尖抵不住上齿龈,一部分气流就会跑到口腔外,致使进入鼻腔的气流减少,鼻音色彩就会被冲淡。有个别人没舌尖或者伸不出舌尖,其发音的音准就会受到影响。平时练习时,除了做口部训练操外,还可以多练习音节表中 d、t、n、l 的发音,多说绕口令。

（4）g、k、h 的练习：声母 g、k、h 也叫舌面后音。发音时,要注意舌根和硬腭与软腭的交界处要接触。有些人为了让声音听起来宽厚,把这三个音发得太靠后,从而带动韵母和其他声母的发音都靠后,这样会使整个发音状态不正确,也容易产生喉音。

（5）j、q、x 的练习：发这3个音时,舌尖要抵住下齿背,抵住的部位既不能靠上也不能靠下。

2. 声母常见语音缺陷

（1）舌尖后音的发音部位靠前,实际发音部位——舌尖接触或接近上齿龈。

（2）发唇齿清擦音时,上齿作用不明显,双唇摩擦,与双唇清擦音接近。

（3）舌面后擦音发音部位靠后,即发作喉门擦音。

（4）舌面前音发音部位明显靠前,但还未纯粹读成舌尖前音,实际音色接近舌叶音。

（5）把舌尖前音读成齿间音。

（6）韵母 uo、u 的零声母读成唇齿浊擦音。

（7）把重读音节中的不送气清塞音、清塞擦音读成不送气的浊塞音、塞擦音。

（8）齐齿呼前面的声母 t 带腭化色彩。

（9）发舌尖后音时,舌尖过于后卷,好像大舌头。

3. 读绕口令,兼顾呼吸训练

b,p 八百标兵奔北坡,北边炮兵并排跑,炮兵怕把标兵碰,标兵怕碰炮兵炮。

d,t 大兔子,大肚子,大肚子的大兔子,要咬大兔子的大肚子。

n,l 门口有四辆四轮大马车,你爱拉哪两辆就拉哪两辆。小罗要拉前两辆,小梁不要后两辆。小梁偏要抢小罗的前两辆,小罗只好拉小梁的后两辆。

h　华华有两朵黄花,红红有两朵红花。华华要红花,红红要黄花。华华送给红红一朵黄花,红红送给华华一朵红花。

j、q、x　七巷一个漆匠,西巷一个锡匠,七巷漆匠偷了西巷锡匠的锡,西巷锡匠偷了七巷漆匠的漆。

z、zh　隔着窗户撕字纸,一次撕下横字纸,一次撕下竖字纸,是字纸撕字纸,不是字纸,不要胡乱撕一地纸。

zh、ch、sh　大车拉小车,小车拉小石头,石头掉下来,砸了小脚指头。

r　夏日无日日亦热,冬日有日日亦寒,春日日出天渐暖,晒衣晒被晒褥单,秋日天高复云淡,遥看红日迫西山。

sh　石室诗士施史,嗜狮,誓食十狮,氏时时适市,氏视十狮,恃矢势,使是十狮逝世,氏拾是十狮尸,适石室,石室湿,氏使侍拭石室,石室拭,氏始试食十狮尸,食时,始识十狮尸实是十石狮尸,试释是事实。

z、c、s、j、x　司机买雌鸡,仔细看雌鸡,四只小雌鸡,叽叽好欢喜,司机笑嘻嘻。

第三节　普通话韵母

韵母是指一个汉字音节中声母后面的成分。

一、韵母的分类

按结构可将韵母分为单韵母(10)、复韵母(13)和鼻韵母(16)。按四呼可将韵母分为开口呼、齐齿呼、合口呼和撮口呼。按韵尾可将韵母分为元音韵尾韵母(i/u)、鼻音韵尾韵母(n/g)和无韵尾韵母(a/o/e)。

（一）按结构分类

1. 单韵母

由一个元音构成的韵母叫单韵母,又叫单元音韵母。单元音韵母发音的特点是自始至终口形不变,舌位不移动。普通话中单元音韵母共有十个,即a、o、e、ê、i、u、ü、-i("思"的韵母)、-i("诗"的韵母)、er。

单韵母的发音方法如下。

（1）舌面元音

a　发音时,口腔大开,舌头前伸,舌位低,舌头居中,嘴唇呈自然状态。如"沙发""打靶"的韵母。

o　发音时,口腔半合,舌位半高,舌头后缩,嘴唇拢圆。如"波""泼"的韵母。

e　发音状况大体像o,只是双唇自然展开成扁形。如"歌""苛""喝"的韵母。

ê　发音时,口腔半开,舌位半低,舌头前伸,舌尖抵住下齿背,嘴角向两边自然展开,唇形不圆。在普通话里,ê很少单独使用,经常出现在i、ü的后面。

i　发音时,口腔开度很小,舌头前伸,前舌面上升接近硬腭,气流通路狭窄,但不发生摩擦,嘴角向两边展开,呈扁平状。如"低""体"的韵母。

u 发音时,口腔开度很小,舌头后缩,后舌面上升接近硬腭,气流通路狭窄,但不发生摩擦,嘴唇拢圆成一小孔。如"图书""互助"的韵母。

ü 发音时,口腔开度很小,舌头前伸,前舌面上升接近硬腭,但气流通过时不发生摩擦,嘴唇拢圆成一小孔。发音情况和 i 基本相同,区别是 ü 嘴唇是圆的,i 嘴唇是扁的。如"语句""盱眙"的韵母。

(2) 舌尖元音。

-i(前)发音时,舌尖前伸,对着上齿背形成狭窄的通道,气流通过不发生摩擦,嘴唇向两边展开。用普通话念"私"并延长,字音后面的部分便是-i(前)。这个韵母只跟 z、c、s 配合,不和任何其他声母相拼,也不能自成音节。如"资""此""思"的韵母。

-i(后)发音时,舌尖上翘,对着硬腭形成狭窄的通道,气流通过不发生摩擦,嘴角向两边展开。用普通话念"师"并延长,字音后面的部分便是-i(后)。这个韵母只跟 zh、ch、sh、r 配合,不与其他声母相拼,也不能自成音节。如"知""吃""诗"的韵母。

(3) 卷舌元音。

er 发音时,口腔半开,开口度比含略小,舌位居中,稍后缩,唇形不圆。在发 e 的同时,舌尖向硬腭轻轻卷起,不是先发 e,然后卷舌,而是发 e 的同时舌尖卷起。"er"中的 r 不代表音素,只是表示卷舌动作的符号。er 只能自成音节,不和任何声母相拼。如"儿""耳""二"字的韵母。

2. 复韵母

由两个或三个元音结合而成的韵母叫复韵母。普通话共有 13 个复韵母:ai、ei、ao、ou、ia、ie、ua、uo、üe、iao、iou、uai、uei。

复韵母的发音特点如下。

(1) 发音时舌位、唇形有变化。从一个元音到另一个元音是逐渐过渡的,中间包括一连串过渡音。比较"哎"与"阿姨"。

(2) 各个元音的响度也不相等,通常只有一个比较清晰、响亮,叫韵腹。如"外"[uai]。

根据主要元音所处的位置,复韵母可分为前响复韵母、中响复韵母和后响复韵母。

前响复韵母共有四个,即 ai、ei、ao、ou。它们的共同特点是前一个元音清晰响亮,后一个元音轻短模糊,音值不太固定,只表示舌位滑动的方向。(韵腹在前的叫前响复元音韵母)

ai 发音时,先发 a,这里的 a 舌位前,念得长而响亮,然后舌位向 i 移动,不到 i 的高度。i 只表示舌位移动的方向,音短而模糊。

3. 鼻韵母

由一个或两个元音后面带上鼻辅音构成的韵母叫鼻韵母。鼻韵母共有 16 个:an、ian、uan、üan、en、in、uen、ün、ang、iang、uang、eng、ing、ueng、ong、iong。

普通话里可以出现在元音后面的鼻辅音只有两个,即舌尖鼻辅音 n(舌尖抵住上齿龈)和舌根鼻辅音 ng(舌根轻轻抵住软腭)。

鼻韵母发音时发音器官由元音的发音状态向鼻音的发音状态逐渐变动,鼻音成分逐渐增加,最后完全变为鼻音。同作为声母的鼻辅音相比,它们是塞而不破,无除阻阶段。

鼻韵母可分为以下两类。
(1) 舌尖鼻音韵母。
(2) 舌根鼻音韵母。

（二）按四呼分类

四呼就是按韵母开头的元音口形分的类别。
(1) 开口呼：没有韵头，韵腹不是 i、u、ü 的韵母，共有 15 个。
a、o、e、ê、-i[前]、-i[后]、er(7个)/ai、ei、ao、ou(4个)/an、en、ang、eng(4个)
(2) 齐齿呼：i 或以 i 起头的韵母，共有 9 个。
i(1个)/ia、ie、iao、iou(4个)/ian、in、iang、ing(4个)
(3) 合口呼：u 或以 u 起头的韵母，共有 10 个。
u(1个)/ua、uo、uai、uei(4个)/uan、uen、uang、ueng、ong(5个)
(4) 撮口呼：ü 或以 ü 起头的韵母，共有 5 个。
ü(1个)/üe(1个)/üan、ün、iong(3个)

ong、ueng 本来是一个韵母的不同表现形式，ong 前面一定有声母，ueng 则永远自成音节。汉语拼音方案根据字母形式把 ong 分配到开口呼，把 ueng 分配到合口呼。但是从语音系统来说，ong、ueng 只是同一个韵母在不同条件下的不同表现形式，应该根据实际读音归入合口呼。iong 的实际读音往往有圆唇的成分，应归入撮口呼。

（三）按韵尾分类

(1) 无韵尾韵母（开尾韵母吴宗济）15 个。
① 单韵 10 个，即 a、o、e、i、u、ü、ê、-i[前]、-i[后]、er。
② 后响复合韵母 5 个，即 ia、ua、ie、ue、uo。
(2) 元音韵尾韵母 8 个。
① 前响 4 个，即 ai、ei、uei、uai。
② 中响 4 个，即 ao、iao、ou、iou。
(3) 鼻音韵尾韵母。
① 舌尖鼻韵母 8 个，即 an、ian、uan、uan、en、in、uen、ün。
② 舌根鼻韵母 8 个，即 ang、iang、uang、eng、ing、ueng、ong、iong。

二、普通话韵母发音及分辨

（一）单韵母的发音

1. i 和 ü 的分辨

i 和 ü 这两个音唯一的区别就在于 i 是不圆唇元音，ü 是圆唇元音。抓住这一点，便能基本上分清这两个音了。

名义—名誉　结集—结局　前面—全面　小姨—小鱼
意义—寓意　盐分—缘分　通信—通讯　意见—预见　潜水—泉水

2. o 和 e 的分辨

o 和 e 这两个音发音时的区别在于 o 是圆唇元音，而 e 是不圆唇元音。我们可以根据这一点加以区别。

破格　职责　策略　侧重　博士　摸底　国歌　摩擦
合法　蛋壳　舌头　偏颇　佛教　没收　奢侈

（二）复韵母的发音

1. 复韵母发音要领

(1) 有明显振动过程的变化。
(2) 从一个发音状态向另一个发音状态快速滑动。
(3) 韵尾表示滑动方向。
(4) 唇形、舌位的变化要自然、连贯，形成整体。

2. 复韵母发音练习

ai（欸）　ei（诶）　ao（奥）　ou（欧）　ia（呀）　ie（耶）　ua（哇）
uo（窝）　üe（约）　iao（腰）　iou（优）　uai（歪）　uei（威）

3. 宽窄韵母分辨

(1) ai（uai）和 ei（uei）的分辨。
海带　拍卖　开怀　晒台　白菜　财会　奶奶　太太　北美　累赘　回归
追随　委培　妹妹　魁伟　开会　来回　海味　百倍　暧昧　再会　海龟
(2) ao（iao）和 ou（iou）的分辨。
ou—ao　柔道　投靠　周到　厚道　寿桃　手套
iao—iou　要求　表舅　郊游　校友　漂流　调休
iou—iao　油条　邮票　酒药　有效　牛角

4. 对比辨音

摆手—把手　小麦—小妹　分派—分配　卖力—魅力
怀想—回想　怪人—贵人　未来—外来　鬼子—拐子

（三）鼻韵母的发音

1. 鼻韵母的发音特点

普通话韵母中有两个鼻辅音韵尾-n、-ng。韵尾-n 的发音同声母 n 基本相同，只是-n 的部位比 n 靠后。从受阻的情况来看，声母 n 必须除阻后同后面的韵母拼合，而韵尾-n 不必除阻，发音逐渐减弱而终止。

2. 鼻韵母的发音训练

前鼻韵母包括 an、en、in、ian、uan、üan、uen。
后鼻韵母包括 ang、eng、ing、iang、uang、ong、iong、ueng。

3. 前后鼻韵母分辨

(1) an、uan 和 ang、iang、uang。
(2) en 和 eng。
(3) in 和 ing。

(4) un 和 ün。

4. 词语练习

an—ang　安放　繁忙　肝脏　南方　反抗　赞赏
ang—an　傍晚　畅谈　方案　钢板　唐山　当然
en—eng　本能　人称　神圣　文风　真正　人证
eng—en　诚恳　登门　缝纫　胜任　承认　成分
in—ing　民警　聘请　银杏　心灵　新兴　引擎

5. 对比辨音

安然—昂然　烂漫—浪漫　葬送—赞颂　搪瓷—弹词
审视—省市　申明—声明　陈旧—成就　深思—生丝
eng—ong　中东 zhōngdōng　东海 dōnghǎi　灯笼 dēnglóng　忠贞 zhōngzhēn
ün—iong　允许 yǔnxǔ　韵律 yùnlǜ　游泳 yóuyǒng　庸俗 yōngsú　汹涌 xiōngyǒng
uen—ueng　uen　昆仑　温存　温顺　论文　混沌　谆谆
ueng　蕹菜　水瓮　老翁　蓊郁　嗡嗡

避免丢失韵头 i 和 u。

以 i 为韵头的韵母属于齐齿呼韵母，有 7 个，即 ia、ie、iao、iou、ian、iang、iong。
以 u 为韵头的韵母属于合口呼韵母，有 8 个，即 ua、uo、uai、uei、uan、uen、uang、ueng。
声母在与这些韵母相拼时，虽然作为韵头的 i 或 u 发音轻短，但不能忽略，更不能丢失。

(1) 读准以 i 为韵头的字。

ia　国家　华夏　龙虾　放假　嘉奖
ie　蔑视　街道　猎取　重叠　戒备
iao　骄傲　憔悴　香蕉　欢笑　敲门
iu　流水　丢弃　秋天　荒谬　小牛
ian　连天　扁担　欺骗　面粉　甜蜜
iang　大娘　将军　手枪　幻想　高粱
iong　汹涌　熊爪　贫穷　窘态　胸膛

(2) 读准以 u 为韵头的字。

ua　苦瓜 kǔguā　红花 hónghuā　夸奖 kuājiǎng　刷子 shuāzi　抓住 zhuāzhù
uo　萝卜 luóbo　生活 shēnghuó　水果 shuǐguǒ　挪动 nuódòng　啰唆 luōsuo　夺目 duómù
uai　坏蛋 huàidàn　奇怪 qíguài　快捷 kuàijié　怀揣 huáichuāi　元帅 yuánshuài
ui　推开 tuīkāi　乌龟 wūguī　亏损 kuīsǔn　开会 kāihuì　追逐 zhuīzhú　垂直 chuízhí
uan　端庄 duānzhuāng　卵石 luǎnshí　鸾鸟 luánniǎo　管家 guǎnjiā　宽容 kuānróng
uen　蹲下 dūnxià　吞吐 tūntǔ　轮回 lúnhuí　捆绑 kǔnbǎng　浑浊 húnzhuó　尊

敬 zūnjìng

uang　光明 guāngmíng　镜框 jìngkuàng　嫩黄 nènhuáng　庄稼 zhuāngjiā
ueng　渔翁 yúwēng　陶瓮 táowēng　翁郁 wēngyù

6. 对比辨音

钻石 zuànshí—暂时 zànshí　　　　变乱 biànluàn—变烂 biànlàn
打量 dǎliáng—打狼 dǎláng　　　　木匾 mùbiǎn—木板 mùbǎn
点子 diǎnzi—胆子 dǎnzi　　　　　刷子 shuāzi—沙子 shāzi
抓住 zhuāzhù—扎住 zhāzhù　　　　坏人 huàirén—害人 hàirén
不怪 bùguài—不盖 bùgài　　　　　创导 chuàngdǎo—倡导 chàngdǎo
换床 huànchuáng—欢唱 huānchàng　净赚 jìngzhuàn—进站 jìnzhàn

三、普通话韵母综合训练

（一）单元音韵母发音练习

1. a：舌位低、不圆唇、央元音

阿　八　搭　法　尬　哈　卡　辣　码　纳　爬　撒　他　瓦　崖　砸　眨
爸爸　妈妈　发达　打靶　打发　哈达　腊八　喇叭　喇嘛　拉萨　麻纱
马达　沙拉　牵拉　哪怕　打蜡　扒拉　大妈　飒飒　大厦　沙发

2. o：舌位半高、圆唇、后元音

播　魄　佛　拨　婆　膜　驳　脉　磨　喔　末　博　玻　颇　哟　默　摩　沫　沃
伯伯　婆婆　泼墨　破墨　漠漠　魔术　抹杀　脉脉　慢吸　薄膜　磨炼　磨破

3. e：舌位半高、不圆唇、后元音

得　特　勒　蛇　歌　革　葛　者　浙　车　个　科　仄　渴　课　喝　惹　贺　遮
特色　特赦　哥哥　这个　舍得　咋舌　啧啧　色泽　割舍　隔阂　各个　各色

4. ê：舌位半低、不圆唇、前元音

ê 这个音素在普通话中只与 i、ü 一起构成复韵母，单念只有一个"欸"（ai）字。
学业　雀跃　血液　贴切　雪夜

5. i：舌位高、不圆唇、前元音

习　姨　低　急　底　弟　梯　题　体　替　妻　器　腻　梨　理　力　基　敌　挤
鼻翼　比拟　笔迹　笔记　臂力　栖息　极力　遗弃　疑义　以及　义旗　议题

6. u：舌位高、圆唇、后元音

俗　都　独　素　赌　度　秃　徒　土　兔　奴　怒　卢　普　路　姑　骨　故　枯
服务　护符　俘虏　浮房　浮土　幅度　俯伏　辅助　辜负　骨碌　古朴　谷物　服输

7. ü：舌位高、圆唇、前元音

淤　于　雨　玉　女　妞　驴　吕　绿　居　局　举　巨　区　渠　曲　去　虚　徐
女婿　吕剧　旅居　屡屡　曲剧　居于　语句　屈居　渔具　语序　栩栩　郁郁

8. er：卷舌、央元音

er 是特殊元音。发音时,舌前部上抬,舌尖向硬腭卷起。这里需要注意的是,r 不代表音素,只表示卷舌的动作,所以 e 和 r 的距离要紧凑,弱化 r,不要发得很笨拙。

儿　而　尔　耳　迩　洱　饵　二　贰
儿女　儿孙　儿戏　而今　而且　而立　而已　尔后　耳朵　耳福　儿童　耳环

9. -i(前)：舌尖前不圆唇元音

-i(前)是特殊元音。发音时,舌尖轻抵下齿背,舌面前部朝向上齿龈,但不要接触,也不要发生摩擦。在普通话里只能和 z、s、c 相拼,不能自成音节。

词　瓷　此　次　兹　滋　紫　子　字　白　司　死　四　踢　孜　辞　思　籽　赐
字词　刺死　自私　自此　孜孜　此次　刺字　赐死　嗣子　次子　子嗣　四次

10. -i(后)：舌尖后不圆唇元音

-i(后)是特殊元音。发音时,舌尖朝硬腭前部翘起,舌头后缩,使气流受到一定的节制,但不要发生摩擦。在普通话里只能和 zh、ch、sh、r 相拼,不能自成音节。

织　值　止　诗　吃　迟　耻　斥　湿　石　史　世　日　之　齿　式　视　质　池
支持　支使　知识　直至　值日　只是　指使　史诗　志士　日食　时事　实施

(二) 复韵母发音练习

1. 前响复韵母

(1) ai：奶　耐　来　赖　该　改　盖　开　概　筛　晒　再　猜　财　彩　菜　腮　载
爱戴　白菜　摆开　买卖　拍卖　开采　晒台　海带　彩带　灾害　采摘　拆台

(2) ei：非得　飞　拂　黑　煤　北　美　内　杯　背　胚　赔　配　煤　媚
肥美　配备　贝类　非得　蓓蕾　妹妹　黑妹　背煤　霏霏　黑煤　北美　北非

(3) ao：跑　泡　猫　毛　卯　冒　刀　岛　道　挠　脑　闹　捞　牢　老　涝　高　稿
号召　包抄　报道　报告　报考　抛锚　跑道　唠叨　祷告　逃跑　讨好　牢靠

(4) ou：兜　抖　豆　偷　头　透　楼　都　篓　臭　收　手
口授　叩头　口臭　瘦肉　收受　猴头　扣肉　兜售　斗殴　欧洲　丑陋　走漏

2. 后响复韵母

(1) ia：鸦　芽　雅　讶　家　贾　嫁　掐　甲　假
家家　假牙　加价　加压　恰恰　下嫁　压价

(2) ie：蝶　铁　灭　涅　聂　别　撇　列　且　榭　接　届　鞋　切　戒　爹　帖　孽
爹爹　歇业　贴切　姐姐　接界　铁屑　铁鞋

(3) ua：蛙　娃　瓦　袜　瓜　寡　挂　夸　垮　跨　花　华　化　抓　刷　耍　刷　卦
挂花　花袜　娃娃　耍滑　哇哇　画画　挂画

(4) uo：阔　豁　活　火　货　桌　浊　绰　说　多　硕　托　昨　左　作　错　梭　锁
咄咄　哆嗦　堕落　国货　过错　过活　过火　活捉　火锅　硕果　脱落　窝火

(5) üe：约　月　虐　略　决　倔　缺　确　靴　雀　跃
学习　掠夺　略微　绝活　疟疾

3. 中响复韵母

(1) iao：票 苗 秒 庙 钓 挑 条 腰 晓 敲 跳 鸟 尿 撩 聊 了 料 缥缈 飘摇 悄悄 巧妙 小苗 迢迢 调教 调料 逍遥 萧条 小桥 小调

(2) iou：优 尤 友 幼 谬 丢 牛 扭 溜 刘 柳 揪 久 旧 秋 球 修 优秀 悠久 悠悠 有救 啾啾 久久 久留 舅舅 秋游 求救 咎由 妞妞

(3) uai：歪 外 乖 拐 怪 筷 怀 坏 揣 踹 摔 甩 帅 衰 侩 乖乖 踹坏 怀揣 快甩 摔坏

(4) uei：规 鬼 跪 亏 葵 傀 愧 灰 回 毁 汇 追 吹 垂 水 蕊 锐 推诿 退回 巍巍 尾随 追尾 追回 罪魁 醉鬼 垂危 悔罪 摧毁 翠微

4. 鼻元音韵母发音

(1) 前鼻音韵母。

① an：安然 案板 暗淡 暗含 斑斓 犯案 烂漫 单产 单干 胆敢 翻案

② ian：沿 变 便 迁 宴 垫 肩 电 见 面 联 翩 连篇 脸面 绵延 参赞 参战 惨淡 泛滥 翻板 反感 反叛 电线 艰险

③ uan：湾 丸 碗 腕 端 短 断 湍 团 欢 暖 鸳 卵 乱 关 管 灌 传唤 专断 官宦 管段 贯穿 乱窜 换算 软缎 酸软 团团 婉转

④ üan：全员 冤圆 远愿 捐卷 圈泉 犬劝 涓涓 全权 渊源 源远 源泉 源源 圆圈

⑤ en：纷 焚 粉 奋 嫩 根 稳 绅 亘 深 痕 狠 恨 真 枕 慎 镇 陈 愤愤 粉尘 愤愤 愤恨 根本 深沉 根深 门神 门诊 人们 人身 认真

⑥ in：因 银 引 印 彬 殡 拼 频 品 聘 民 敏 您 临 凛 赁 金 锦 濒临 秦晋 仅仅 紧邻 尽心 近邻 近亲 民心 临近 拼音 贫民 频频

⑦ uen：敦 钝 魂 春 纯 吞 混 村 存 轮 论 滚 棍 捆 困 昏 混沌 困顿 温存 温润 温顺 春笋 论文 伦敦 昆仑 稳准 枪棍 昏昏

⑧ ün：晕 匀 允 运 均 俊 群 熏 寻 训 助 询 循 汛 陨 酝 熨 军训 均匀 芸芸

(2) 后鼻音韵母。

① ang：肮 昂 盎 榜 棒 兵 旁 胖 莽 芳 盲 防 仿 放 档 荡 汤 帮忙 常常 厂房 厂商 苍茫 沧桑 当场 党纲 党章 方丈 放荡 放浪

② iang：娘 酿 良 两 羌 锵 亮 江 奖 匠 腔 墙 抢 呛 梁 详 江洋 将相 强项 相向 踉跄 像样 湘江 两样 亮相 香江 奖项 洋枪

③ uang：光 广 逛 筐 狂 旷 况 框 荒 慌 疮 床 闯 状 狂妄 状况 矿床 框框 惶惶 装潢 双簧 往往 网状 闯王 忘光 窗框

④ eng：蒙 猛 梦 丰 逢 讽 凤 枫 登 等 凳 腾 能 棱 冷 楞 乘胜 逞能 风声 风筝 奉承 更生 更正 耿耿

⑤ ing：应 营 影 硬 兵 丙 病 鹰 苹 明 宁 赢 京 景 静 清 晴 定型 经营 惊醒 晶莹 精兵 精灵 精明 精英 警醒 菱形 伶仃 零星

⑥ ueng：翁 瓮仲 嗡嗡 瓮城（围绕在城门外的小城） 瓮声瓮气 蓊郁 瓮中
⑦ ong：拥 泳 用 窘 琼 凶 雄 庸 雍 熊 动 容 工 种 从众 轰隆 共通 共同 红肿 葱茏 公共 公众 空洞 空中 恐龙 隆冬 共同 轰动 雍容 臃肿 用功 踊跃 勇猛 英勇 汹涌 凶险 庸医 胸膛

第四节 普通话声调

一、声调的性质和作用

（一）声调的性质

声调指的是音节声音的高低升降变化，在汉语里具有区别意义的作用。它的性质主要决定于整个音节的音高变化。

这里所说的音高是不同于绝对音高的相对音高。发同一声调，不同的人绝对音高会不同，女性和小孩的绝对音高就高于成年男子，但这并没有区别意义的作用。例如：发"喂"音时，无论高和低，意义都一样。这是因为在发同一声调时，声音的高低，升降变化的类型都是相同的，即相对音高一样。所以不论哪一个人的绝对音高怎样，只要按一定的原则发音，就可以让对方听懂所说的话。

（二）声调的作用

声调的作用在于区别意义，如"qi"这个音节加上不同的声调，其表达的意义也就不同："七""其""起""气"。声调和声母、韵母一样，都是汉语音节的组成部分。一个字因声调不同就可以表示不同的意思。由于汉语的一个音节一般就是一个汉字，所以声调又叫字调。

(1) 普通话的声韵母组合成的基本音节有 400 个左右，因此，声调在区别意义方面非常重要。例如：

主力 zhǔlì—助理 zhùlǐ   登记 dēngjì—等级 děngjí
检举 jiǎnjǔ—艰巨 jiānjù   联系 liánxì—练习 liànxí

(2) 声调区别词性。

背 bèi（名词）   bēi（动词）
好 hǎo（形容词）   hào（动词）
钉 dīng（名词）   dìng（动词）
磨 mò（名词）   mó（动词）

(3) 声调可以使音节抑扬顿挫，形成优美的韵律。

（三）普通话声调的调值和调类

1. 调值

调值是指音节高低、升降、曲直、长短的变化，即声调的实际读音。

为了把调值具体地描写出来，一般采用五度标记法。所谓五度标记法，就是用五度竖标来表示调值的相对音高的一种方法。

调值即声调的实际读法。汉语普通话有四种基本调类和调值：阴平(55)、阳平(35)、上声(214)、去声(51)。

调值的语音特点有两个。

(1) 调值主要由音高构成。

调值主要由音高构成，音的高低决定于频率的高低。比如，同是一个"高 gāo"，男人比女人声音低，老人比小孩儿声音低，但表达的意思是一样的。

(2) 构成调值的是相对音高。

构成调值的相对音高在读音上是连续的、渐变的，中间没有停顿、没有跳跃。描写调值一般用五度标记法，它是用五度竖标来标记调值相对音高的一种方法，如图 2-1 所示。

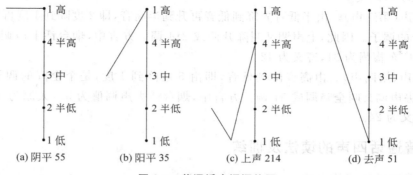

图 2-1　普通话声调调值图

2. 调类

调类是声调的种类，是调值相同的字归在一起所建立的类。从图中可以看出普通话语音有四种调类：调类是按调值（即实际读法）归纳出来的。相同调值的字归为一个调类，在音节中有几种基本调值就可以归纳成几种调类。在同一种方言中，有几种基本调值也可以归纳成几种调类。普通话有 4 个调类，上海有 5 个调类，广东梅县有 6 个调类，长沙有 6 个调类，福州有 7 个调类，广州有 9 个调类，玉林有 10 个调类。

(1) 普通话调类。

① 阴平调（一平，高平，55）。声音高而平，调值由 5 度到 5 度，标记法为"ˉ"。例如："光 guāng""山 shān"。

② 阳平调（二升，中升，35）。声音由中音升到高音，调值为 35，标记法为"ˊ"。例如："明 míng""河 hé"。

③ 上声调（三曲，降升，214）。声音由半低降到低再由低升到半高，调值为 214，标记为"ˇ"。例如："磊 lěi""锦 jǐn"。

④ 去声调（四降、全降）。声音由高降到低、调值为 51，标记为"ˋ"。例如："落 luò""绣 xiù"。

(2) 普通话标调。

我们把表示汉语语音声调的符号称为调号，调号有两种标示法：一种标示在音节的韵腹上；另一种是国际音标调值标示法，它写在国际音标的后面。例如：光 guāng[guaŋ]⁵⁵。

(四) 普通话声调分析

普通话的声调(字调),它将贯穿于整个音节的高低升降。如:měi(美)、gào(告)。它的本质特征是音高,音高的变化由控制声带的松紧决定。

(1) 阴平(第一声),高而平,即由5度到5度,表示声音比较高,而且基本上没有升降的变化,调值为55。因此,阴平调又叫高平调或55调。方言中,沈阳话阴平调值为44,福州为44,南昌为42,遵义为44。

(2) 阳平(第二声)。由中音升到高音,即由3度升到5度,是个高升的调子,调值为35。因此,阳平调又叫高升调或35调。方言中厦门话阳平调值为24,成都为41,广东梅州为11,遵义为21。

(3) 上声(第三声)。由半低音先降到低音再升到半高音,即2度降到1度再升到4度;是先降后升的调子。因此,上声调又叫降升调或214调。方言中,烟台话上声调值为214,上海为33,广东梅州为31,遵义为42。

(4) 去声(第四声)。由高音降到低音,即由5度降到1度,是个全降的调子,调值为51。因此,去声调又叫全降调或51调。方言中,烟台话去声调值为55,太原为45,广东梅州为52,遵义为24。

二、普通话四声的读法及训练

(一) 普通话四声的读法

(1) 阴平调的读法:高平调55。完整的调型是:起调要高,并将音高保持不变,直至音止。举例如下。

虚心 xūxīn　　夸张 kuāzhāng　　吹风 chuīfēng　　冰川 bīngchuān
分工 fēngōng　　倾听 qīngtīng　　剥削 bōxuē

(2) 阳平调的读法:上扬调35。完整的调型是:发音要直,发音时要避免有的方言中下降调型的影响。举例如下。

学习 xuéxí　　昂扬 ángyáng　　银铃 yínlíng　　求实 qiúshí
农奴 nóngnú　　成年 chéngnián　　来源 láiyuán

(3) 上声调的读法:降升调214。完整的调型是:音高起调较低,然后由2降到1,随后上扬升到4。举例如下。

泥土 nítǔ　　参考 cānkǎo　　获奖 huòjiǎng　　蹩脚 biéjiǎo
烈属 lièshǔ　　爽朗 shuǎnglǎng　　铅笔 qiānbǐ

(4) 去声调的读法:全降调51。完整的调型是:起调高,呈落式,由最高5降到最低1。举例如下。

鞭策 biāncè　　激励 jīlì　　牢固 láogù　　评价 píngjià
哺育 bǔyù　　渴望 kěwàng　　竞技 jìngjì

(二) 普通话四声的训练方法

(1) 手势辅助法。
用手势辅助引导调型的高低升降。

（2）配字连读法。

① 练习阴平。用阳平带高平调，例如：

阳光 yángguāng　　　晴天 qíngtiān　　　衔接 xiánjiē

② 练习阳平。用去声带中升调，例如：

放牛 fàngniú　　　祝福 zhùfú　　　现实 xiànshí

③ 练习上声。用去声带降升调，例如：

电影 diànyǐng　　　自己 zìjǐ　　　特写 tèxiě

④ 练习去声。用阴平带高降调，例如：

先进 xiānjìn　　　方向 fāngxiàng　　　条件 tiáojiàn

经过反复听辨与练习，就能听辨出四声的调值特点：一声平，二声扬，三声曲折，四声降。二声、三声是声调中的难点，要反复体会。普通话的二声柔美动听，自然上扬。起音时不要用力过猛，要轻轻中度上扬，中途不能下降再扬。普通话的三声舒缓轻柔，曲折好听。读时半低度起，先降到低度而后转弯上扬，尾音不能波折。

汉语音节的声调只表现在音节的声带振动的响音上，如果是清辅音开头，声调只从韵头开始；如果是浊辅音或元音开头，声调覆盖整个音节。韵母部分与声调的关系最为密切。汉语拼音方案规定声调符号应标在主要元音上，也就是音节中最长、最响亮、最清晰的元音上，可见，声调的标写也可体现出它跟元音的关系。

（三）声调练读

1. 用四声念读音节

按普通话四声的调值念下面的音节。

一 yī	姨 yí	乙 yǐ	艺 yì
辉 huī	回 huí	毁 huǐ	惠 huì
风 fēng	冯 féng	讽 fěng	奉 fèng
飞 fēi	肥 féi	匪 fěi	费 fèi
通 tōng	同 tóng	桶 tǒng	痛 tòng
迂 yū	于 yú	雨 yǔ	遇 yù

2. 用四声念读词语

按阴阳上去的顺序念词语。

中华有志 zhōnghuá-yǒuzhì　　　千锤百炼 qiānchuí-bǎiliàn
光明磊落 guāngmíng-lěiluò　　　花红柳绿 huāhóng-liǔlǜ
坚持改进 jiānchí-gǎijìn　　　中华伟大 zhōnghuá-wěidà
心明眼亮 xīnmíng-yǎnliàng　　　兵强马壮 bīngqiáng-mǎzhuàng
山河锦绣 shānhé-jǐnxiù　　　光明美丽 guāngmíng-měilì

3. 用四声念读成语

按去上阳阴的顺序念语句（上声按变调念半上）。

破釜沉舟 pòfǔ-chénzhōu　　　弄巧成拙 nòngqiǎo-chéngzhuó
调虎离山 diàohǔ-líshān　　　信以为真 xìnyǐ-wéizhēn

妙手回春 miàoshǒu-huíchūn　　异口同声 yìkǒu-tóngshēng

4. 配字练读

按声调组合顺序练，注意气息与声带的协调控制。

(1) 阴平连阴平。

参加 cānjiā	西安 xī'ān	播音 bōyīn
工兵 gōngbīng	拥军 yōngjūn	东风 dōngfēng
交通 jiāotōng	磋商 cuōshāng	周刊 zhōukān
参军 cānjūn	丰收 fēngshōu	秋收 qiūshōu

(2) 阴平连阳平。

资源 zīyuán	坚决 jiānjué	鲜明 xiānmíng
工人 gōngrén	飘扬 piāoyáng	高潮 gāocháo
新华 xīnhuá	新闻 xīnwén	欢迎 huānyíng
编排 biānpái	宣传 xuānchuán	江南 jiāngnán

(3) 阴平连上声。

批准 pīzhǔn	发展 fāzhǎn	班长 bānzhǎng
听讲 tīngjiǎng	黑板 hēibǎn	刚果 gāngguǒ
灯塔 dēngtǎ	充满 chōngmǎn	争取 zhēngqǔ
加紧 jiājǐn	思索 sīsuǒ	艰苦 jiānkǔ

(4) 阴平连去声。

庄重 zhuāngzhòng	播送 bōsòng	音乐 yīnyuè
拥政 yōngzhèng	方向 fāngxiàng	飞快 fēikuài
夸耀 kuāyào	规范 guīfàn	单位 dānwèi
通信 tōngxìn	根据 gēnjù	经济 jīngjì

(5) 阳平连阴平。

国家 guójiā	国歌 guógē	联欢 liánhuān
革新 géxīn	南方 nánfāng	群居 qúnjū
承担 chéngdān	农村 nóngcūn	平均 píngjūn
狂欢 kuánghuān	节约 jiéyuē	滑冰 huábīng

(6) 阳平连阳平。

国旗 guóqí	直达 zhídá	答题 dátí
滑翔 huáxiáng	模型 móxíng	流传 liúchuán
随时 suíshí	随同 suítóng	儿童 értóng
团结 tuánjié	联合 liánhé	离别 líbié

(7) 阳平连上声。

华北 huáběi	黄海 huánghǎi	防守 fángshǒu
平等 píngděng	遥远 yáoyuǎn	狭小 xiáxiǎo
泉水 quánshuǐ	勤恳 qínkěn	寻找 xúnzhǎo
难免 nánmiǎn	截止 jiézhǐ	民主 mínzhǔ

(8) 阳平连去声。

革命 gémìng	豪迈 háomài	辽阔 liáokuò
雄厚 xiónghòu	模范 mófàn	同志 tóngzhì
群众 qúnzhòng	林业 línyè	盘踞 pánjù
情愿 qíngyuàn	常用 chángyòng	局势 júshì

(9) 上声连阴平。

广播 guǎngbō	指标 zhǐbiāo	统一 tǒngyī
许多 xǔduō	广西 guǎngxī	展开 zhǎnkāi
北京 běijīng	每天 měitiān	纺织 fǎngzhī
转播 zhuǎnbō	抢修 qiǎngxiū	领空 lǐngkōng

(10) 上声连阳平。

指南 zhǐnán	统筹 tǒngchóu	普及 pǔjí
解决 jiějué	敏捷 mǐnjié	谴责 qiǎnzé
抢夺 qiǎngduó	反常 fǎncháng	表决 biǎojué
久别 jiǔbié	紧急 jǐnjí	解围 jiěwéi

(11) 上声连上声。

遣返 qiǎnfǎn	北海 běihǎi	表演 biǎoyǎn
展览 zhǎnlǎn	广场 guǎngchǎng	厂长 chǎngzhǎng
领海 lǐnghǎi	领导 lǐngdǎo	鼓掌 gǔzhǎng
打倒 dǎdǎo	感想 gǎnxiǎng	场所 chǎngsuǒ

(12) 上声连去声。

假设 jiǎshè	左右 zuǒyòu	诡辩 guǐbiàn
挑战 tiǎozhàn	舞剧 wǔjù	曲艺 qǔyì
本位 běnwèi	访问 fǎngwèn	选派 xuǎnpài
想象 xiǎngxiàng	主要 zhǔyào	广阔 guǎngkuò

(13) 去声连阴平。

内因 nèiyīn	列车 lièchē	下乡 xiàxiāng
认真 rènzhēn	办公 bàngōng	贵宾 guìbīn
外宾 wàibīn	矿工 kuànggōng	电文 diànwén
象征 xiàngzhēng	外观 wàiguān	地方 dìfāng

(14) 去声连阳平。

自然 zìrán	化学 huàxué	措辞 cuòcí
特别 tèbié	戒严 jièyán	挫折 cuòzhé
报名 bàomíng	电台 diàntái	到达 dàodá
会谈 huìtán	上游 shàngyóu	调查 diàochá

(15) 去声连上声。

血管 xuèguǎn	耐久 nàijiǔ	二百 èrbǎi
剧本 jùběn	下雨 xiàyǔ	跳伞 tiàosǎn

问好 wènhǎo   运转 yùnzhuǎn   下雪 xiàxuě
外语 wàiyǔ   购买 gòumǎi   末尾 mòwěi
(16) 去声连去声。
日月 rìyuè   布告 bùgào   大厦 dàshà
惧怕 jùpà   画像 huàxiàng   自传 zìzhuàn
破例 pòlì   岁月 suìyuè   射箭 shèjiàn
愤怒 fènnù   庆贺 qìnghè   宴会 yànhuì

三、普通话声调分辨

一般来说,方言和普通话在声调上的差别主要有三点:调类不同,调值不同,入声保留或归并的情况不同。普通话四声与古四声调类的关系可以参看普通话四声与古四声调类比较表(见表2-7)。

表2-7　普通话四声与古四声调类比较表

古调类	古声母		阴平	阳平	上声	去声
平声	清声母		边、低、初、婚			
	浊声母	次浊		麻、龙、娘、油、房、田、雄、锄		
		全浊				
上声	清声母				普、短、古、展、买、暖、老、有	
	浊声母	次浊				妇、稻、市、旱
		全浊				
去声	清声母					变、对、社、盖、帽、漏、让、望、病、大、助、共
	浊声母	次浊				
		全浊				
入声	清声母		割、织、积、哭	泊、责、急、革、白、毒、浊、局	百、铁、塔、谷	必、室、客、制、木、纳、日、叶
	浊声母	次浊				
		全浊				

入声是古四声的一类,它的发音特点是韵母后边带一个塞音韵尾,由于气流受到塞音的阻塞,因此入声字读音短促,不能延长,如"学""绝""白"等是古代的入声字。在今天的某些方言中仍存在入声字,其发音特点可以通过"入声短促急收藏"这句话体现出来。古今调类演变规律一般可以总结为:"平分阴阳,浊上归去,入派三声。"

(一)声调的分辨

1. 明确方言和普通话声调的对应关系,改读方言调值

各地方言的声调都是从古声调的平、上、去、入四声发展演变而来的,相互之间有着整齐的对应关系。方言区的人在学习普通话声调时,首先要找出自己方言和普通话在声调类上的对应关系,然后根据相应的调类将调值改读过来,这就是所谓"对应改读"的方法。可以利用汉语方言声调对照表的帮助来确定对应关系。

从调类看,汉语方言有少到三个调类的,也有多到十个调类的,多数有四个调类。比如普通话是四个调类,成都话也是四个调类,两者有整齐的对应关系。但成都话念阳平的古入声字在普通话里分别念阴平、阳平、上声或去声四类,成都话的阳平调不都念成普通话的阳平调。

从调值看,普通话调值有平调、升调、降升调和降调。有的方言只有平调、升调、降调而无降升调,如长沙话。有的方言,如福州话,调值虽有曲折的形式,但和普通话不同;普通话是降升调,它却是升降调。同是平调,还有高低的不同,如普通话、广东梅州客家话、长沙话的阴平调值分别是 55、44、33。

方言和普通话调类相同而调值不同,则改读普通话的调值,如表 2-8 所示。

表 2-8 改读普通话调值

例 字	调类	调 值 方 言				普通话
		桂林	玉林	济南	遵义	
天、开、诗、高、初、三	阴平	44	54	213	44	55
陈、唐、寒、神、人、龙	阳平	21	32	42	21	35
古、展、口、楚、好、手	上声	53	33	55	42	214
试、帐、正、抗、唱、汉	去声	24	52	21	24	51

2. 古入声字的改读

古汉语的四声不单在音节发音的高低升降上有不同,还在韵母收音上有差异。

平、上、去声的韵母无韵尾或只收元音韵尾、鼻音韵尾,不收塞音韵尾,入声只收塞音韵尾。发音时韵母不能延长,韵腹发出后不等破裂就戛然而止,听起来收声短促,因而入声也叫促声,既指入声调也指入声韵。

入声从古汉语发展演变到现代汉语(普通话)和各种方言,已经有了很大的不同。在普通话里,入声消失了,古入声分别归并到阴平、阳平、上声、去声四个声调。而在有的方言中,如闽方言、粤方言,不仅保留了入声这个调类,还保留了入声韵尾塞音。也有的方言没有了入声,但入声的归类与普通话不同,比如古入声字在重庆话、遵义话中就大多归入阳平。所以,古入声字的改读需要分以下两种情况。

(1) 改相应的声调(对保留入声的人)。

对于保留了入声的方言区的人来说,只要丢掉入声的塞音韵尾,再将声调改读为普通话相应的声调即可。

(2) 弄清情况,分步改读(对无入声的人)。

对于入声已经消失的方言区来说,古入声字的改读需要分两个步骤:首先,弄清古入声字在自己方言里的归并情况。古入声字在普通话中归并的大致情况是,一半以上归入去声,1/3 以上归入阳平,两者合计占入声字总数的 5/6 以上;剩下的少数入声字归入阴平和上声,其中归入上声的最少。其次,先记住这少数字,再记住在归入阳平的字的基础上,把其余的入声字都读成去声,这样就可以掌握古入声字在普通话中的读音了。

(3)根据对照表进行改读。

可以参考汉语方言声调对照表识别入声字,然后改读其调值。符合以下几条规则的,大都是入声字。

① 声母是不送气的塞音、塞擦音 b、d、g、z、j、zh 而读阳平的。如:白、别、拔;国、格;答、读、得;足、责;节、菊、急;直、竹。

② üe 韵母的字大多来自古入声。如:月、学、血、绝、确等(瘸、靴除外)。

③ uo 韵母与翘舌音相拼的字。如:桌、琢、镯、浊、捉、说、戳、弱、若等。

④ z、c、s、f 和 a 相拼的字。如:杂、擦、撒、萨、发、法、伐等(还有 fo(佛)音节)。

⑤ 音节为 bie、pie、mie、die、tie、nie、lie(声母为唇音声母或舌尖中音声母,韵母为 ie)的字,如憋、瞥、瞥、跌、贴、帖。

⑥ 鼻音声母、边音声母和零声母的古入声字绝大部分在普通话中读去声。这是古入声字在普通话归类中的一条比较明显的规律。

⑦ 单韵母和复韵母有入声字,规律为:

a. 阳入中声母是 m、n、l、r 和零声母的入声字,一般归入普通话的去声。例如:

末 密 木 麦 灭 纳 逆 聂 诺 虐 辣 乐 力
鹿 绿 六 热 日 肉 入 弱 亦 越 悦 月

b. 阳入中声母不是 m、n、l、r 和零声母的入声字,一般归入普通话的阳平。例如:

拔 白 笛 敌 读 独 碟 合 舌 俗 泽
食 杂 宅 局 绝 辖 掘 邪 铡 服 及

⑧ 另外也可以利用形声字来类推。比如知道了"合"是入声字,凡从"合"的字"盒、塔、答、鸽"也是入声;已知"责"为入声字,则"绩"也为入声字;已知"白"为入声字,则"拍、泊"为入声字。读一些押入声韵的诗也可以学到不少入声字。

符合下列情形的字都不是入声字。

① 属于鼻音韵母的字一定不是入声字。

② 今读 zi、ci、si 的字一定不是入声字。

③ er 韵母的字不是入声字。

(二)声调的分辨训练

官话区,要将与普通话分派不一致的入声字分出来改读普通话的四声。其中西南官话,古入声字几乎都归到阳平里去了,如"出发""学习""甲骨""日月"。该地区的人说普通话时,须将自己方言中读阳平的部分古入声字分出来改读普通话的阴上去声。以下古入声字普通话均读去声:"毕业""立刻""畜牧""策略""物质""确切"。

非官话区,要去掉方言中入声的读法,改读普通话的四声。粤语、客家话的入声音节读音短促,且有塞音韵尾,如玉林话,急[kap^5]、八[pat^3]、黑[xak^5]。该地区的人说普通话时需去掉自己方言中短促的带塞音尾的读法,改读普通话相应的四声读法。

第五节 普通话音节

音节是听觉上能够感受到的最自然的语音单位。当我们听到"chūn tiān de jiǎo bù yuè lái yuè jìn le"这样一段声音,很自然地就会把它们划分成十个音段,也就是十个音节,写出来就是十个汉字:春天的脚步越来越近了。可见,音节可以直接凭借听觉来划分,并不需要专门的语音学知识。音节由一个或几个音素按一定规律组合而成。例如,"qiǎn"这个音节就是由 q、i、a、n 这几个音素构成的。

一、普通话音节的结构和拼写规则

(一) 普通话音节的结构

1. 结构成分

汉语传统音韵学把一个音节分成声母、韵母、声调三个部分。声母是音节开头的辅音,音节开头如果没有辅音声母,就称为零声母音节。韵母相对比较复杂,可以先分为韵头(介音)和韵(押韵的韵),韵再分为韵腹和韵尾。韵头和韵腹都必须是元音,韵尾有元音也有鼻辅音。声调附着在整个音节之上,不占音段的位置,因此音节实际上只有四个音段位置。

2. 结构特点

普通话音节的整体特点可归纳为三条,需结合音节内部构造加以理解。
(1) 结构简明,界限清晰。
音节与音节的界限非常易于辨析。
音节内部声母、韵头、韵腹、韵尾的界限也非常清晰。
(2) 元音居多,响亮悦耳。
元音是必有的,而且有复元音。辅音是可有的,没有复辅音。
(3) 抑扬顿挫、富于变化。
汉语是有声调语言。印欧语绝大多数是无声调语言。

3. 结构分析的要点

为了分析时看清音节结构内部的组成部分,要恢复该音节的原始形式,即把已省写或改写的恢复原形。
(1) iu、ui、un 复原为 iou、uei、uen,如酒、鬼、坤。
(2) ü 上两点已省写的撮口呼复原,不要误判为合口呼,如居、学。
(3) e 复原为 ê,这主要指 iê、üê,如月、夜。
(4) y、w 开头的齐齿呼、合口呼、撮口呼零声母复原,如阳、为、远。
(5) z、c、s 和 zh、ch、sh、r 后的韵母 i,写作-i,为开口呼,如知、资。

4. 声母与韵母的配合关系

(1) 配合简表。
普通话声母和韵母的配合主要取决于声母的发音部位和韵母的四呼。一般来说,如果声母的发音部位相同,与之拼合的韵母四呼类别也相同;韵母的四呼类别相同,与它们拼合的声母发音部位也相同。普通话声母与韵母的配合关系可列成简表,如表2-9所示。

表2-9 声、韵母配合简表

声母	四呼	开口呼	齐齿呼	合口呼	撮口呼
双唇	b、p、m	＋	＋	(u)	／
唇齿	f	＋	／	(u)	／
舌尖中	d、t	＋	＋	＋	／
舌尖中零声母	n、l	＋	＋	＋	＋
舌根	g、k、h	＋	／	＋	／
舌尖后	zh、ch、sh、r	＋	／	＋	／
舌尖前	z、c、s	＋	／	＋	／
舌面	j、q、x	／	＋	／	＋

(2) 配合特点。

总结表2-9可看出普通话声母和韵母的配合规律如下。

① 组合能力强:n、l跟所有四呼的韵母都能相拼;零声母音节的四呼也都齐全。

② 组合能力较强:舌尖中音d、t能与开口呼、齐齿呼、合口呼三类韵母拼合,不能与撮口呼韵母拼合。

③ 组合能力居中:双唇音b、p、m能与开口呼、齐齿呼两类韵母拼合,拼合口呼时只限于u韵母。

④ 组合能力较弱:舌尖前音、舌尖后音和舌根音三组声母都只能与开口呼、合口呼韵母拼合,不能与齐齿呼、撮口呼韵母拼合;舌面音j、q、x恰好相反,只能与齐齿呼、撮口呼的韵母拼合,不能与开口呼、合口呼的韵母拼合,从而形成多重互补格局。

⑤ 组合能力弱:唇齿音f只能与开口呼的韵母和合口呼的u韵母拼合。

(二) 音节的拼写规则

用《汉语拼音方案》拼写音节时,有一些规则需要注意:主要是y、w的使用,隔音符号的用法,省写,标调法和音节的连写等规则。

1. y、w 的使用

(1)《汉语拼音方案》规定,韵母表中i行的韵母,在零声母音节中,要用y开头。如果i后面还有其他元音,就把i改为y。如果i后面没有其他元音,就在i前面加y。这样,i行的韵母在零声母音节中就分别写成 yi、ya、ye、yao、you、yan、yin、yong、ying、yang。

(2)《汉语拼音方案》规定,韵母表中u行的韵母,在零声母音节中,要用w开头。如果u后面还有别的元音,就把u改成w。如果u后面没有其他元音,就在u前面加上w。这样u行的韵母在零声母音节中就分别写成 wu、wa、wo、wai、wei、wan、wen、wang、weng 等。

(3)《汉语拼音方案》规定,韵母表中ü行的韵母,在零声母音节中,一律在前面加y,原韵母中的ü上的两点要省去。这样ü行的韵母在零声母音节中就分别写成yu、yue、yuan、yun,等等。

y,w的使用,目的是使按词连写的音节界限分明:如dai,如果不用y、w,既可以读作dài(袋),又可以读作dà yī(大衣);如果在后一音节的开头加y,就明确了它表示的是两个音节的词"大衣"了。

2. 隔音符号的用法

《汉语拼音方案》规定,a、o、e开头的音节连接在其他音节后面的时候,如果音节界限发生混淆,可以用隔音符号(')隔开。例如,"西安"写成"xī'ān","方案"写成"fāng'àn","上腭"写成"shàng'è"。隔音符号只有当第二个音节开头的音素是a、o、e时才使用。如果第二个音节的开头是辅音则不必使用。例如,"发难(fānàn)"就不必写成"fā'nàn"这是因为汉语里辅音大都出现在音节的开头,因此汉语拼音音节的连读习惯是:音节中的辅音字母靠后不靠前,即一个辅音字母如果前后都有元音字母,这个辅音应当跟后面的元音字母连成音节;只有在辅音字母后面没有元音字母时才跟前面的元音字母连成音节。例如,"谈话"(tánhuà)的第三个字母n后面没有元音字母,因此n跟前面的元音字母连成音节,而h跟后面的ua连成音节。

3. 省写

为了使拼写简省,《汉语拼音方案》规定了省写的规则。

(1) 韵母iou、uei、uen的省写。

《汉语拼音方案》规定,iou、uei、uen前面加声母的时候,写成iu、ui、un。例如,niú(牛)、guī(归)、lùn(论)。不跟声母相拼(即自成音节)时就不能省写,仍然用y、w开头,写成yōu(优)、wēi(威)、wēn(温)。

(2) ü上两点的省略。

《汉语拼音方案》规定,ü行的韵母跟声母j、q、x相拼的时候,写成jū(居)、qū(区)、xū(虚),ü上两点可省略;但是跟声母n、l相拼的时候,仍然写成nǚ(女)、lǚ(吕),两点不可省略。

ü上两点在声母为j、q、x时省略了,并不会与u相混。因为j、q、x不能跟合口呼韵母相拼,因此像ju、que、xuan中的韵母必是撮口呼而不是合口呼。

4. 标调法

《汉语拼音方案》规定:"声调符号标在音节的主要元音上,即韵腹上。轻声不标调。"例如,妈mā、麻má、马mǎ、骂mà、吗ma。还有两种情况要注意。

(1) 当音节的韵母为iu、ui时,声调符号应标在后面的u或i上面。例如:

qiū(秋)　duī(堆)　jiū(揪)　kuī(盔)

(2) 调号恰巧标在i的上面时,i上的小点要省去。例如:

yī(衣)　xīng(星)　duī(堆)

5. 音节连写

(1) 同一个词的音节要连写,词与词分写,即以词为书写单位。句子或诗行开头字母要大写。例如:

Tuánjié jiù shì lìliàng.
　　团结　　就　是　　力量。

（2）专有名词的第一个字母要大写。专用短语中的每个词开头字母要大写。汉语人名按姓和名分写，姓和名的开头字母大写。例如：

　　Lǐ Bái　　Dǒng Cúnruì　　Zhūgě Liàng　　Guāngmíng　Rìbào
　　李白　　董存瑞　　　　诸葛亮　　　　光明　　　日报

（3）标题可以全部大写，也可以每个词开头的字母大写，有时为了美观，可以省略声调符号。例如：

JIEFANG　SIXIANG　JIANSHE　ZHONGHUA
Jiefang　Sixiang　Jianshe　Zhonghua
解放　　思想　　建设　　中华

二、音节拼读

拼音就是把分析出来的声母、韵母和声调拼合在一起。要使音节拼合得正确，应注意以下问题。

1. 念准声母

平常念声母，一般是念它的呼读音。声母的呼读音是在声母的本音后面加上一个元音。拼音时要注意用声母的本音，去掉加进去以便呼读的元音。如果声母念得不准，就拼不出正确的读音。例如，"腻 nì"，拼读时如果不去掉加在 n 后面以便呼读的"e"，就会把上面的音节拼成"内 nèi"。克服的办法是将声母读得轻些、短些，把韵母读得重些、长些，拼合的时候速度快些。

2. 念准韵母

念不准韵母，就不能正确拼读出音节。常见的现象是丢失韵头或改变韵头。例如，"锅 guō"在一些方言区拼读为"gō"，"左"读成"zǒ"。有些方言没有撮口呼，往往将撮口呼念错。例如，将"女 nǔ"念成"nǔ"，要注意纠正。

3. 念准声调

声调是普通话的必备成分，它附加在声母和韵母的组合结构之上。在念准声母和韵母之后，还要注意读准声调。普通话的声调一平二升三曲四降，差异明显。例如，在一些方言区，阴平读得不够高，或者将各调类的调型读错。这些都是要注意的。

在念准声母、韵母和声调的基础上，就可以进行拼音了。比较好的办法是"前音轻短后音重，两音相连猛一碰"。

三、普通话的音节变化

人们在进行语言交际时，由于相邻的因素或音节的相互影响，有些音节的声调、韵母等会发生一定的变化，这就是音节的变化，或称"语流音变"。汉语普通话中的音变现象有变调、轻声、儿化、"啊"的变读等。

（一）变调

在单念一个个音节的时候,普通话有四种基本声调,即阴平、阳平、上声、去声。一般来讲,汉语一个音节就对应一个汉字,因此声调又称为字调。每个音节、每个字不是一个个孤立的单位,在词语、句子中由于相邻音节的相互影响,有的音节的声调发生变化,这种音变现象称为变调。

普通话的主要变调情况有:上声变调,去声变调,"一""不"的变调,叠字形容词的变调。

1. **上声变调**

上声在普通话四个声调中音长最长,基本上是个低调,调值为214。上声在阴平、阳平、上声、去声前都会产生变调,只有在单念或处在词语、句子的末尾才有可能读原调。其变调规律如下:

(1) 上声音节在阴平、阳平、去声(非上声音节)前,丢掉后半段上升的尾巴,调值由214变为半上声21。举例如下。

上声+阴平：百般 bǎibān　保温 bǎowēn　打通 dǎtōng　纺织 fǎngzhī　海关 hǎiguān
上声+阳平：祖国 zǔguó　旅行 lǚxíng　导游 dǎoyóu　改革 gǎigé　朗读 lǎngdú
上声+去声：广大 guǎngdà　讨论 tǎolùn　挑战 tiǎozhàn　土地 tǔdì　感谢 gǎnxiè

注意：上声音节在轻声前的变调情况要根据轻声音节的情况而定。

① 当轻声音节由上声字构成时,前面的上声音节的变调有两种情况：一是变读为阳平,调值是35；二是变读为半上,调值是21。举例如下。

阳平：等等 děngdeng　讲讲 jiǎngjiang　想起 xiǎngqi
半上：嫂子 sǎozi　碾子 niǎnzi　姐姐 jiějie

② 当轻声音节由非上声字构成时,前面的上声音节变读为半上,调值是21。举例如下。

阴平：打听 dǎting　眼睛 yǎnjing　比方 bǐfang
阳平：本钱 běnqian　老婆 lǎopo　老爷 lǎoye
去声：脑袋 nǎodai　寡妇 guǎfu　本事 běnshi

(2) 上声音节在上声音节的前面,即两个上声相连,则前一个上声的调值由214变为35,与普通话阳平的调值相同,而后一个上声保持原来的调值不变。举例如下。

懒散 lǎnsǎn　手指 shǒuzhǐ　母语 mǔyǔ　鬼脸 guǐliǎn　海岛 hǎidǎo
可口 kěkǒu　领导 lǐngdǎo　野草 yěcǎo　水果 shuǐguǒ　理解 lǐjiě

(3) 三个上声音节相连,如果后面没有紧跟着其他音节,也不带什么语气,末尾音节一般不变调。开头和当中的上声音节有两种变调情况。

① 当词语的结构是"双单格"时,即2+1结构,开头和当中的上声音节调值变为35,跟阳平的调值一样。举例如下。

水彩笔 shuǐcǎibǐ　选举法 xuǎnjǔfǎ
展览馆 zhǎnlǎnguǎn　考古所 kǎogǔsuǒ

② 当词语的结构是"单双格"时,即1+2结构,开头音节处在被强调的逻辑重音时,读

作"半上"，调值变为 21，当中音节则按两上变调规律变为 35。举例如下。

  冷处理 lěngchǔlǐ 小两口 xiǎoliǎngkǒu

  好导演 hǎodǎoyǎn 海产品 hǎichǎnpǐn

（4）多个上声音节相连时，要根据其词语组合情况和逻辑重音的不同，做不同的处理。举例如下。

  想买果脯 xiǎng mǎi guǒpǔ

  永远美好 yǒngyuǎn měihǎo

  小组长请你往北走 xiǎozǔzhǎng qǐngnǐ wǎng běi zǒu

2. "一""不"的变调

"一""不"都是古清声母的入声字。普通话"一"的单字调是阴平 55 调值，"不"的单字调是去声 51 调值，在单念、表序数或处在词句末尾的时候，不变调。这两个字的变调取决于后一个连读音节的声调。

（1）"一"的变调。

① 在去声音节前调值由 55 变为 35，跟阳平的调值一样。举例如下。

"一"去声：一半 yíbàn 一共 yígòng 一向 yíxiàng 一度 yídù 一概 yígài

② 在非去声的阴平、阳平、上声前，调值由 55 变为 51，跟去声的调值一样。举例如下。

"一"阴平：一般 yìbān 一边 yìbiān 一端 yìduān 一天 yìtiān 一声 yìshēng

"一"阳平：一连 yìlián 一时 yìshí 一同 yìtóng 一头 yìtóu 一群 yìqún

"一"上声：一举 yìjǔ 一口 yìkǒu 一起 yìqǐ

③ 夹在词语中间的时候读轻声。举例如下。

某+"一"+某：学一学 xuéyixué 看一看 kànyikàn 谈一谈 tányitán

（2）"不"的变调。

① "不"在去声音节前调值由 51 变为 35，跟阳平的调值一样。举例如下。

"不"+去声：不必 búbì 不变 búbiàn 不测 búcè 不错 búcuò 不但 búdàn

② 夹在词语中间的时候读轻声。举例如下。

某+"不"+某：买不买 mǎibumǎi 来不来 láibulái 会不会 huìbuhuì

3. 叠字形容词的变调

形容词重叠一般有 AA 式、ABB 式和 AABB 式三种。

（1）AA 式的变调。

叠字形容词 AA 式第二个音节原字调是阳平、上声、去声，即非阴平时，同时 AA 式后加"儿尾"，重叠的第二个音节变成"儿化韵"时，声调可以变为高平调 55，跟阴平的调值一样。举例如下。

  慢慢儿 mànmānr 大大儿 dàdār 快快儿 kuàikuāir 好好儿 hǎohāor

（2）ABB 式、AABB 式的变调。

当后面两个叠字音节的声调是阳平、上声、去声，即非阴平时，调值变为高平调 55，跟阴平的调值一样，AABB 式中的第二个 A 读轻声。举例如下。

ABB 式：绿茸茸 lùrōngrōng 绿油油 lùyōuyōu 红彤彤 hóngtōngtōng 慢腾

腾 màntēngtēng

AABB 式：慢慢腾腾 mànmantēngtēng　马马虎虎 mǎmahūhū　舒舒服服 shūshufūfū

注意：

① 上述变调规律仅就 ABB 式和 AABB 式形容词的一般情况而言。

② 一部分书面语的叠字形容词不变调。例如，白皑皑、金闪闪、轰轰烈烈、堂堂正正、沸沸扬扬、闪闪烁烁等。

（二）轻声

1. 轻声的定义

轻声不是第五种声调，而是一种声调的弱化形式。轻声离不开特定的语言环境，只出现在语言组合之中（如词、短语等）。轻声字在词语中读得既短又轻，在物理上表现为音长变短、音强变弱。

轻声有时还引起音色的变化，如"爸爸"的后一个"爸"、"哥哥"的后一个"哥"的声母都有浊化倾向。轻声字的韵母含混，甚至还会脱落。

2. 轻声词

（1）助词"的、地、得、着、了、过"和语气词"吧、嘛、呢、啊"等。

（2）叠音词和动词重叠式后头的字：娃娃、弟弟、看看、玩玩。

（3）词的后缀"子、头"和表复数的"们"。区别：桌子—石子，鸡子（鸡）—鸡子（鸡蛋）。

（4）趋向动词"来、去、起来、下来"等。

（5）名词、代词后面的方位语素和词。

（6）量词"个"。

（7）一些常用的双音节词的第二个音节习惯上读轻声：事情、消息、西瓜、力量、吩咐、关系。

3. 轻声的作用

（1）区别意义：孙子兵法与宝贝孙子、脑袋瓜子和炒瓜子。

（2）区别词性：大意失荆州与段落大意、十分厉害与利害冲突。

（三）儿化

1. 儿化的定义

儿化是指词的后缀"儿"与其前音节的韵母结合为一体，并使该韵母带上卷舌音色的一种音变现象。在书面语中，这种"儿"通常被省略。

2. 儿化的作用

（1）区别词义。例如，头—头儿，眼—眼儿。

（2）区别词性。例如，忙—忙儿，偷—偷儿。

（3）带有感情色彩。例如，猫儿、老头儿、小淘气儿。

3. 儿化的发音规则

儿化发音的基本规则，取决于韵母的末尾音素是否便于卷舌。

(1) 便于卷舌,指韵母的末尾音素是舌位较低或较后的元音(a、o、e、u)。儿化时原韵母不变,直接卷舌。例如:

小花儿、豆芽儿、酒窝儿、大伙儿、高个儿、打嗝儿、皮球儿、裤兜儿、白兔儿

(2) 不便于卷舌,指韵母的末尾音素是前、高元音(i),或者鼻韵尾(n、ng),末尾音素的舌位与卷舌动作发生冲突,不便于卷舌韵母儿化时,发音要领分别如下所述。

① 丢掉韵尾 i、n、ng,主要元音卷舌。后鼻韵母丢掉韵尾 ng 后,主要元音同时鼻化。举例如下。

ai:小孩儿、鞋带儿、一块儿、盖儿

ei:京味儿、椅子背儿、倍儿(棒)

an:门槛儿、腰板儿、心眼儿、差点儿、好玩儿、人缘儿、线圈儿

en:嗓门儿、大婶儿、一阵儿、没准儿、三轮儿、打盹儿、冰棍儿

ang:帮忙儿、鼻梁儿、好样儿

eng:麻绳儿、板凳儿、门缝儿

② 主要元音是 i、u(in、ing 先去韵尾再加 er)。举例如下。

i:小鸡儿、眼皮儿、凑趣儿、树枝儿、没事儿、写字儿

u:小曲儿、凑趣儿

in:皮筋儿、脚印儿、今儿

ing:电影儿、打鸣儿、火星儿

③ 舌尖元音 i(前、后)换成 er。举例如下。

瓜子儿、棋子儿、小字儿、没词儿、有事儿、果汁儿、年三十儿、树枝儿

(四) 语气词"啊"的音变

"啊"作语气助词时,用在句尾。由于受前一音节末尾音素的影响,常常会发生音变现象。

(1) 前面音节末尾音素是 a、o(ao、iao 除外)、e、ê、i、ü 时,读作 ya,汉语可写作"呀"。

快去找他呀!(tā ya)　　　　人真多呀!(duō ya)

大家喝呀!(hē ya)　　　　　要注意节约呀!(yuē ya)

哪来的好东西呀!(xī ya)　　这片草可真绿呀!(lǜ ya)

(2) 前面音节末尾音素是 u(包括 ao、iao)时,读作 wa,汉字可写作"哇"。

您也来买书哇?(shū wa)　　唱得真好哇!(hǎo wa)

大家都来跳哇!(tiào wa)　　一起走哇!(zǒu wa)

(3) 前面音节末尾是 n 时,读作 na,汉字可写作"哪"。

一定要注意看哪!(kàn na)

这样做太愚蠢哪!(chǔn na)

过马路要小心哪!(xīn na)

(4) 前面音节末尾音素是 ng 时,读作 nga,汉字仍写作"啊"。

放声唱啊!(chàng nga)

天可真冷啊!(lěng nga)

去了也没用啊!(yòng nga)

(5) 前面音节末尾音素是舌尖前元音-i 时,读[z]a([z]是国际音标的浊音,汉字仍写作"啊"。

这是什么字啊？(zi[z]a)
你会背这首宋词啊！(ci[z]a)
他才十四啊！(si[z]a)

(6) 前面音节末尾音素是舌尖后元音-i 或卷舌元音 er 时,读 ra,汉字仍写作"啊"。
他竟然会偷钱去吃啊(chī ra),玩儿啊(wánr ra),真是可耻啊(chǐ ra)。
语气词"啊"的音变规律如表 2-10 所示。

表 2-10 语气词"啊"的音变规律

前字韵腹或韵尾＋a	"啊"的音变	规范写法	举 例
a、o(ao、iao 除外)、e、ê、i、ü＋a	ya	呀(啊)	鸡呀、鱼呀、磨呀、鹅呀、写呀、他呀
u(含 ao、iao)＋a	wa	哇(啊)	苦哇、好哇、有哇
n＋a	na	哪(啊)	难哪、新哪、弯哪
ng＋a	nga	啊	娘啊、香啊、红啊
-i(后)、er＋a	ra	啊	是啊、店小二啊
-i(前)＋a	[z]a	啊	次啊、死啊、写字啊

第六节 普通话音变

一、音变的含义及类型

1. 音变的概念

说话或朗读时,要把音节组成词、句连续发出。在连续的语流中,音节之间、音素之间、声调之间相互影响,就会产生语音变化,这就是音变。普通话语音中常见的音变现象有轻声、变调、儿化、语气词"啊"的变化等。

2. 音变的类型

普通话的音变主要包括轻声、儿化、语气词"啊"的变化这三种音变类型。

二、轻声的发音及训练

普通话的每个音节都有一定的声调。但在一定的语言环境中,有的音节失去原调,变成一种又轻又短的调子,这就是轻声。

轻声是音节连读时产生的一种音变现象,轻声音节总是出现在其他音节后面,或是夹在词语中间,一般不出现在一个词或句子的开头。所有的轻声音节都要失去它原来的调值,但是轻声音节在音的高低上又会受前面音节调值的影响而产生差异。一般情况下,前面的音节是上声,后面的轻声就稍高;前面的音节是阴平、阳平或去声,后面的轻声就低。

轻声使普通话语音变得更加丰富,有些轻声还具有区别词义或区分词性的作用。例如:

东西 dōngxi(物体)——dōngxī(方向)

厉害 lìhài(名词)——lìhai(形容词)

普通话语音有以下几种情况常读轻声。

(1) 结构助词的、地、得。例如:我们的、愉快地、写得好。

(2) 时态助词着、了、过。例如:笑着、哭了、学过。

(3) 语气助词吗、吧、啦、呀、嘛、哇、啊等。例如:好吗、去吧、行啦、好啊。

(4) 名词或代词的后缀子、头、们等。例如:桌子、石头、他们。

(5) 名词或代词的方位词上、下、里、边、面等。例如:墙上、地下、家里、左边。

(6) 动词或形容词后面的趋向动词来、去、起来、下去等。例如:进来、出去、站起来、请下去。

(7) 某些量词个、些、封等。例如:一个、有些、写封信。

(8) 叠音词的第二个音节和重叠动词的第二、第四个音节。例如:爸爸、看看、讨论讨论、研究研究。

(9) 做宾语的人称代词你、我、他。例如:请你、叫我、找他。

(10) 口语中有一批双音节词第二个音节习惯上读轻声。例如:葡萄、玻璃。

三、儿化的发音及训练

在普通话里,卷舌元音 er 自成音节时,只有"儿、耳、而、饵、尔、二"等几个字。普通话的 er 可以同其他韵母结合起来(写成 r),构成卷舌韵母(儿化韵),这种现象就是儿化。

普通话的韵母除 er、ê 之外,都可以儿化。儿化韵里的 er 不能念成 er,只需在前面韵母的元音上附加一个卷舌动作,合起来就是那个韵母带上卷舌的声音。例如:歌儿 gēr、花儿 huār。

1. 儿化的作用

(1) 区别词义。例如:

头 tóu(脑袋) 头儿 tóur(领头的人) 后门 hòumén(后面的门) 后门儿 hòuménr(非正当途径)

(2) 确定词性。例如:

画 huà(动词) 画儿 huàr(名词) 破烂 pòlàn(形容词) 破烂儿 pòlànr(名词)

(3) 表示细小、轻微的意思。例如:小脸儿、门缝儿、树枝儿、说说贴心话儿。

(4) 表示温婉的语感。例如:山歌儿、好玩儿、女孩儿。

(5) 表示亲切、喜爱、讨厌的感情色彩。例如:宝贝儿、老头儿、混球儿、败家子儿。

2. "儿化韵"的发音变化规律

儿化韵的发音根据韵母卷舌的难易程度发生变化。卷舌便利则不变;卷舌不便利甚至不能卷舌的,就要有相应的变化。但是儿化韵的拼写,只需在音节末尾加一个 r,不必表示出韵母实际读音的变化。

儿化韵的发音变化规律有以下几种。

（1）韵母和韵尾为 a、o、e、ê、u 时(包括 iao、ao、a、u、ou、uo)，韵母不变，后面直接加 r。例如：

号码儿 hàomǎr　草帽儿 cǎomàor　粉末儿 fěnmòr　书桌儿 shūzhuōr　花儿 huār　麦苗儿 màimiáor　唱歌儿 chànggēr　眼珠儿 yǎnzhūr　小猴儿 xiǎohóur　打球儿 dǎqiúr

（2）韵母是 i、ü 时，韵母不变，直接加 er。例如：

鸡儿 jīer　小米儿 xiǎomǐer　有趣儿 yǒuqùer　金鱼儿 jīnyúer　玩意儿 wányìer

（3）韵母是-i 时，先去韵母，再加 er。例如：

子儿 zěr　铜字儿 tóngzěr　戏词儿 xìcér　果汁儿 guǒzhēr　好事儿 hǎoshèr

（4）韵尾是 i、-n 时，去掉韵尾再加 r。例如：

眼儿 yǎr　饭馆儿 fànguǎr　小孩儿 xiǎohár　照片儿 zhàopiàr

（5）韵母是 un、ün，去掉 n，加 er。例如：

飞轮儿 fēiluér　花裙儿 huāquér

（6）韵母是 ang、eng、ong 的，去掉 ng，把元音鼻化，再加 r。例如：

帮忙儿 bāngmār　板凳儿 bǎndèr　狗熊儿 gǒuxiór

（7）韵母是 in、ing 的，去掉鼻韵尾，然后加 er。例如：

打鸣儿 dǎmíer　花瓶儿 huāpíer

四、语气词"啊"的音变训练

"啊"用在语句末尾时，由于受前面音节末尾音素的影响，常发生不同的音变现象，主要有以下几种情况。

（1）前面的音素是 a、o、e、ê、i、ü 时，读 ya，可写作"呀"。例如：

她怎么不回家呀？

怎么给我这么多呀？

多漂亮的天鹅呀？

那是谁的鞋呀？

桂林的山真奇呀！

会不会下雨呀！

（2）前面的音素是 u(包括 ao、iao)时，读 wa，可写作"哇"。例如：

她会不会跳舞哇？

这个小朋友真好哇！

花篮做得多精巧哇！

（3）前面的音素是 n 时，读 na，可写作"哪"。例如：

投的真准哪！

你是哪里人哪？

（4）前面的音素是 ng 时，读 nga。例如：

河水真清啊!
大家唱歌啊!
(5) 前面的音素是-i(后)、r(er 或儿化韵)时,读 ra。例如:
她真是一位好老师啊!
歌声多么悦耳啊!
多可爱的小狗儿啊!
(6) 前面的音素是-i(前)时,读 za。例如:
要好好练字啊!
你可要三思啊!

第七节　普通话声调

一、普通话声调介绍

声调是音节的高低升降形式,它主要是由音高决定的。普通话语音把音高分成"低、中低、中、半高、高"五度。音乐中的音阶也是由音高决定的,因此,声调可以用音阶来模拟,这样就会更好地掌握声调和利用声调去练习自己的声音,纠正自己的发音。声调的音高是相对而不是绝对的,它的升降变化是滑动的,不像从一个音阶到另一个音阶那样跳跃式的移动。

普通话语音里,声调有四个,阴平是第一声,阳平是第二声,上声是第三声,去声是第四声,统称四声,也就是普通话里的四个调类。调类是指声调的种类,是按照声调的实际读音归纳出来的类别,是指一种语言或方言对声调(字调)的分类。它只代表某种汉语方言声调的种类,而不代表实际的调值。汉语方言中,调类最少的有三类,如河北的滦县方言;最多的有十一类,如广西博白方言。

调值指声调高低、升降、曲直、长短的实际发音,描写声调的调值通常用五度标记法,如图 2-2 所示。作为标调符号来指导音节的声调。它们的调值分别是:55(阴平)、35(阳平)、214(上声)、51(去声),这也是声调实际的读法。

普通话声调见表 2-11。

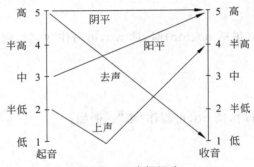

图 2-2　五度标记法

表 2-11　普通话声调

调类	调值	调号	调形	例　字
阴平	55	ˉ	高平[55]	春、天、花、开
阳平	35	ˊ	高升[35]	人、民、和、平
上声	214	ˇ	降升[214]	永、远、友、好
去声	51	ˋ	全降[51]	创、造、世、界

1. 阴平——高平调

发音时,声带绷到最紧,始终无明显变化,保持音高,用五度标记法就是表示从5到5,写作55。练习注意平稳。

例如：巴　方　科　哇　参　批　居　倾　称　她
　　　参加　波音　发生　咖啡　班车　丰收　香蕉　江山

2. 阳平——高升调(或中升调)

起音比阴平稍低,然后升到高。上升时气要拉住,口腔要立起,立度要加强,避免高音窄挤。声带从不松不紧开始,逐步绷紧,直到最紧,声音从不低不高到最高。用五度标记法就是表示从3到5,写作35。

例如：拔　房　值　袍　肥　娃　学　云　聊　环
　　　诚实　儿童　灵活　学徒　滑翔　临时　驰名　模型

3. 上声——降升调

起音半低,先降后升。发音时声带从略微有些紧张开始,立刻松弛下来,稍稍延长,然后迅速绷紧,但没有绷到最紧。用五度标记法就是表示从2降到1再升到4,写作214,是个曲折调。

例如：北　影　矮　碾　寝　想　股　喊　写　抵
　　　古典　展览　领导　感想　鼓掌　手掌　友好　审理

4. 去声(或称全降)

起音高,接着往下滑,发音时声带从紧开始到完全松弛为止,声音从高到低,音长是最短的。下降时,气要托住,口腔要有控制,避免衰弱。用五度标记法就是表示从5降到1,写作51。

例如：破　料　汉　泡　漏　痛　课　电　蕴　纵
　　　日月　大厦　建造　地震　魄力　跨度　电视　报告

二、普通话声调练习

(一) 按普通话四声的调值念下面的音节

一　姨　乙　艺　yī　yí　yǐ　yì
辉　回　毁　惠　huī　huí　huǐ　huì
风　冯　讽　奉　fēng　féng　fěng　fèng

飞 肥 匪 费　fēi féi fěi fèi
通 同 桶 痛　tōng tóng tǒng tòng

（二）按阴阳上去的顺序念语句
身 强 体 壮　shēn qiáng tǐ zhuàng
千 锤 百 炼　qiān chuí bǎi liàn
光 明 磊 落　guāng míng lěi luò
花 红 柳 绿　huā hóng liǔ lǜ
心 明 眼 亮　xīn míng yǎn liàng

（三）按去上阳阴的顺序念语句（上声按变调念半上）
破 釜 沉 舟　pò fǔ chén zhōu
调 虎 离 山　diào hǔ lí shān
信 以 为 真　xìn yǐ wéi zhēn
妙 手 回 春　miào shǒu huí chūn
异 口 同 声　yì kǒu tóng shēng

（四）四声变位练习
远 走 高 飞　yuǎn zǒu gāo fēi
包 罗 万 象　bāo luó wàn xiàng
丰 衣 足 食　fēng yī zú shí
气 贯 长 虹　qì guàn cháng hóng
心 花 怒 放　xīn huā nù fàng

（五）古诗练习

床前明月光，疑是地上霜。举头望明月，低头思故乡。
chuáng qián míng yuè guāng, yí shì dì shàng shuāng. jǔ tóu wàng míng yuè, dī tóu sī gù xiāng.

日照香炉生紫烟，遥看瀑布挂前川。飞流直下三千尺，疑是银河落九天。
rì zhào xiāng lú shēng zǐ yān, yáo kàn pù bù guà qián chuān. fēi liú zhí xià sān qiān chǐ, yí shì yín hé luò jiǔ tiān.

白日依山尽，黄河入海流。欲穷千里目，更上一层楼。
bái rì yī shān jìn, huáng hé rù hǎi liú. yù qióng qiān lǐ mù, gèng shàng yī céng lóu.

（六）短文练习

我常想读书人是世间幸福人，因为他除了拥有现实的世界之外，还拥有另一个更为浩瀚也更为丰富的世界。现实的世界是人人都有的，而后一个世界却为读书人所独有。由此我想，那些失去或不能阅读的人是多么的不幸，他们的丧失是不可补偿的。世间有诸多不平等，财富的不平等，权力的不平等，而阅读能力的拥有或丧失却体现为精神的不平等。

wǒ cháng xiǎng dúshūrén shì shìjiān xìngfú rén, yīnwèi tā chú le yōngyǒu xiànshí de shìjiè zhīwài, hái yōngyǒu lìng yīgè gèngwéi hàohàn yě gèngwéi fēngfù de shìjiè. xiànshí de shìjiè shì rénrén dōu yǒu de, ér hòu yīgè shìjiè què wéi dúshūrén suǒ dúyǒu. yóu cǐ wǒ xiǎng, nàxiē shīqù huò bù néng yuèdú de rén shì duōme de búxìng, tāmen de sàngshī shì bùkě bǔcháng de. shìjiān yǒu zhūduō de bù píngděng, cáifù de bù píngděng, quánlì de bù píngděng, ér yuèdú nénglì de yōngyǒu huò sàngshī què tǐxiàn wéi jīngshén de bù píngděng.

声调综合运用要做到：咬住字头，出字有力，拉开字腹，收住字尾。字声（指声调）准确。

学习普通话过程中，有些广东人即使声母和韵母发音标准，说起普通话来也还是让人觉得"怪腔怪调"，出现这种情况的原因在于没有掌握好普通话的4个声调。广东的方言声调比普通话要多，以广州话为代表的粤方言有9个声调；以梅州话为代表的客家话有6个声调；以潮州话为代表的潮汕话有8个声调。因此，要读准声调，一定要了解普通话的4个声调与方言的区别。

第三章 普通话词汇

第一节 普通话词汇与汉语方言的差异

　　现代汉民族共同语就是现在的普通话,是我国全民族共同使用的通语。它在言语生活中具有统一性、权威性和规范性。而方言则由于受特殊的地理、历史、民风民俗等地域文化因素影响,具有强烈的地域性、纷繁的复杂性和鲜明的个体性。在推广普通话的社会大背景下,方言与共同语的差异便成为民族语言中最显著的差别。而在这种差别中,方言词汇与共同语词汇的差异显得尤为突出。在对方言词汇与共同语词汇的比较研究中一般分为地域性方言词汇与共同语词汇的比较、地点性方言词汇与共同语的比较,其中又以后者居多。地域性方言指某一特定的较大地区范围的方言;地方性方言指某一特定地点的方言。至今,某一大方言区词汇与共同语词汇的比较研究尚未成为一门独立学科。

　　方言与共同语的词汇比较内容主要有五个方面:义同形不同,义同形有同有异,形同义不同,形同义有同有异,形同义同。这五个方面的差异性质其实都是从构词差异与意义差异进行探讨,并将构词差异和意义差异有机结合起来展开探讨的。由于受地域文化和民俗生活习惯的影响,汉语各方言在发展过程中形成了一定数量的独特词语。方言词汇和普通话词汇(普通话)之间的差异,是学习、推广普通话中值得高度重视的内容。

　　汉语方言词汇之间的差异五花八门、多彩多姿,形成了独具地方特色的民间语言。粗略归纳起来,可分为形同实异、实同形异两个方面。

一、形同实异

　　首先谈谈形同实异在汉语方言中的几种不同的表现。

　　(1)所指概念较大。例如"水"这个词,在普通话中,水就是江水、河水、雨水,泛指所有的水,而在客家方言中水还兼指"雨","下雨"在客家方言被说成"落水"。"毛"在闽方言各支系中都用来兼指头发,福州、厦门、潮州以至台湾、海南等地的闽方言,都把头发叫作"头毛"。"鼻"在闽方言的一些地方用来兼指"鼻涕"和"鼻子",如潮州话"流鼻"是"流鼻涕","伊个鼻比别人大"是"他的鼻子比别人大"。"吃"在普通话中使用的范围就不如许多方言广,如吴方言中就有"吃茶""吃酒"之说,如此等等,都显示出方言中某个词所指的概念是比较大的。

　　(2)所指概念较小。最典型的例子莫过于作为食品的"面"这个词。几乎所有南方方言,包括吴方言、闽方言、湘方言、客家方言、粤方言等,普遍将"面"用来指用面粉擀制成条状的"面条",但在普通话和它的基础方言——北方方言中,"面"的词义范围明显要大得多,它用来泛指面粉和其他杂粮的制成品,如小米面、棒子面等,如果加上"儿"尾,说成"儿化"的"面儿",又可用来指碾成粉末的东西,如"胡椒面儿"等。又如"打"这个词,在南方各方言中所能表示的词义范围就远不如北方方言和普通话大。"打人""打球"这样的用法各地比较普遍,但"打毛线""打鱼""打水""打灯笼"之类的用法,在南方方言中就不多见了。

(3) 所指概念转化。有的是部分转化,仍可看出其联系,例如"月光"在闽、粤、客家等方言中都是指普通话所说的"月亮",而不是指"月亮的光芒";"古"在闽、粤、客家等方言中指的都是普通话中的"故事","讲古"就是"说故事";"冤家"在闽方言各地普遍用作动词,指的是"吵架";"地"在客家方言中用来指"坟墓","做地"就是"修建坟墓";"细"在闽、粤、客家诸方言中用来指"小",如粤方言形容人"个儿小"叫"细粒",排行最小的也用"细",有"细叔""细婶",甚至还有"细老婆"(小老婆)的说法。有的词义转化以后已看不出跟词形的联系了。例如赣方言的"清汤",指的是"馄饨"这一食物,相去实在太远了;又例如闽方言福州话说"对手"是"帮忙"的意思,如此等等,所指的概念很难跟词形联系起来理解。

二、实同形异

同样的事物,同样的概念,在不同方言中用不同的词形来表现,这种实同形异的现象很普遍。实同形异有各种不同的形式,主要表现在以下几个方面。

各地区的人们对于同一概念、同一事物的理解未必完全相同,各自根据不同的理解,用不同的方式创造方言词,也是形成实同形异的一个重要原因。

聊天:广州话是"打牙较",闽方言潮州话是"拍嘴鼓",四川话是"摆龙门阵"等。

萤火虫:这一常见的昆虫,由于不同地区的人们以不同的方式进行描写,便有了"亮火虫"(成都)、"火金姑"(厦门)、"游火虫"(上海)、"火蓝虫"(梅州)、"蓝尾星"(福州)、"火夜姑"(潮州)等不同的叫法。

向日葵:各地也随着不同描写而出现"朝阳花"(济南、长沙)、"朝阳饼儿"(昆明)、"阳佛花"(温州)、转日莲(宿迁)等各种不同的名称。

方言地区的人们为一些事物、概念起名儿,不免还受到本地区独特的自然地理条件和风土习俗、心理取向等因素的影响。

例如,南方冰雪不分,形成了一些跟冰雪有关的具有特色的方言词,凡普通话用"冰"的词,粤方言一律代之以"雪",例如"冰箱"叫"雪柜","冰棍"叫"雪条","冰激凌"叫"雪糕","冰镇"叫"雪藏","溜冰"叫"滑雪","溜冰鞋"叫"雪屐"等。

又如,由于风俗习惯或个人原因,各地方言或多或少存在一些忌讳语。粤、闽、客家诸方言因"伞""散"同音,忌"散"而把"伞"改用"遮";粤方言因"舌""折"(亏本)同音,忌"折"而把"舌"改为"脷"(与"利"同音,加肉旁),"舌头"也就叫作"脷"了;湖北有的地方干脆把"猪舌头"叫"猪赚头",这反映出各地人民避凶趋吉的心态。

有一些方言词跟"存古"和"外借"不无关系。

各种汉语方言,不同程度地保留了一些古汉语的词语,例如粤方言中管"走"叫"行",管"喝"叫"饮",管"叙谈"叫"斟斟";闽方言管"眼睛"叫"目",管"房屋"叫"厝",管"筷子"叫"箸",管"铁锅"叫"鼎",管"绳子"叫"索"……

与"存古"同时,在汉语的发展过程中,普通话和各地方言又都有可能因和其他民族语言的接触而产生互相融合与互相借用的现象。由于借入的源头和借入的方式并不一致,无疑也扩大了汉语方言之间的词汇差异。南方方言和外族语言接触较多,借词也较多,见表3-1。

表3-1 方言借词

方言	借入的源头	例词
粤方言	英语	恤衫(衬衣)、菲林(胶卷)、的士(出租汽车)
闽方言	印度尼西亚马来语	洞葛(手杖)、雪文(肥皂)、道郎(帮忙)
东北方言	俄语	列巴(面包)、沙油子(工会)

值得注意的是,同样一个外来的词语,由于借入的方式不同,你用音译,我却用意译,各行其是,加上方言区人民的社会文化背景、心理因素等也掺杂到借词中来,这就使得外来词的词形受方言的影响而缺乏规范,增加了方言词汇间的差异性。例如改革开放以来,一些进口商品的标名,南方方言和北方方言及普通话就有不少差别:普通话叫"夏普"(Sharp)的电器,粤方言叫"声宝";普通话叫"佳能"(Canon)的照相机或复印机,粤方言叫"锦囊";普通话叫"马自达"(Mazda)的汽车,粤方言叫"万事得";还有"索尼"(Sony)叫"新力"、"奔驰"(Benz)叫"平治"等,举不胜举。人名地名的音译也各行其是,很不一致,早年一个Stalin就有"史大林""斯大林""史太林"等不同译名,后来规范化成"斯大林"。现在,经常见诸报刊的外国各界名人,依然有不同译名的现象出现,英国的"梅杰",有的地方译做"马卓安"。这类音译外来词的不规范,扩大了方言和普通话的词汇差异,是汉语规范化进程中不容忽视的一环。

词义相同,词形部分不同的情况有以下三种。

(1) 语素颠倒。有的语词,语素相同,但由于构词方式稍有改变,致使词形颠倒,例如闽方言、粤方言、客家方言都有管普通话的"客人"叫"人客",管"秋千"叫"千秋"的;闽方言还把"热闹"叫"闹热",把"拖鞋"叫"鞋拖";粤方言又把"拥挤"叫"挤拥"。

(2) 部分语素不同。如"酱油",广州话叫"白油、豉油",成都话叫"豆油";"汽船",广州话叫"电船",潮州话叫"火船";"手套",广州话叫"手袜"等;普通话叫猪蹄的前蹄,广州话叫猪手。

(3) 缺少词尾,换用词尾,增加词尾,增加词头。例如普通话说"裙子""鸭子",南方闽、粤、客家等方言都只说"裙""鸭";"鼻子"闽方言就叫"鼻",没有了词尾,而吴方言叫"鼻头",粤方言叫"鼻哥",客家方言和赣方言叫"鼻公"。有趣的是,词尾"子"的使用范围,粤、闽、客诸方言比普通话小,吴方言、湘方言比普通话大,这也牵涉语法间的差异,相关内容将在后面详述。

第二节 普通话词汇规范

一、普通话词汇的组成

1. 基本词汇

汉语普通话词汇中最主要的部分是基本词汇,它和语法一起构成语言的基础。例如,有关自然界事物的是天、地、风、云、火、雷、电等;有关生活与生产资料的如米、灯、菜、布、刀、笔、车、电等。从整体看,基本词汇有下列特点。

（1）稳固性。基本词汇在千百年中为不同的社会服务,例如"一、二、牛、马、家、门、山、水、上、下、左、右、斗、高、低"等,这些在甲骨文里就有。说基本词汇有稳定性,并不是说基本词汇是一成不变的,事实上基本词汇也在发展变化。有些古代的单音节基本词发展到现在复音化了,成了多音节合成词,这是汉语词汇的一条内部发展规律;有些单音节的基本词被后起的合成词所代替。

（2）能产性。那些千百年来流传下来的基本词,是构成新词的基础,它们一般有很强的构词能力。例如,用"水"打头构成的词,在《现代汉语词典》中就有160多个。当然,基本词也有构词能力弱或几乎没有什么构词能力的,例如"你、我、谁、姓、没有"等。

（3）全民常用性。基本词汇的上述两个特点是以全民常用性为前提的。全民常用性是说它流行的地域广,使用频率高,为全民族所共同理解。基本词汇的使用,不受阶级、行业、地域、文化程度等方面的限制。

上述三个特点是就基本词汇的整体来说的,而不是说,所有的基本词都具备这三个特点。就现代汉语来讲,尤其不能把这三个特点特别是能产性当作辨识基本词和非基本词的唯一条件。

2. 汉语普通话一般词汇

基本词汇以外的词汇就是一般词汇。一般词汇的特点是没有基本词汇那样强的稳固性,但有很大的灵活性。基本词汇与一般词汇是相互依存和渗透的。"革命""电子"这两个词,原来并不是基本词,现在已加入了基本词汇的行列。"君""神"原来是基本词,现在则是一般词。现代汉语一般词汇包含有古语词、方言词、外来词、行业语、隐语等。

（1）古语词。古语词包括一般所说的文言词和历史词。文言词所表示的事物和现象还存在于本民族的现实生活中,但由于为别的词所代替,一般口语中已不大使用了,例如"底蕴、磅礴、若干、如此、余、其、之、而、以、与、及、亦、甚、而已"等;历史词表示历史上的事物或现象,例如"宰相、丞相、尚书、太监、驸马、戟、铖"等。历史词同文言词不同,在一般交际中不使用,在叙述历史事物和现象时才使用它们。有些历史词,在今天国际交往中还被经常使用,例如"皇帝、亲王、大臣、公主、酋长、陛下、殿下、公爵、男爵"等。古词语可使语言表达简洁匀称,富于庄重严肃的感情色彩,并可以表达幽默、讽刺等意义。文言词虽然有这些特点,但不能随便使用,用得太多,或用得不贴切,文章就会成为半文半白、不伦不类的东西,影响表达的效果。

（2）方言词（方源词）。普通话不断从各方言中吸取有用的成分来丰富自己,例如,"名堂、把戏、垃圾、瘪三、二流子、搞、垮、拆烂污、别扭、尴尬、陌生、蹩脚"等,这些方言词都表达了某种特殊的意义,普通话里没有相当的词来表示,所以被吸收了进来。有些词是表示方言地区的特有事物的,如"橄榄、椰子、青稞、槟榔"等,这类词不宜被看作方言词。

（3）外来词。外来词也叫借词,指的是从外族语言里借来的词。例如"法兰西、巴尔干、镑、加仑、模特儿、摩托、马达、幽默、浪漫、取缔、景气"等。现代汉语吸收外来词,一般不是简单地照搬,而是要从语音、语法、语义甚至字形上进行一番改造,使它适应现代汉语结构系统,成为普通话词汇的成员。在语音上,要把外来词的音节结构改造成汉语的音节结构。在语法上,外来词进入汉语词汇后,原有的形态标志就一律被取消,例如英语的tractor,有单数、复数的变化,汉语"拖拉机",就不分单数、复数了。外来词的意义受汉语词义的制约,往往会发生变化,如英语的jacket是指"短上衣、坎肩儿"之类,汉语吸收进来后成为"夹克",就专指"一种长短只到腰部,下口束紧的短外衣",因为汉语词汇中已经有了表达"坎肩"概念的词,这就使外来词的词义发生了变化。外来词的类别见表3-2。

表3-2 外来词的类别

类别	描述
音译外来词	按照外语词的声音对译过来的,一般叫音译词
音意兼译外来词	把一个外来词分成两半,一半音译,一半意译
音译加意译外来词	整个词音译之后,外加一个表示义类的汉语语素。例如"卡车"的"卡"是car(英语"货车")的音译,"车"是后加上去的
字母外来词	直接用外文字母(简称)或与汉字组合而成的词。例如借用日语中的汉字词,但不读日语读音而读汉字音。如"景气、引渡、取缔、瓦斯、茶道、俳句"等

(4) 行业语。行业词语是各种行业应用的词语,或者叫"专有词语"。行业词语受社会专业范围的限制,但不受地域的限制,同一行业的词语,不管在何处,意义都是一样的。行业词语也是丰富普通话词汇的源泉之一,例如"比重、水平、渗透、腐蚀、反应、麻痹、感染、消化、突击、进军、战役、战线、尖兵、攻坚战"等。

(5) 隐语。隐语是个别社会集团或秘密组织中的一种只有内部人懂得的特殊用语。隐语,一般是赋予现有普通词语以特殊的含义的方法构成的,有的隐语是用字谜的方法创造的,如旧社会的商贩为了使局外人不知道行市,就创造隐语代替一般数字,如把"一"叫"平头","二"叫"空工","三"叫"横川","四"叫"侧目","五"叫"缺五","六"叫"断大","七"叫"皂底","八"叫"分头","九"叫"未丸","十"叫"田心"。有少数隐语失去了秘密性,而进入了全民的共同语里,如"洗手、挂花、挂彩、清一色"等。

二、普通话词汇的发展变化

1. 新词的变化

社会不断地发展,新事物不断地涌现,人们需要认识、指称这些新事物,就要给它命名,以满足交际的需要,于是产生了新词。另外,随着社会的发展和人们认识能力的提高,人们对已知的事物加深了认识,发现了前人所未知的新特点,为了记录和指称这些新认识,也要创造新词,如"手机、火箭、卫星、电视机、计算机、软件、遥感、质子、中子、电子、离子、凝聚力、力度、透明度"等。此外,在现代汉语中,由于词的双音化的发展趋势的要求,单音节词或多音节短语在交际中取得了新的双音节形式,也为语言增加了新词。

新中国成立以来,社会各方面飞速发展,特别是改革开放以来,新词倍增。其中绝大多数是双音节,占新词总量的70%左右,此外也有不少的三音节词。

新词大多是复合式的。主要为偏正型、联合型和动宾型。此外,附加式的新词也明显地增多了,产生了一批新的词缀或准词缀,由它们构成了一系列的派生词。

2. 旧词逐渐消失和变化

随着社会的发展，一些标志旧事物、旧观念的词语，有的逐渐在语言中消失，有的逐渐缩小使用范围，例如："丫鬟、童养媳、变工队、锄奸队、堡垒户、堡垒村"等。

但有的旧词词义增多了，这是人们利用旧词指称新事物、新认识的缘故。例如："产前、产后"两个词，近年来就分别增加了"产品生产前、产出后"的意义。随着人们观念的变化和人际关系及体制的变化，一些一度退出人们日常交际过程的词语，又重新出现了，如"太太、小姐、夫人、先生、乡长、村长、当铺、红包"等。

3. 词义的演变

词义演变的途径有下列几种。

（1）词义的扩大。扩大旧词所概括的对象的范围。

（2）词义的缩小。缩小旧词所概括的对象的范围。

（3）词义的转移。表示甲类对象的词转用指称与之有关的乙类对象。

此外，还有词的感情色彩的转移，褒义转为贬义或贬义转为褒义，或转移为原义的反面，如称小孩子为"小鬼"表示亲昵，把不听话的孩子或娇生惯养、脾气很坏的孩子叫"小祖宗"。

4. 网络言语的出现

网络言语是互联网普及以后在网上流行的语言，常运用缩略、比喻、拟人、夸张等手法来遣词造句，一般简洁、生动，用来表现新事物、新感觉，被以年轻人为代表的上网人群广泛使用和传播，体现出令人瞩目的活力和潜力。例如：

东东——东西

灌水——在 BBS 上发表文章

顶——支持

浇花——登录 QQ 空间以增加点击率

沙发——在博客上第一个留言的人

美眉——漂亮女孩子

但是，同时，许多人士也已经开始注意到，网络言语不可避免地面临着不规范和低俗化倾向的问题。

网络言语的问题，引发了一场持久的论争，其中的一方认为网络言语是一种不成熟、不和谐，也不成功的言语现象，甚至演化为危机论，认为它会污染和影响普通话语言。虽然，一种新生事物诞生后必定要经历不断地改变和纠正，但是笔者认为，对于现今的网络言语现象，没有必要如此诚惶诚恐。

语言具有自我生长、更新的能力，同时，也有自我清理和淘汰的功能。能够充分表达当时使用者的含义和感情的词、能够适应语言学发展的言语形式，自然会被广泛使用，并逐渐被吸收到语言系统中，发挥其作用；不能够合适地表达语义的词、违背语言学发展规律的言语形式，自然不能够得到使用者的认同和接受，无法进入语言系统之中而被摒弃；曾经被使用但后来渐渐不能充分发挥表达作用的词、不能够随着社会与语言系统的前进而发展的语言形式，将渐渐退出人们的使用，最终会被语言系统清除。网络言语中的一些语言形式在现在的情况下能够表现一些以前从来没有的新生事物，填补了语言系统的空缺，有效而及时地表达了人们的时代感受；虽然其中的确含有一定的糟粕，但也无须如临大敌地根本没有作用地惊诧和绞杀，随着时间和实践的检验，这些词最终会失去存在的空间和意义，而被语言系统清除。

三、普通话词汇的规范化

词汇规范化工作有两个方面，一是维护词语的既有规范；二是对普通话从方言词、古语词或其他语言新吸取进来的成分进行规范。维护词语的既有规范，简单来说，就是避免用错已有的词语或生造词语。它涉及词汇的各个方面，生造词语、词义误解误用、同义词选用不当、成语误用等都是词汇不规范的表现。

词汇规范的另一重点便是对从其他语言或语言变体中吸收的词语进行规范。在这方面应该考虑掌握以下三个主要原则：一是必要性，就是说要考虑一个词在普通话词汇中有无存在的必要，在表达上是不是不可少的；二是普遍性，即选择人们普遍使用的；三是明确性，就是选用意义明确的、容易为人们理解和接受的。

1. 方言词的规范

在方言词的规范中，一定要注意到这样一个事实，那就是有些产生于或常用于某些方言地区的词，由于它具有某种特殊表现力或特殊表现范围，已经或将会成为普通话中某同义词群中的有用的一员。

那些标志着只在某个或某几个地区产生和存在的事物的词，例如东北的"靰鞡靰拉、毡窝"，广东、广西的"剑麻、荔枝、芒果"，西北的"青稞、牦牛"等，不应看作"规范对象"，因为普通话中不必再另外造个词来替代它们。

对方言词加以规范，并不是绝对反对使用未被普通话吸收的方言词。方言词用得好，既可以发挥它们独特的表达效果，又可以为丰富普通话词汇提供可以吸收的素材。但是要防止毫无必要地滥用方言词语，特别是那些流行地区狭窄、构词理据不明确、容易产生误解或歧义的词语，更不能被滥用。

2. 外来词的规范

（1）不要滥用外来词。

（2）统一外来词的汉字书写形式。采用通用形式，淘汰其他形式。例如用"托拉斯"不用"托拉思"，用"雨果"不用"嚣俄"，用"高尔基"不用"戈里基"，用"尼龙"不用"呢隆"。

（3）吸收外来词，应尽量采用意译方式。应尽量采用意译，因为意译更接近民族语言习惯，便于理解和记忆。如用"维生素"不用"维他命"，用"青霉素"不用"盘尼西林"，用"话筒"不用"麦克风"等。

3. 古语词的规范

规范古语词应该吸收那些有表现力或适应特殊场合需要的古语词，如"逝世、呼吁、秀才、状元"之类，必须反对吸收那些丧失了生命力的词。

第三节 普通话词汇与我国七大方言词汇的差异

一、普通话词汇与北方方言词汇的差异

北方方言的词汇和现代汉民族共同语普通话的词汇大同小异。北方方言中通行范围比较广的语词,大都已进入共同语,作为基本词汇,未能为共同语吸收的官话方言词,大都只流行于某一个官话方言片区或方言小片区,南北各地官话在词汇上的差异,比官话和其他各大方言之间的差异小。但官话方言通行范围如此广阔,有的地方也有与众不同的方言词语。例如北京土话"二乎"意为"犹疑","咋呼"意为"嚣张","冲道"意为"敢做敢说";天津话"广"意为"打","老公"意为"乌鸦";西安话"瞎了"意为"浪费""糟蹋";山东聊城话"毁"意为"打";河南洛阳话"连连儿"意为"赶快";新乡话用"乱"表示"住",用"红"表示"卖力气";成都、昆明等地把"聊天"说成"摆龙门阵",武汉、重庆等地把"倒霉"说成"背时",把"可怜"说成"造孽"等,都各具一格。"太阳"一词在官话方言区有各种不同的称呼:沈阳、西安称"日头";太原、呼和浩特称"阳婆";合肥也称"日头",但由于合肥人卷舌音较重,就读成了"热头";成都、武汉、昆明称"太阳";光是河北一省对"太阳"的称呼就有"老爷儿、爷爷儿、爷爷、日头、日头爷、日头影儿、阳婆儿、阳婆、前天爷、佛爷儿"等,可见词汇上的分歧,即使是在官话方言内部,仍然不容忽视。官话方言的词汇跟其他方言比较,还显示出以下一些特色。

(1)双音节词特别占优势。双音节词在汉语中是整个词汇里占比重最大的一部分,在官话方言中表现得尤为突出,如许多在官话方言中加"子"而成为双音节词的,在其他方言中往往是没有"子"的单音节词,如"稻子"在南方方言或叫"稻"(吴方言、闽方言),或叫"禾"(客家方言、湘方言、赣方言、粤方言);"谷子"在南方方言或叫"谷"(吴、湘、赣、客家、粤等方言),或叫"粟"(闽方言);"相片"一词官话方言区各地大都叫"相片"或"相片儿",而南方各方言,除客、赣方言仍用双音节"相片"外,吴方言、粤方言、闽方言都是单音节词,或叫"照"(吴方言苏州话),或叫"相"(粤方言、闽方言)。

(2)古代语词保留得比较少。尽管每个汉语方言都继承了不少古代汉语的语词,但是相对而言,官话方言区各地方言保留古语词的现象比较少。例如"眼睛"一词,官话方言区各地大都说"眼睛",而闽方言至今仍叫"目",粤方言仍叫"眼",保留了古代汉语中这一人体器官的名称。又如"站立"一词,除官话方言区及湘方言外,吴方言叫"立",闽、粤、客家、赣等方言叫"企",都沿用了古代汉语的说法。此外,还有一批极常见的生活用词,南方各方言保留了古代的说法,而官话方言则采用了跟现代汉语普通话一致的说法。如"看"是官话方言普遍通用的,而粤方言、闽方言(部分地区)却用古代的语词"睇"。

(3)外来借词比较少。和南方诸方言比较,官话方言中外来的借词比较少。南方闽、粤等地向来为出海门户,与外国接触多,方言中较易借入外语语词,如闽方言中借入不少印度尼西亚、马来语词,粤方言中借入不少英语语词。有时候同一个事物,官话方言与南方各方言却采用不同的词语来表达,显示出"舶来"词与"土产"词的差别。例如"水泥"一词,粤

方言区有人叫"士敏土",吴方言叫"水门汀",都是英语 cement 的译音,闽方言叫"番家灰""红毛灰"之类,也显示出外来的色彩,而官话方言大多数和共同语一样用"水泥"(部分地方叫"洋灰"),则是地道的汉语语词。又如照相用的"胶卷",官话方言各地都叫"胶卷",而粤方言、闽方言、客家方言却都采用英语 film 的译音词"菲林"。

(4) 语气词比较少,用法比较概括。和南方各方言比较,官话方言的语气词比较少,用法更加概括,分工不那么细。例如常见的语气词"呢、吗、啊"之类,官话方言跟共同语是一致的,而南方吴、粤等方言的语气词则丰富得多,这里不一一举例。

二、普通话词汇与吴方言词汇的差异

苏州话轻灵、温婉、清丽、柔和,一向被认为是最优美也是最重要的方言之一,又有人称为吴侬软语,它通行的地域一般包括江苏省长江以南镇江以东地区(不包括镇江)、南通市的小部分、浙江省的大部分地区及上海市。本文所讨论的吴方言主要是指苏南的苏、锡、常及其所辖市(县)所使用的方言,而苏州话可称得上是吴方言的典型代表。与普通话相比,吴方言的特征是很明显的。

在吴方言中,"头"是常用的名词后缀,如:低头、绢头、竹头、鼻头、夜头、大块头(胖子)等。"子"(有的地方读"则")也是比较常用的名词后缀,如:台子、棋子、皮子(馄饨皮)、鞋子等。

吴方言的形容词重叠式也有其显著的特点,除了有"ABB"式外,还有"AAB"式。ABB式,如:酸济济、臭烘烘、胖嘟嘟、瘦拐拐等。AAB式则是在单音节形容词前面加上重叠成分,重叠以后所表示的意义加重了,程度加深了。如:蜡蜡黄、冰冰冷、喷喷香、乓乓响、精精光、拍拍满、笔笔挺、眯眯小、绝绝平、粉粉碎等,普通话里没有这种重叠式。

吴方言(第一个词)与普通话(第二个词)词汇的差别,主要表现在相同的意义而词语不同上。举例如下:

新官人——新郎

胡蜂——马蜂

馋吐——唾沫

油炸桧——油条

学堂——学校

田鸡——青蛙

长生果——花生

旧年——去年

百脚——蜈蚣

吴方言和普通话里有一些基本词语都是从古汉语来的,如"天、地、人"等,那是共同的,但古汉语里的有些词普通话已经不再使用,而吴方言口语中却仍在使用,这表明吴方言较多地保留了古汉语的词语。此外,吴方言的语气助词不仅数量多,而且含义丰富。语气助词还可以连用,表示更复杂的意义。例如,你上街去买菜,问:"西红柿多少钱一斤?"苏州人回答:"六角哉。"无锡、常州人回答:"六角立。"用语气词"哉、立",这就告诉你刚才可能卖七角或八角一斤,现在已降价卖六角一斤。语句很简单,含义很明确。

三、普通话词汇与湘方言词汇的差异

1. 湘方言词汇与普通话词汇主要差异简介

异形同义。湖南方言和普通话中有一部分词语词形不同,词义相同,即异形同义。比如,湖南许多地方把儿子叫成"崽",把女婿叫"郎",妻子叫"堂客",脖子叫"劲根",傻叫"宝",肮脏叫"邋遢",安排叫"调摆",失误叫"失塌",让步叫"放让",背后叫"后背",客人叫"人客"等,这些方言词语,有的与普通话词语语素完全不同,有的有部分语素相同,还有的语素相同但列序不同。

异形同义的现象不仅在方言与普通话之间存在,在湖南各方言之间也存在,湖南各地对同一概念,说法也不尽相同,特别是有些地方的一些特殊词语,其他方言区的人听不懂。如"行贿""受贿"在娄底话里是"送背水""得背水";"大虾""八哥""布谷鸟"在娄底分别被称作"莫弹抻""别别唧""快插快长";"吵架""丢失""毛笔"等词,在东安花桥土话里分别为"生烦头""跌呱"和"写杆"。此外,方言中的一些词语是用记音的方式写下来的,各地发音不同,根据音记下来的字也不同,比如"捞空",也有写作"劳空""娄空"的,同一个词有几种书写形式。由此可见,湖南方言和普通话词语的对应关系,往往是多对一而不是简单的一对一的关系。

同形异义。词形相同,词义不同,即同形异义,是方言与普通话词汇差异的另一种形式。比如,安乡话里的"姑娘"指已婚妇女;东安话里的"老母"和湘乡话里的"老娘"均指妻子。又比如,在地道的益阳话里,"世界"指"农作物的收成","作家"指"种田的行家","家务"指"家庭财产","出息"指"出产的东西","英雄"指"老年的身体健旺",它们与书写形式完全相同的普通话中的"世界""作家""家务""出息"和"英雄"的词义相去甚远。

进一步分析方言与普通话词汇同形异义可分为两种不同情况。

(1)词义完全不同,比如"雀",普通话含义是"鸟类的一科",而在浏阳话里是"机灵""聪明"的意思;"被面"一词在江永方言里指"被里儿",和普通话所指称的事物正好相反,江永人称作"被心"的才是普通话所说的"被面";"井水""水坑"在东安土话里分别指"泉水"和"水渠",这和普通话意思完全不同。

(2)词义不完全相同,有时方言词语的外延大于普通话,有时外延又小于普通话。如"月光",普通话指"月亮的光线",而湖南许多方言不仅指"月亮的光线",还指"月亮"本身;又如"豆腐"在湖南某些地方仅指豆腐脑儿,而在普通话里包括豆腐脑儿和豆腐块。还有一种情况是方言词义和普通话词义有交叉,比如"发狠"一词,普通话有:①下决心,不顾一切;②恼怒、动气。湘方言里,"发狠"的义项有:①下决心,不顾一切;②努力、刻苦。可见,两者有相同的义项,也有仅为各自所有的特殊义项。

2. 无对应词

无对应词是方言与普通话词汇差异的第三种形式,这一类又可分为两种情况。

(1)有一些方言词,在普通话里找不到可以对应的确切词语来对译,其中有一部分是名词,大多数是因为这些名词所表示的事物在北方没有。如:娄底话中的"推笼""推升";

长沙、益阳话中的"扮桶""蒲滚""垸子"等。还有一些方言词汇,如打旋斗、过白(娄底),景顿、罗呵(益阳)、占禾、牛旋、牛柜(江永)等,也无法用普通话的词对译,只能大致解释其含义,这一类词主要是动词、形容词和副词。

(2) 某些词语,有音无字,只在口语中存在。如:长沙话中表示绳子系紧的"系",口语中念"tia",就无法写出。又如双峰话里表示"掰""揭"意义的词,耒阳表示"拿""丢"意义的词,浏阳话中表示"揉"意义的词都有音无字,本字有待考证,一般人写不出来。

四、普通话词汇与赣方言词汇的差异

(1) 赣方言内部比较一致,和别的方言不同之处比较少,但也有特点。例如:公公(祖父)、婆婆(祖母)、姑爷(姑夫)、姑娘(姑妈)、日上(白天)、柱头(柱子)、拐子(瘸子)、拘礼(客气)、来记(忘记)、旋磨风(旋风)、结壳(结疤)、瓮(缸)、闪(傻)。

(2) 在赣方言内部比较一致的语词里,有些词和南方诸方言不同而和普通话相同,例如:眼睛、舌头、坟、洗澡、啃、舔、鸡蛋、老鸦等;有些词和几种南方方言相同而和普通话相异,例如:旧年(去年)、落雨(下雨)、颈(脖)、屙(拉)、寻(找)、走(逃走)、讲古(讲故事)、莫(别)、我个(我的)、放到(放着)等;有些词和客家方言共有,例如:月光(月亮)、屋(房子)、当昼(中午)、衫袖(袖子)、鼻公(鼻子)、话事(说话)、转去(回去)、屋下(家)、爷(父亲)、老弟(弟弟)、跌(遗失)、几多(多少)、几久(多久)等;有些词和湘方言一样,例如:崽(儿子)、女(女儿)、郎(女婿)、脑壳(脑袋)、灰面(面粉)、洋泥(水泥)、小酒(醋)、划子(小船儿)、狗公(公狗)、狗婆(母狗)、天干(天旱)、心子(馅儿)、妹子(妹妹)、毛(没有)等;有些词和吴方言相同,例如:霍闪(打闪电)、姆妈(母亲)、手节头(手指头)、蛮好(很好)、团近(附近)等。赣方言和南方诸方言词汇的交叉与它的语言环境有密切的关系。赣方言通行地域较小,四周受到湘、吴、客家、闽诸方言的包围,赣江流域和鄱阳湖周围无天堑阻隔,历史上和邻近地区的交往也较多,因此词汇受到各方言的渗透。

五、普通话词汇与客家方言词汇的差异

客家话分布较广,每个地方的客家方言都有区别,在本书中我们仅以梅县话为例。

(1) 古词语的沿用。日常口语中普遍使用的古词语有索(绳子)、禾(稻子)、乌(黑)、面(脸)、食(吃)、颈(脖子)、饥(饿)、朝(早晨)、昼(中午)、行(走)、沸(沸腾)等。

(2) 方言词语的创新。由于方言区独特的自然环境、历史状况、风俗习惯、土特产以及不同的造词习惯形成了一大批方言词语,例如:雪枝(冰棍)、板(一种用米粉制成的糕)、打醮(一种迷信活动)、擂茶(一种饮料)等。

(3) 借用其他方言或外语词语。有些借自粤语,例如:啱(刚刚、合得来)、靓(漂亮、美好)、呖(聪明、能干)等;有些借自英语,例如:小血衫的小血(shirt,衬衣)、波 e(乒乓球)和波珠中的波(ball,球)、唛(mark,商标、标志)等;在外国传入的物品名称上加"番""洋""红毛""荷兰"等,例如:番背(外国)、番片(国外)、番枧(肥皂)、洋遮(伞)、红毛泥(水泥)、荷兰豆(一种扁而薄,连豆荚一齐吃的豆类)等。

(4) 词汇意义的差异。有些词语与普通话同义异形,例如:叫(哭)、面(脸)、日头(太阳)、火蛇(闪电)、心舅(媳妇)等;有些词语与原词有关联但词义不同,例如:古典(故

事)、打靶(枪毙);有些词语与普通话词形相同,但意义范围不同,例如:"唇",普通话指人或某些动物口周围的肌肉,客家方言还兼指器物的口和边缘,例如:锅唇、桌唇;"米",普通话一般指稻米和去掉壳或皮以后的种子,如糯米、花生米、高粱米,客家方言只指稻米等;有些词语与普通话词形相同而词义互相交叉,例如:"光""亮""明",在客家方言和普通话中都是同义词,都有相同的用法,例如:火光、光芒、亮晶晶、亮相、明亮、明了,但客家方言用"光"的地方,普通话则往往用"亮"或"明",如月光(月亮)、灯太光(灯太亮),又如"细"和"小"、"夜"和"晚"、"日"和"天"、"破"和"烂"等词都有词义交叉和用法不同的区别。

(5)构词的差异。主要表现在词素次序、重叠式、附加式和单复音词等方面。有些并列式和偏正式合成词的词素次序与普通话不同,例如:紧要(要紧)、闹热(热闹)、牛公(公牛)、人客(客人)。在词的重叠方式方面,单音名词、量词可重叠的范围比普通话大,重叠后有"每一"的意思,例如:碗碗(每一碗)、枪枪(每一枪)、铲铲(每一铲)。客家方言的单音动词和形容词一般都不能单独重叠,如需重叠,后面一定要加后缀"e",例如:"细细 e"(小小的),e 起弱化作用。我国台湾客家方言的单音形容词可以重叠,重叠后起加强作用,例如:乱乱(蓬乱的)、憨憨(很傻);台湾地区客家方言一些形容词甚至可以用三叠的方式表示最高级,例如:光光光(非常亮)、苦苦苦(非常苦)、热热热(非常热)。客家方言有一种比较特殊的"×AA"重叠式,它的构词能力很强,每个中心词后的重叠嵌音均不同,而且一定要加后缀"e",表示程度加深,例如:红邹邹 e(红艳艳的)、肥不肥 e(胖墩墩的)。在附加式方面,客家方言常用的前缀有"亚"(或"阿")、"老",后缀有"e""头""公""嫡""牯""哥""兜"(等),中间有"晡",例如:亚爸(爸爸)、阿姐(姐姐)、老妹(妹妹)、老公(丈夫);遮 e(伞);日晨头、下昼头、石头;鸡公、鸭公、手指公、脚趾公、虾公;亚陈嫁、亚娣婶、亚三婶、老张嫡;牛牯、羊牯;兜(我们)、倍兜(你们);今晡日(今天)、秋晡日(昨天)、夜晡头(晚上)等。在单音词和复音词的比例方面,客家方言的单音词比普通话多。普通话有些复音词在客家方言是单音词,例如:兴(高兴)、识(认识)、皮(皮肤)、桌(桌子)等。

六、普通话词汇与闽方言词汇的差异

1. 普通话词汇与闽北方言词汇的差异

闽北方言属于闽语,闽北语的别称是建州话、闽越语。

闽北方言本无文字,最早涉及闽北方言文字的书籍为一本叫《建州八音》的书,此本成于清朝乾隆年间,林端材所著,是一本关于闽北字韵的字典,收入了许多闽北的方言字,但此书仅收入了闽北方言中的汉语词成分,对有音无字的非汉语词汇部分未做收集、部分用训读汉字记载。后来有人借用注音字母与汉字夹杂书写的文字来记载闽北方言,就此创造了闽北语文字,这种文字叫"武夷字书",简称"夷字"。

建瓯、建阳、松溪、南平部分地区、顺昌、政和、武夷山等地,以建瓯话为代表,内部各语互成方言,主要分为东西两片,东片闽北语以建阳话为代表,西片闽北语以建瓯话为代表。建瓯古时为建安郡、建州、建宁府所在地,为闽北政治文化中心,方言为闽北通用,由古汉语发展而来,保留了古汉语中众多的语音特点和古汉语词汇、构词方法。如:闽北讲"脸"为"面"(音:ming),"锅"为"鼎"(音:diang),"筷子"为"箸"(音:东片闽北语读 dou,西片闽北语读dū),"右手"称为"正手","左手"称为"反手"。

因闽北地处史上百越分布带,因而方言中还融入了百越语言,有一些类似于百越语言的构词方法,如闽北语将"客人"讲成"人客","母鸡"讲成"鸡母(鸡嫲)","台风"讲成"风台","纸钱"讲成"钱纸","痨病"讲成"病痨","萤火虫"讲成"火萤虫"。部分闽北语有部分词汇有词却无字可写,如:动词"lá",所对应的汉语意思有两种,一是"舔",二是"涂",表示的是一种贴近的来回动作。《武夷山志》中有载,"武夷山方言属于汉语方言,与侗壮语系的百越语言有关"。

由于近代以来人口来源复杂、变动大,闽北方言的内部差异也比较严重,代表点的权威性也显得不够,加上南平官话方言的长期影响,闽北地区早有推广普通话的传统。中华人民共和国成立后,随着经济的繁荣和文化的普及,推广普通话的进程更快。如今从城镇到农村,普通话已可以通行。

2. 普通话词汇和闽南方言词汇的差异

闽南方言在词汇方面有以下特点。

(1) 保存了许多古汉语的词语。这些词语在普通话和汉语的其他方言中,有的没有,有的不用,有的少用,而在闽南方言的口语中却是基本词。

岫[xiu]:"山有穴曰岫"。闽南方言指禽、兽、鸟、虫的巢穴。例如:鸡岫、狗岫、鸟岫、蚁岫。

不相见貌:闽南方言指躲藏不见人。

蜿:闽南方言指盘旋、绕。

有些词语的古义闽南方言仍然沿用着,而普通话或其他汉语方言已经转义了。

走:闽南方言仍保留着古义"跑"。

丈夫:闽南方言仍保留着古义男子汉、男性的意义。

(2) 直接吸收一些外来词。闽南方言有一些直接从外族或外国语言中吸收来的外来词。这些词,在普通话中没有,在其他汉语中具有一批方言特有词。这些词与普通话的词形、词义都不相同。

囝儿子:伊有两个囝儿子(他有两个儿子)。

兜家:来去阮兜家(到我家里来)。

龟:一种龟形的米制食品,如秫米龟。

除此以外,闽南方言还有一些有特色的词语,如"同形异义词"(大家—婆婆、冤家—吵架、手指—戒指、风车—汽车等)、"逆序词"(风台—台风、气力—力气、康健—健康、头前—前头等)。

七、普通话词汇与粤方言词汇的差异

粤语是唯一一种发源于广东地区的汉语方言,也是在广东省占有主流地位的方言,故称广东话。谈到粤语的发源地,学术界的专家大多认为是发源于广东省的封开县(古代广信,现属广东省肇庆市所管辖的一个县)。在学术上,广东话不等同于广东方言。广东话指的是发源于夏朝的汉族语言,也就是粤语。不过,粤语的使用者有很多都是从北方或者邻近的福建等地搬迁过来的,到了广东后,有很多人都能接受本土的方言——粤语。粤语作为汉语的一种方言,它的词汇自然和普通话有很大的共同性。据估计,粤语与普通话相同的词汇接近70%,内容为政治、经济、文化等领域的词汇一致性更高,至少有90%。

与普通话不一致的那部分词汇其来源较多,构成也比较复杂,这也形成了粤语的特点。按其来源,可将这些词汇分成以下几类。

1. 古词

粤语较早地脱离汉语母体,而且远离中原地区,没有跟上汉语的变化,许多在现代普通话里已经不再使用的词汇,在粤语中仍然很常用。现举例如下。

畀(给):畀支笔佢(给他一支笔)。

黐(粘):呢啲饼好黐手(这些饼很黏)。

唞(吸):唞一啖气(吸一口气)。

佢(古作"渠"):佢喺边个(他是谁)。

2. 古越语底层词

古越语是古代生活在岭南地区的南越(通"粤")民族所操的语言,中原人迁到岭南,语言不免受其影响,而且古越族大部分被逐渐同化,他们在放弃本族语而使用汉语时不自觉地带来了古越语的词汇。这些词汇在今天古越族后代的壮、侗等少数民族的语言里可以找到印证。现举例如下。

呢(这):呢本书喺边个架(这本书是谁的)。

执(拾):执起本书(把书拾起来)。

3. 方言词的创新

粤语方言词绝大部分是属于自己创新的。随着新事物、新观念的产生,词汇也需要不断发展创新。由于广东地区与中原地区相隔遥远,独自发展必然带来分歧,这就产生了粤语与普通话部分词汇的差异。现举例如下:

猪红(猪血):广东人忌讳说"血",改称"红"。

撞板(碰钉子):不听老人言,撞板在眼前(不听长辈话,免不了要碰钉子)。

4. 外来词

广东的外来词主要来自英语。广东是最早被迫设立通商口岸的地区之一,邻近的香港又曾被英国割占,随着外国新事物的传入,英语词汇也就大量进入粤语中,一部分被普通话吸收,一部分被粤语单独吸收了。例如:

巴士(公共汽车,bus)　波(球,ball)　镭射(激光,laser)

飞(票,fare)　曲奇(一种黄油小饼,cookie)

粤语构词法与普通话大体上是一致的,普通话有的构词法,粤语基本都有,但粤语也有自己独特的构词形式,归纳其特点如下。

粤语较多地保留了古汉语的单音词。例如:

眼(眼睛)　台(桌子)　嘴(嘴巴)　耳(耳朵)　女(女儿)　仔(儿子)

木(木头)　石(石头)　骨(骨头)　衫(衣服)　鞋(鞋子)　袜(袜子)

纽(纽扣)　龟(乌龟)　蚁(蚂蚁)　鹰(老鹰)　橙(橙子)　禾(稻谷)

这些词绝大部分是名词,在普通话中通过添加同义词素或加子、头、儿等后缀构成双音词。

偏正式结构一般是前面修饰后面,但粤语中也存在一种后面修饰前面的构词方式。例如:

鸡𠅘(母鸡)　狗公(公狗)　人客(客人)　菜干(干菜)　黄瓜酸(酸黄瓜)

第四章　普通话语法

第一节　语法概说

一、什么是语法

语法是词、短语、句子等语言单位的结构规律。语素怎样组合成各种结构的词,词怎样组合成各种短语,短语或词怎样形成各种句子,这些小单位用什么手段、方式组成种种大单位,其中都存在着一定的规律。

例如,在普通话里,副词可以和动词、形容词搭配,一般不能和名词、副词搭配。

试比较：很喜欢→＊很心情　　　很突然→＊很忽然

"喜欢"是动词,"突然"是形容词,副词"很"可以和它们搭配构成短语"很喜欢、很突然"。而"心情"是名词,"忽然"是副词,都不能和"很"构成短语,尽管"忽然"和"突然"是同义词,都表示时间短。词语不仅很讲究搭配,而且也很讲究排列。如"很"和动词"喜欢"、形容词"突然"搭配,其排列顺序是副词在前,动词、形容词在后,顺序不能颠倒。

词和词排列搭配的种种规则,都是语言的结构规则,都是语法规则。我们说话只有遵循语法规则,才能让别人理解,否则就会使人不知所云。

跟语音、词汇相比,语法具有更明显的抽象性、稳固性和民族性。

（1）抽象性。任何一条语法规则都是从许多个别的、具体的语言事实中抽象出来的,每一条语法规则都涉及一类的语言实例。比如,"把"字句"甲把乙怎么样",就是从千千万万个"把"字句中抽象出来的,它不仅包括了"你把她请来""小莉把桌子擦干净了",而且包括所有已经造出和将要造出的"把"字句。抽象性在语法中表现为哲学上的一般对个别的概括性。运用句子时,我们看到的总是个别的,研究句子时我们要从个别中看到一般,如从一个个具体"把"字句中看到整个"把"字句的结构规则。抽象性是语法的哲学属性。

（2）稳固性。任何事物都在不断地发展变化之中,语法也不例外。语法的稳固性主要是相对一种语言内部语音、词汇、语法变化的程度来说的。在历史发展的长河中,容易发生变化的是语音和词汇,语法变化较小。比较古代汉语语法和现代汉语语法,我们会看到,古今汉语语法相同的很多。例如主语在谓语之前,修饰语在中心语之前,古今都是如此。这就是语法具有稳固性的缘故。但是语法的稳固性并不限制语法的演变,例如古汉语中疑问代词作宾语时,宾语提前,如"吾谁欺？欺天乎？""尔何知？"等,在现代汉语中这种用法已经不存在了。

（3）民族性。每种语言都有明显的民族特点，不仅表现在语音和词汇上，同时也表现在语法上。不同语言的语法有共性也有个性，个性是特点之所在。例如印欧语用词形变化（形态）表示词的句法功能，语序就比较自由；而汉语里的词没有表示句法功能的形态，词在句子里充当什么成分，主要靠语序和虚词来表示。同是重语序的语言，其表达形式也可能不同。汉语说"两本书"，傣语说成"书两本"；汉语说"我写字"，藏语说成"我字写"。词的组合手段，各种语言也有差异。现代汉语的"两本书"是名词和数词组合，其间要用相应的量词。而英语的"two books"没有加量词这条规则，但数词在前、名词在后这个语序，两种语言又是共同的。

二、语法单位

普通话语法单位可以分为四级：语素、词、短语、句子。

1. 语素

语素是语言中最小的音义结合体。语素是构词的备用单位。语素可以和别的语素组合成合成词，也可以单独成词。

能够独立成词的语素叫成词语素，例如"人、水、走、跑、远、重、你、不、又"等；不能单独成词的语素叫不成词语素，例如"民、语、伟、丰、奋、羽"等，不成词语素必须跟别的语素组合才能成词。不成词语素又可分为两类：有一类不成词语素同别的语素组合成词时，位置是固定的，而且意义虚化，只表示一些附加的意义，例如"阿（阿哥、阿爸）、老（老虎、老师）、子（桌子、盘子）、家（作家、画家）、儿（花儿、鱼儿）"等，这一类语素称为定位语素；另一类不成词语素虽然不能独立成词，但与别的语素构成词时位置不固定，意义也比较实在，这一类语素称为不定位语素。

2. 词

词是最小的能够独立运用的语言单位，是构成短语和句子的备用单位。一部分词加上句调可以单独成句。

3. 短语

短语是语义上和语法上都能搭配的、没有句调的一组词，是造句的备用单位。大多数短语加上句调就可以成为句子。

4. 句子

句子是具有一个句调、能够表达一个相对完整的意思的交际单位。

词、短语和句子是不同级的语法单位。词、短语，包括主谓短语，都是语言的静态单位、备用单位。当一个词或一个短语没有带上语调构成句子之前，它只是语言的备用单位，是造句的材料，不能表达一个完整的意思，不能完成交际任务。当一个词或一个短语带上一定的语调构成句子之后，它就成为语言的使用单位，能够完成一次简单的交际任务了。词典里"飞机"这个词，只表示一个概念：飞行的工具，由机身、机翼、发动机等构成，种类很多，广泛应用在交通、运输、军事、农业、探矿、测量等方面。这时，它没有交际功能，是静态的备用单位。但如果一个人走在路上，听见空中的引擎声，抬头喊一声"飞机！"这时，"飞机"就不再仅仅表示一个概念，而是向周围的人发出了一个信息，完成了一次交际任务，变成了一个使用单位的句子。

第二节 词

一、词的构成

词都是由一个或几个语素构成的。构词语素分两种：一种叫词根，指的是成词语素和不定位不成词语素；另一种叫词缀，指的是意义不实在的定位不成词语素。

由一个语素构成的词，叫作单纯词；由两个或两个以上语素构成的词，叫作合成词。

单纯词以单音节为主，例如马、天、走、说等，也有多音节的，例如鸳鸯、仿佛、忐忑、葡萄、咖啡、巧克力、歇斯底里等。多音节的单纯词无论音节多少，单个的音节都不表示意义，只有几个音节组合起来才能表示意义。

合成词有三种构词方式：复合式、附加式、重叠式。

1. 复合式

复合式是由词根和词根组成的合成词。从词根和词根之间的关系看，主要有五种类型。

（1）联合型。联合型复合词由两个意义相同、相近、相关或相反的词根并列组成，又叫并列式。例如：城市、艰难、制造、语言、智慧、脱离、斗争、得失、禽兽、开关、尺寸等。有的联合型复合词只有一个词根的意义起作用，另一个词根的意义完全消失，例如：忘记、动静、质量、窗户等。

（2）偏正型。偏正型复合词是由前一词根修饰、限制后一词根形成的词。例如：书包、绿豆、汉语、导师、长跑、狂欢、腾飞、雪亮、笔直等。前后语素之间有修饰与被修饰的关系，起修饰作用的前语素是偏语素，被修饰的后语素是正语素。

（3）补充型。补充型复合词是由后一词根补充、说明前一词根形成的词。例如：提高、说服、立正、压缩、推广、改进、车辆、纸张、信件、船只、花朵等。

（4）动宾型。动宾型复合词是由前一表示动作、行为的词根支配后一表示关涉事物的词根形成的词，又叫支配式。例如：担心、管家、观光、理事、投资、挂钩、达标、冒险、接力等。前一语素表示动作行为，后一语素表示动作行为所支配的对象。

（5）主谓型。主谓型复合词的前一词根表示被陈述的对象，后一词根是陈述前一词根的，又叫陈述式。例如：地震、肩负、霜降、日食、肉麻、心酸、耳鸣、胆怯、民主、年轻等。前后两个语素是陈述与被陈述的关系。

2. 附加式

附加式合成词是由词根和词缀组合成的词。词缀在词根前的叫前缀，词缀在词根后的叫后缀。词缀在前的如：老虎、老乡，第一、第十，阿姨、阿毛，初一、初八等。词缀在后的如：桌子、瓶子，石头、木头，鸟儿、花儿，作者、读者，唯物主义者，硬性、弹性、原则性，绿化、美化、大众化等。

3. 重叠式

重叠式合成词是由两个相同的词根重叠构成的词。例如：星星、哥哥、姐姐、仅仅、刚刚、偏偏等。

二、词类

词类是词的语法性质的分类。分类的依据是词的语法功能、形态和意义，主要是语法功能。词的语法功能指的是词与词的组合能力，主要表现在以下三个方面：第一，词在语句里充当句法成分的能力；第二，实词与另一类实词的组合能力；第三，虚词依附实词和短语的能力。

普通话中的词首先可以分成实词和虚词。能够单独充当句法成分，有词汇意义、语法意义的词是实词；不能充当句法成分，只有语法意义的词就是虚词。实词再细分为名词、动词、形容词、区别词、数词、量词、副词、代词以及特殊实词拟声词、叹词。虚词再细分为介词、连词、助词、语气词。

（一）实词

1. 名词

名词表示人或事物的名称，包括表示时间、处所、方位的词在内。名词的类别见表 4-1。

表 4-1　名词的类别

类　别	例字或例词
普通名词	朋友、学生、同志、牛、羊、飞机、原子
专有名词	李白、黄河、泰山、新疆、联合国
集合名词	人民、群众、书籍、物品、船只、树木
抽象名词	道德、思想、文化、政治、欲望、苦头
时间名词	秋天、早晨、明年、现在、昨天
处所名词	中国、北京、亚洲、里屋
方位名词	前、后、左、右、以上、之下、南边

名词经常作主语和宾语，多数能作定语和带定语，不能作补语；名词前面一般能够加上表示物量的数量短语，一般不能加副词；不能用重叠式表示某种共同的语法意义；表示人的名词后面可以加助词"们"表示群体。

2. 动词

动词表示动作、行为、心理活动或存在、变化、消失等。动词的类别见表 4-2。

动词常作谓语或谓语中心语，多数能带宾语；前面能够加副词"不"，除表心理活动的动词和能愿动词外多数不能加程度副词；后面可以带"着、了、过"等表示动态；有些动词可以重叠，表示短暂、轻微，单音节动词重叠是 AA 式，如"看看、想想"，双音节动词重叠是 ABAB 式，如"了解了解、学习学习"。

表 4-2　动词的类别

类　别	例字或例词
动作行为动词	走、跳、看、听、表演、保卫、学习
心理活动动词	喜欢、怕、恨、希望、羡慕、厌恶
表示存在、变化、消失的动词	有、存在、发生、发展、生长、死亡、消失
判断动词	是
能愿动词	能、会、愿意、敢、应该、要
趋向动词	来、去、进、出、上、下、上来、下去、起来

3. 形容词

形容词表示性质、状态等。形容词的类别见表 4-3。

表 4-3　形容词的类别

类　别	例字或例词
性质形容词	好、坏、远、近、坚强、优秀、聪明、开朗
状态形容词	雪白、曲折、笔直、水灵灵、红彤彤、沉甸甸

形容词常作谓语或谓语中心语和定语,多数能够直接修饰名词,少数可以直接修饰动词,作状语,通常要重叠或者加"地"才能作状语;大都能受程度副词修饰;不能带宾语;有些形容词可以重叠,单音节形容词重叠是 AA 式,如"早早、慢慢",双音节性质形容词重叠是 AABB 式,如"清清楚楚、痛痛快快",双音节状态形容词重叠是 ABAB 式,如"雪白雪白、通红通红"。

4. 区别词

区别词表示事物的属性,有分类的作用。属性往往有对立的性质,因此区别词往往是成对或成组的。例如:男、女、雄、雌、单、双、西式、中式、大型、中型、小型、微型等。

区别词能直接修饰名词作定语;不能作主语、谓语、宾语,带"的"组成"的"字短语后可以作主语、宾语;不能前加"不",否定时前加"非"。

5. 数词

数词表示数目和次序,分基数词和序数词。基数词表示数目的多少,如:一、二、三、四、十、百、千、万、亿等。序数词表示次序前后,一般是基数词前加"第"或"初"组成,如:第一、第十、初五。

数词不能单独作句法成分,通常要跟量词组合成数量短语才能作句法成分;数量短语通常作定语或补语、状语;有些数词有固定的用法,例如倍数只能用来表示数目的增加,不能表示数目的减少,分数既可以表示数目的增加,也可以表示数目的减少。

6. 量词

量词表示计算单位,可以分成物量词和动量词两大类。物量词,表示人和事物的单位,与数词合成数量短语,常作定语;动量词,表示动作行为的单位,与数词组成数量短语,常作补语。量词的类别见表 4-4。

表 4-4　量词的类别

类别		例字或例词
物量词	度量衡量词	厘米、吨、升
	个体量词	个、件、条
	集体量词	双、群、批
	不定量词	些、点
	临时借用的量词	借自名词的量词：桶、盒、头
		借自动词的量词：挑（一挑水）、捆（一捆柴）
动量词		次、趟、顿、番、遍、回、遭

量词总是出现在数词的后边，同数词一起组成数量短语，作定语、状语或补语等。单音量词大都可以重叠，重叠后能单独充当定语、状语、主语、谓语，不能作补语。由数词和量词组成的数量短语也可以重叠，组成"一 A 一 A"式或"一 AA"式，例如"一群（一）群（的人）""一个（一）个（地数）""一次（一）次（都这样过去）"等。这种数量短语重叠后作定语表示数量多，作状语则表示按次序进行，作主语表示"每一"。量词可以单独作句法成分，如"拿本书给我""这本书给你"中，"本"是"一本"的省略。

什么名词使用什么量词，在普通话和方言里各有自己的习惯，有的相同，有的不相同，方言区的人学习普通话要留心量词的用法。

7. 副词

副词常限制、修饰动词、形容词性词语，表示程度、范围、时间等意义。副词的类别见表 4-5。

表 4-5　副词的类别

类别	例字或例词
表示程度	很、最、极、太、非常、十分、更加、稍微、略微、几乎、过于、尤其
表示范围	都、共、总共、统统、只、仅、单、光、一概、一齐、一律
表示时间、频率	已经、曾经、刚刚、正、将要、马上、终于、常常、往往
表示处所	处处、四处、随处
表示肯定、否定	必须、必定、的确、不、没有、未、别、莫
表示情态、方式	猛然、肆意、特意、忽然、公然、连忙、赶紧、悄悄、单独
表示语气	难道、究竟、也许、偏偏、索性、简直、何必、未免、莫非、反正

副词都能作状语，作状语时，单音双音副词都可以放在谓语中心语之前、主语之后，有些双音副词还可放到主语之前，如"幸亏他来了"。副词一般不能单说，只有"不、没有、有点儿、当然、马上、何必、刚好、的确"等在省略句中可以单说。

8. 代词

代词有代替、指示作用。按照不同的作用,代词可以分成三小类,见表4-6。

表4-6 代词的类别

类别	例字或例词
人称代词	我、你、他、咱们、自己、他、它、自己、别人、大家、人家
疑问代词	谁、哪、哪儿、多会儿、几、什么、怎样、怎么样
指示代词	这、那、这儿、那里、那会儿、这些、那样、这么样、那么

代词跟它所指代的语言单位的语法功能大致相当。代词还有虚指用法。例如"你一言,我一语""你看我,我看你",这里的"你"和"我"都不指特定的人。"看看这,摸摸那""问这问那",这里的"这"和"那"也不是定指。"什么也难不倒我们""哪儿都能去",这里的"什么"是"任何困难、任何敌人、任何问题"的意思,"哪儿"是"任何地方"的意思。

9. 拟声词

拟声词是模拟声音的词,例如"啪、叮当、哗啦、叽叽喳喳、轰隆隆、噼里啪啦、叽里咕噜"等。拟声词可以作状语、定语、谓语、补语、独立语等,也可以单独成句。

10. 叹词

叹词是表示感叹和呼唤、应答的词,例如"唉、啊、哼、哦、哎哟、喂、嗯"等。叹词的独立性很强,常用作感叹语,也可以单独成句,它一般不与实词发生结构关系。

(二) 虚词

虚词的共同特点有三个:一是依附实词或语句,表示语法意义;二是不能单独成句,不能单独作为句法成分;三是不能重叠。这些都与虚词无词汇意义有关。

1. 介词

介词起标记作用,依附在实词或短语(主要是名词性词语)前面共同构成介词短语,整体主要修饰、补充谓词性词语,表明动作、性状的时间、处所、方式、原因、目的、施事、受事、对象等。介词的类别见表4-7。

表4-7 介词的类别

类别	例字或例词
表示时间、处所、方向	从、自从、自、打、到、往、在、由、向、于、至、趁、当、沿着、顺着
表示方式、方法、依据、工具、比较	按、按照、遵照、依照、靠、本着、用、通过、根据、据、拿、比
表示原因、目的	因、因为、由于、为、为了
表示施事、受事	被、给、让、叫、归、由、把
表示关涉的对象	对、对于、关于、跟、和、给、替、向、同、除了

介词不能单独作句法成分,总要构成介词短语作状语,少数还可以构成介词短语作补语。

2. 连词

连词起连接作用，连接词、短语、分句和句子等，表示并列、选择、递进、转折、条件、因果等关系。连词的类别见表 4-8。

表 4-8　连词的类别

类　　别	例字或例词
连接词、短语的连词	和、跟、同、与、及、或
连接词语或分句的连词	而、而且、并、并且、或者
连接复句中的分句的连词	不但、不仅、虽然、但是、然而、如果、与其、因为

3. 助词

助词的作用是附着在实词、短语或句子上面表示结构关系或动态等语法意义。普通话中的助词主要有结构助词和动态助词。

（1）结构助词。主要表示附加成分和中心语之间的结构关系。普通话里的结构助词"de"，在书面上写成三个字：在定语后面用"的"，在状语后面用"地"，在补语前面用"得"。有时还会沿用古汉语的结构助词"之"，一般在双音节定语修饰单音节中心语时用，如"职工之家""改革之路"等。

（2）动态助词。动态指动作或性状在变化过程中的情况是处在哪一点或哪一段上。动态助词反映的是一种动态，不是表示事件发生的时间。普通话动态助词主要有"着、了、过、看、的、来着"。

- 着、了、过　"着"用在动词、形容词后面，表示动作在进行或状态在持续，即有时表示动作开始后、终结前的进行情况，有时表示动作完成后的存在形态，如"他大声说着话""屋里亮着灯"；"了"用在动词、形容词后面，表示动作或性状的实现，即已经成为事实，如"他到了北京"；"过"用在动词、形容词后面，表示曾经发生这样的动作或者曾经具有这样的性状，如"他到过北京""这儿前几天冷过一阵"。
- 看　普通话助词"看"念轻声，是尝试态，用在动词或动词短语后面表示尝试。动词常用重叠式或后面带动量、时量补语。如"试试看""叫一声看"。
- 的　可以插在动宾短语中间，表示过去发生的事情，如"我昨天回的家""你在哪儿念的中学"。
- 来着　用在句末，一般表示不久前发生过的事情，例如"昨天你干什么来着"。

除此之外，普通话中的助词还有"似的""所""给""连""们"等。

- 似的　附着在名词性、动词性、形容词性词语后面，表示比喻。如"花园似的城市""石头似的坐在那儿"。
- 所　附着在动词前面，组成名词性短语。如"所见所闻""所读的书"。
- 给　用在动词前面，表示加强语气。如"书包叫雨给淋湿了""钥匙给弄丢了"。
- 连　用在名词性、动词性、形容词性词语前表示强调，隐含"甚而至于"的意思。如"连三岁小孩都懂""这事儿我连想都没想过"。
- 们　一般用在指人的普通名词后面，表示群体的意义。如"同志们""弟弟妹妹们"。

"们"只是表示群体而不计量,因此,用了"们"前面就不能再用数量词了,如不能说"三位同学们"。有时也会在指物的名词后面加"们",如"蟋蟀们""燕子们""木莲们",这可以看作修辞上的拟人用法。

4. 语气词

语气词常用在句尾表示种种语气,也可以用在句中表示停顿。

普通话的基本语气词主要有六个:的、了、呢、吧、吗、啊。其他的语气词大多是与前一音节连读产生音变的结果,例如"啦"是"了啊"连读的合音,"哪"是"啊"受前一音节中最后一个音素有[n]时产生影响而发生了音变。

- 的　表示情况确实如此。例如:我们不会忘记你们的。
- 了　表示已经实现。例如:树叶绿了。有时"了"在祈使句中起成句煞尾的作用,例如:别说了。
- 呢　指明事实不容置疑,例如:我还去亲自看过呢;或表示疑问,例如:人呢?有时略带夸张语气,例如:他还真不错呢。
- 吧　表示猜度或商量。例如:天该放晴了吧?走吧。
- 吗　表示疑问。例如:你到过北京吗?
- 啊　增加感情色彩。例如:多好哇(啊)!真好看哪(啊)!

语气词附着性强,只能附着在句子或别的词语后面,起一定的语法作用。在口语交际中,语气词常常跟语调一起共同表达语气,所以一部分语气词可以表达多种语气。

第三节　短　语

短语是意义上和语法上能搭配而没有句调的一组词,所以又叫词组。它是大于词而又不成句的语法单位。汉语组成短语的语法手段是语序和虚词。直接组合的,主要靠语序,语序不同,语法意义往往也不一样,例如"意志坚强"和"坚强意志"。非直接组合的,靠虚词,例如"老师和同学"和"老师的同学"。

从不同的角度进行分析,可以把短语分成不同的类别。最重要的是两种分类:一种是短语的结构类,主要是看它的内部结构类型;另一种是功能类,凭它在更大语言单位中充当句法成分的能力来确定它的类别。

一、短语的结构类型

1. 主谓短语

由主语和谓语两部分组成。主语在前、谓语在后,用语序和词类表明其间的陈述关系而不用虚词表示,举例如下。

名+动:老李开车　菊花盛开

名+形:头脑清醒　身材高大

名+名:今天星期四　明天元旦

名＋主谓：产品样式多　他心地善良

2. 动宾短语

由动词和宾语两部分组成。动词在前、宾语在后，动宾之间的支配、关涉关系用语序而不用虚词表示。例如：

看书　来人　告诉他　坐汽车　吃快餐　回老家
写字　想家　赞成这样做　知道你来　喜欢打篮球

3. 偏正短语

由修饰语和中心语两部分组成，修饰语在前，描写或限制后面的中心语，其间关系是修饰关系。可以分为两种。

(1) 定中短语。由定语和中心语组成，其间有修饰关系，有时用"的"表示。例如：

我的书　北京人　今天的事情　荷塘月色　自由的人民　野生动物　一条河流

(2) 状中短语。由状语和谓词性中心语组成，其间有修饰关系，有时用"地"表示。例如：

马上离开　今天回来　屋里坐　这么写　往前走　悄悄地离开　非常远　三米高

4. 中补短语

由中心语和补语两个成分组成，补语附加在中心语后头，其间是补充关系。有的补语之前有"得"。例如：

碰伤　跑得快　走一趟　丢到九霄云外　美极了

5. 联合短语

由语法地位平等的两个或几个部分组成，其间是联合关系，可细分为并列、递进、选择等关系。一般是同一词性的词语相连。例如：

我和你　河流山川　听取并讨论　老人与海　勤劳勇敢　一个或两个　北京　上海　天津

以上五种短语跟句子和词的基本结构相同，是基本短语结构类型。

6. 连谓短语

由不止一个谓词性成分连用，谓词性成分之间没有语音停顿，没有上述五种结构关系，也不用任何关联词语。例如：

坐车回家　上街买菜　听着心烦　看了很高兴　接过自行车骑上跑了

7. 兼语短语

由前一个动词的宾语兼做后一动词或形容词的主语，形成一个宾语兼主语的兼语。有兼语的短语叫兼语短语。例如：

请他进来　派他去北京　有人不赞成　称他为神童　使他相信

8. 同位短语

由两部分组成，前后两部分的词语不同但所指相同，语法地位一样，共作一个成分。例如：

他们俩　广东音乐《雨打芭蕉》　我们大家
中国的首都北京　你们几位　游泳这种运动

9. 方位短语

由方位词直接附在名词性或动词性词语后面组成,主要表示处所、范围或时间,具有名词性。举例如下。

名词+方位词:院子里　大树下　村子东头
数词+方位词:三十以上　三十左右
动词/主谓+方位词:解放以前　开学以后　他来到这里以后

10. 量词短语

由数词或指示代词加上量词组成。举例如下。

指示代词+量词:这批　那封
数词+量词:三个　一斤

11. 介词短语

由介词附着在名词等词语前面组成。例如:
在从前　往天津　被小王　把东西　在改革中　在操场上
从心里　为身体健康　关于小王进修

12. 助词短语

(1)"的"字短语。由助词"的"附着在实词或短语后面组成,指称人或事物,属于名词性短语,能作主语、宾语。例如:
你的　他的　木头的　钢铁的　吃的　玩的　工作的　写字的
干活的　大的　红的　粗壮的　他写的　我要的　大家正在讨论的

(2)比况短语。由比况助词"一样、一般、似的"附加在其他词语的后边组成,表示比喻,有时也表示推测。例如:
疯了似的　死一般　瓢泼般的　木头一样　很高兴似的

(3)"所"字短语。由"所"字加在及物动词前面组成,指称动作所支配或关涉的对象,是名词性短语。例如:
所得　所见　所关心　所领导　所知道　所理解

二、短语的功能类型

短语有两个方面的功能:一方面是做句法成分,所有短语都能充当一个更大的短语里的组成成分;另一方面是成句,大部分短语加上句调就能独立成句。

短语的功能类型是由它跟别的词语组合时能充当什么句法成分,相当于哪类词决定的。常用作主语、宾语,功能相当于名词的叫作名词性短语;能作谓语,功能相当于谓词的叫作谓词性短语,通常以动词、形容词为中心。主谓短语常作谓语,归谓词性短语。

1. 名词性短语

名词性短语类别见表4-9。

表 4-9　名词性短语类别

类别	例词
名词性联合短语	过去、现在和将来、他和我、笔墨纸砚
定中偏正短语	他的书、南方的气候、爱国主义思想
同位短语	李斌老师、首都北京、伟大的文学家、革命家、思想家鲁迅先生
方位短语	桌子上、三年前、回家以后、天亮之前
物量词短语	一个、三件
"的"字短语	拉车的、钢铁铸成的、无穷无尽的、在校表现优秀的
"所"字短语	所见、所闻、所想到的、所不知道的

2. 谓词性短语

谓词性短语类别见表 4-10。

表 4-10　谓词性短语类别

类别	例词
谓词性联合短语	牵挂和思念、单纯质朴、讨论并通过
状中偏正短语	马上回来、一步一步地走、为人民服务、非常漂亮、三米长
动宾短语	想家、发展经济、上馆子、帮助她、接受批评、喜欢清静
中补短语	打死、来得及时、读三遍、美丽极了、好得很
主谓短语	阳光灿烂、粮食丰收、社会稳定、今天星期六、我是学生
连谓短语	去看他、回家吃饭、听到这个消息很吃惊
兼语短语	请朋友帮忙、有人不高兴、派他去侦察敌情、让你叫他来
比况短语	暴风雨一样、木头似的、触电一般

三、多义短语

短语和词一样，也有单义和多义之分。单义短语指只有一种意义的短语。多义短语指不止一个意义的短语。形成多义短语的根本原因是语言结构有限而语义无穷，直接原因是这些短语的结构关系和语义关系存在不确定性。

1. 结构关系不确定的多义短语

"学习文件"，既可看成动宾短语，也可以看成偏正短语中的定中结构。"写好"，既可看成中补短语，也可以看成主谓短语。类似的还有"研究计划""出口商品""进口机电产品"等。

一些比较复杂的短语，还会因为直接成分不确定和结构层次不确定引起多义现象。例如"学习雷锋的故事""两个工厂的职工""你和他的同学"等。

2. 语义关系不确定的多义短语

普通话主语和宾语都是既可以由施事充当又可以由受事充当，这就可能使主语、宾语和动词之间的语义关系产生不确定性,从而形成多义短语。例如"鸡不吃了"中,主语"鸡"既可理解为谓语"不吃了"的施事主语,也可以理解为受事主语,于是这个短语就既可以表示"不吃鸡了",也可以表示"鸡不吃食了"。同样,"他谁都认识",既可以表示"他认识许多人",也可以表示"许多人认识他"。类似的还有"反对的是李主任""对小王的批评"等。

有时,以上两种原因交织,也会形成结构关系和语义关系都不确定的多义短语。例如"咬死了猎人的狗",既可以理解为动宾短语,表示狗被咬死了,也可以理解为定中短语,表示猎人被咬死了。

多义短语的情况相当复杂,但在实际口语交际中,不少多义短语因为有停顿和重音的不同,可以化解多义,有些在上下文等语境中也可以消除多义,由多义变为单义。一般说来,由结构关系不确定而导致的多义短语可以通过停顿和重音来化解多义。例如,当人们说到"两个工厂的职工"的时候,如果在"两个"后边有较明显的停顿或延长,或者在"职工"前边有较明显的停顿,都能使这个短语不再具有多义性。又如"拿了五元钱出来",说话的时候把"出来"念轻声,意思相当于"拿出五元钱来",是动宾短语;如果"出来"的"出"不念轻声,整个短语就是连谓短语了。"我想起来了"也是如此。

由语义关系不确定导致的多义短语一般要通过上下文等语境因素才能消除多义。例如"鸡不吃了"前面有"我要走了",或者后面"你把鸡食拿走吧",这个短语就不再有多义了。"反对的是李主任"前面如果有"他不反对你",或"我不反对"等,这个短语的多义也都可以消除。语境也包括说话时的时空环境,如果地上躺着一条鲜血淋漓的狗,人们议论"咬死了猎人的狗"应该不会有多义的。

有时候,语境不能消除多义,就容易使人产生误解,误入歧途,因此多义也称"歧义"。在这种情况下,我们可以调整语序或适当增加词语使意义明确。如"他谁都认识"如果说成"谁都认识他"或"谁他都认识",就不会有歧义了。

第四节 句　子

句子是语言的基本运用单位。在交际过程中,词和短语只能表示一个简单或复杂的概念,句子才可以表达一个完整的意义。词和短语都可以成为句子,但词和短语都不是句子。一个句子不但具有一定的结构成分和结构方式,还必须有特定的语调。

一、句法成分

句法成分是短语和句子结构的组成成分。短语和句子都是由较小的语言单位逐层组装起来的,按照不同的结构类型中的结构关系可以定出不同的句法成分。句法成分往往是两两相对的,是同现的、互相依存的。汉语的基本句法成分有主语、谓语、动语、宾语、定语、状语、补语等。

1. 主语、谓语

多数完整的单句都是由主语和谓语两个成分组成的。主语是谓语陈述的对象,谓语陈述主语,两者之间有陈述关系。

主语可分为名词性主语和谓词性主语。名词性主语由名词性词语充当,包括名词、数词、名词性代词和名词性短语,多表示人或事物,在句首能回答"谁"或者"什么"等问题。

太阳‖从东方升起。(名词)
科学的春天‖到来了。(偏正短语)
母亲和宏儿‖都睡着了。(联合短语)
他‖松了一口气。(代词)
六‖是二的三倍。(数词)
个个‖是英雄。(量词重叠)

双竖线表示左边是主语,右边是谓语。

主语也可以由谓词性词语充当,谓词性词语包括动词、形容词、谓词性代词、谓词性短语。这种句子是以动作、性状或事情作陈述对象。例如:

去‖是正确的。(动词)
辱骂和恐吓‖绝不是战斗。(联合短语)
写得清楚‖不等于写得好。(中补短语)
向群众宣传‖是对的。(偏正短语)
我们讨论讨论‖好不好?(主谓短语)
俭朴‖是一种美德。(形容词)
聪明伶俐‖是他的天性。(联合短语)

就主语所表示的人、事物和谓语所表示的动作之间的语义关系来说,主语可概括为施事、受事、当事三种。

施事主语表示发出动作、行为的主体,主谓的语义结构及关系是"施事者+动作"的关系。例如:

小王‖已经吃完饭了。
鸟儿‖把窝搭在繁花嫩叶之中。
演员的表情‖抓住了每个观众的视线。

主语是施事的句子叫施事主语句,也就是主动句。

受事主语表示承受动作、行为的客体,也就是动作、行为所涉及的对象。主谓的语义关系是"受动者+动作"。例如:

信‖写完了。
饭‖吃过了。
他‖被人推醒了。

主语是受事的句子叫受事主语句,也就是被动句。

当事主语表示非施事、非受事的人或物。例如:

他们‖跑丢了一只猫。
这件事‖不能怪他。
东方‖升起了红太阳。

谓语对主语进行叙述、描写或判断,能回答主语"做什么""怎么样"或"是什么"等问题。谓语通常由谓词性词语充当,包括动词性词语、形容词性词语和主谓短语。有时也可以由名词性词语充当。

就谓语对主语的作用看,谓语可分为三大类。

一类着重于叙述,叙述主语所做的一件事情或与主语有关的一件事情,这类谓语通常由动词性词语充当。例如:

大家‖选他当代表。

大会‖研究了一系列现实问题。

一类着重于描写,即描写主语的性质状态等,这类谓语通常由形容词性词语(包括形容词性的主谓短语)充当。例如:

他的学问‖比我好。

小王‖性格开朗。

一类着重于判断说明,即说明主语的类属或情况。例如:

鲁迅‖是绍兴人。

冬至‖是北半球一年中白天最短的一天。

2. 动语、宾语

动语和宾语是共现共存的两个成分,谓语里如果有宾语,就会有动语。动语在前,表示动作行为,是支配、关涉后面宾语的成分。宾语表示人、物或事情,是动作所支配、关涉的对象。

宾语的构成材料跟主语相似,也分名词性宾语和谓词性宾语两种。名词性宾语很常见。谓词性词语则有一定的条件,只能出现在能带谓词性宾语的动词后边。例如:

有些人主张进攻。

谁说女子不如男子?

他受到了热烈欢迎。

从宾语和动语的语义关系看,可以把宾语粗略地分成三种:受事宾语、施事宾语、当事宾语。

受事宾语表示动作、行为直接支配关涉的人或事物,包括动作的承受者(如"打篮球")、动作的对象(如"告诉你")、动作所产生的结果(如"取得成绩")。

施事宾语表示动作、行为的发出者、主动者,可以是人或自然界的事物。例如"来了一位客人""出太阳了""天上飘着白云"等。

当事宾语表示施事、受事以外的宾语。

动语由动词性词语构成。根据动词带宾语的情况,可以把动词分成及物动词和不及物动词。能带受事宾语的动词叫及物动词(如"做、给、看");不能带受事宾语的叫不及物动词(如"休息、游行、来")。及物动词又可分为三种:只能带名词性宾语的叫名宾动词,如敲、摇、打扫、修理、采购等;只能带谓词性宾语的叫谓宾动词,如打算、认为、进行、予以、开始、意味着等;名宾、谓宾都能带的动词叫名谓宾动词,如看见、表明、得到、保证、担心、赞成等。

3. 定语

定语是名词性短语里中心语前面的修饰语。实词和短语大都可以做定语,例如:(男)同学、(他)哥哥、(一片)绿洲、(神奇的)土地、(戴眼镜的)先生。

根据定语和中心语的关系可以把定语大致分为描写性定语和限制性定语两类。描写性定语多由形容词性成分充当,主要是描绘人或事物的性质、状态,突出其某一特性,如"青春年华""绿油油的庄稼"等。限制性定语多由名词性词语、动词性词语和区别词充当,主要是给事物分类或划定范围,如"冬天的济南""穿着红上衣的女孩""野生动物"等。

定中短语整体加上定语就可形成多层定语,例如:"红玫瑰"是一个定中短语,如果给这个定中短语再加上一个定语"带刺的"就成了又一个定中短语,其中"带刺的"和"红"是不同层次的两个定语,如再加定语"一枝"成了"一枝带刺的红玫瑰"就又多了一层定语。多层定语的次序总是按逻辑关系来排列,跟中心语关系越密切的定语就越靠近中心语。

从离中心语最远的词语算起,多层定语的一般次序是:

（1）表领属关系的词语。（表示"谁的?"）
（2）表时间、处所的词语。（表示"什么时候?什么地方?"）
（3）指示代词或量词短语。（表示"多少?"）
（4）动词性词语和主谓短语。（表示"怎样的?"）
（5）形容词性词语。（表示"什么样的?"）
（6）表示质料、属性或范围的名词、动词。（表示"什么?"）

例如:

（我们学校的）（一位）（有三十多年教学经验的）（优秀）（语文）教师当选了。

4. 状语

状语是谓词性短语里中心语前面的修饰语。状语一般由副词、时间名词、能愿动词、形容词充当,介词短语、量词短语等也可以做状语。例如:［已经］过去、［大度地］说、咱们［北京］见、他［这么］说过、我［多次］去过北京、他［表情复杂地］看着我。

状语可粗分为限制性和描写性两类。限制性状语主要用来表示时间、处所、程度、否定、方式、手段、目的、范围、对象、数量、语气等;描写性状语主要是修饰谓词性成分的。

状语一般放在主语后面,一些表示时间、处所、范围、情态、条件、关涉对象的状语有时也可以出现在主语前面,特别是由"关于"组成的介词短语作状语,只能出现在句首。放在句首的状语叫句首状语。例如:

［昨天］我们去了郊外。

［在价格方面］,他们也格外关照。

［关于目前的形势］,我们已经作了详细的分析。

那些可以有两种位置的状语,放在句首时常常有特别的作用,或者是强调状语,或者是照顾上下文连接,或者是状语较长,放在句首使句子更紧凑。

状中短语整体加上状语,就会形成多层状语。例如:

许多代表［昨天］［在休息室里］［都］［热情地］［同他］交谈。

多层状语的排列次序取决于谓语内部的逻辑关系和表意需要,位置不太固定,有时候位置不同,意思就不一样,例如:"都不去"和"不都去"、"不很好"和"很不好"意思都相差很大。多重状语的一般次序:

（1）表示时间的名词（指明何时）。
（2）表示处所的介词短语（指明何地）。

(3) 表示范围的副词(指明什么范围)。
(4) 表示情态的形容词(指明怎样)。
(5) 表示对象的介词短语(指明同谁)。

5. 补语

补语是动词、形容词性短语里中心语后面的补充成分。如"写<错>了""好<极>了"。

补语可以由谓词性词语、数量短语和介词短语充当。谓词性词语充当补语有的要用"得"字,有的直接加在中心语之后。数量短语和介词短语充当补语都是和中心语直接组合的。

补语和中心语的语义关系见表 4-11。

表 4-11　补语和中心语的语义关系

类　　别	例　　子
结果补语	哭<肿>了眼睛、打<完>球、叫<醒>我
程度补语	痛快<极>了、乐<坏>了、高兴得<跳起来>
状态补语	听得<津津有味>、想得<太简单>、感动得<热泪盈眶>
趋向补语	走<过去>、掏<出>九文大钱拿<来>一支笔
数量补语	走<一趟>、看<几眼>、住了<三天>
时间处所补语	这事发生<在 1949 年>、送<到学校大门口>
可能补语	吃<不得>、这事耽搁<不得>、进<得去>

补语和宾语都在动词后面,两个成分同时出现时,就有个排列顺序的问题。补语和宾语的位置关系见表 4-12。

表 4-12　补语和宾语的位置关系

类　别	用　　法	例　　子
先补后宾	补语在宾语前,这是最常见的顺序	猜得<到>你们的心思 走<出来>一位大妈 回<一趟>家
先宾后补	补语在宾语后,一般只有数量补语和趋向补语有这种用法	等了你<三个小时> 回学校<一趟> 拿支铅笔<来> 回屋里<去>
宾在中间	宾语在两个趋向补语中间	拿<出>书<来> 读<起>书<来>

6. 独立语

句子中有些词语跟它前后的词语没有结构关系,不互为句法成分,位置一般比较灵活,可以出现在句首、句中或句末,这就是独立语。从表意作用看,独立语有下列四种。

(1) 插入语。插入语的作用是使句子严密化,补足句意,包括说话者对话语的态度,或引起听话者的注意。插入语在句子中的具体作用见表 4-13。

表 4-13 插入语在句子中的具体作用

作　　用	示　　例	例　　子
表示肯定或强调的口气,表明说话者那种不容置疑的态度	毫无疑问、不可否认、不用说、十分明显……	毫无疑问,我们应当批评各种各样的错误思想。
表示对情况的推测和估计,对所说事情的真实性不作完全的肯定,留有重新考虑的余地,口气比较委婉	看来、看样子、说不定、我想、充其量、往少里说……	我看樱花,往少里说,也有几十次了。
表示消息来源	听说、据说、据报道……	据说,最美的城市在山与湖之间。
为了引起对方注意,或希望对方接受自己的见解,又不愿意用强调的语气	请看、你想想、你瞧、你说……	事情明摆着,你看,我们还能不管?
表示对句意的附带说明	严格地说、一般地说、不瞒你说、说句笑话、说实在的……	这种埋头做事、不动脑筋的人,简直是——说得不客气一点——跟木头人一样。
表示总括性意义,点明下文是对上文归总而来的结论	总之、总而言之、总的说来、一句话	姐姐叫他用功点,他照样偷懒……总之,家里人的耐心劝告,他都当作耳边风。

(2) 称呼语。称呼语用来称呼对方,引起注意。例如:这道题是不是这么做,老师?

(3) 感叹语。感叹语表示感情的呼声,如惊讶、感慨、喜怒哀乐等感情和应答等。例如:好,就这么定了!

(4) 拟声语。拟声语模拟事物的声音,给人以真实感,用来增强表达效果。例如:呜——呜——火车鸣着汽笛从远处开来。

二、句类

根据句子的语气分出的类别是句子的语气类,也叫句类。普通话句类有陈述句、疑问句、祈使句、感叹句四种。

1. 陈述句

叙述或说明事实的具有陈述语调的句子叫陈述句。陈述句在语气上属平直调或者缓降调,有时带语气词"了、的、呢、罢了、嘛、啊"等。陈述句是思维最一般的表现形式,也是使用最广泛的一种句子。例如:

我的侄女昨天下午从乡下来了。

他不会去的。

收获不小呢。

陈述句一般表示说话人对客观事物的衡量,所以陈述句有肯定形式和否定形式的分别。同一事物或意思虽然可以用肯定句表示,也可以用否定句表示,但两者语意的轻重、强弱有别。例如"这个同学成绩好"和"这个同学成绩不坏"两句的基本意思相同,可是肯定的说法语意强些,否定的说法语意弱些。

有时候肯定的形式可以用"双重否定"来表示。双重否定的陈述句常在一句话里用两个互相呼应的否定词,如"不……不""没有……不""非……不"等。双重否定的句子跟相应的单纯肯定的句子意思并不完全一样。如"他不会不同情我的"和"他会同情我的"意思虽然差不多,但双重否定句比较委婉些。又如"他不能不去"的意思不是"他能去",而是"他必须去"。再如"我非把这本书念完不可"意思和"我要把这本书念完"的意思差不多,但语气更坚决、确定。口语中"非得……""非要……"跟"非……不可"相同,也是双重否定。

2. 疑问句

表示提问,具有疑问语调的句子叫疑问句。有疑而问的叫询问句,无疑而问的叫反问句。在语气上,疑问句一般有一个缓升的语调。

疑问句根据表示疑问的手段不同可以分成四类:是非问、特指问、选择问、正反问。

是非问的结构像陈述句,只是要用疑问语调或兼用语气词"吗""吧"等,不能用"呢"。回答是非问句,只能对整个命题作肯定或否定。例如:

这事你知道吗?

你明天能来吧?

今天十五了?

特指问用疑问代词(如"谁、什么、怎样")来表明疑问点,说话者希望对方就疑问点作出答复。例如:

谁同意了?

明天我们什么时候出发啊?

这句话怎么理解呢?

口语中有些疑问句虽然没有疑问代词,但实质上同样规定了回答的内容,也属于特指问。例如:

我的书包呢?(我的书包在哪儿?)

没见到他呢?(要是没见到他,该怎么办?)

选择问用复句的结构提出不止一种看法供对方选择,用"是……还是"连接分句。例如:

打篮球呢,还是打排球?

今天星期三,还是星期四?

是光我一个人呢,还是还有别人?

正反问由谓语的肯定形式和否定形式并列构成。例如:

你看这简单不简单?

你是不是工人?

你去过北京,是不是?

在口语中正反问更多用一些简化的形式,一般省去后一个谓词。例如,以上三个正反问相当于:

你看这简单不?

你是工人不是?

你去过北京,是不?

反问句是无疑而问,不要求回答。反问句的反问口气相当于否定口气,因此,否定格式的反问句是肯定的意思,肯定格式的反问句是否定的意思。例如:

这样的话谁不会说?(这样的话谁都会说。)
事情就出在你们村里,你会不知道?(你应该是知道的。)
这么小的孩子就懂得礼貌,你说可爱不可爱?(真可爱。)

3. 祈使句

要求对方做或不要做某事的句子叫祈使句。它可以分为两大类:一类是命令、禁止;另一类是请求、劝阻。这两类句子都用降调,但语气词等的运用略有不同。

表示命令、禁止的祈使句一般带有强制性,口气强硬、坚决。这种句子经常不用主语,结构简单,语调急降而且很短促,一般不用语气词。例如:

立正!
不许动!
不得随地吐痰。

表示请求、劝阻的祈使句包括请求、敦促、建议、劝阻等。也用降语调,但往往比较平缓。表请求时,多用肯定句,常用语气词"吧"或"啊",用"吧"带有商量的口气,用"啊"略带敦促的意味。表示劝阻时,多用否定句,常用"甭""不要""别"等词语和语气词"了""啊"。例如:

还是你来读吧。
走啊,天快黑了。
请您谈谈吧。
甭提了!
别太大声,啊!

4. 感叹句

带有浓厚的感情的句子叫感叹句,它表示快乐、惊讶、悲哀、愤怒、厌恶、恐惧等浓厚的感情。感叹句一般用降语调。

有的感叹句由叹词构成。例如:

哈哈!(终于找到了!)——表喜悦
哦!(我想起来了!)——表醒悟
咦!(怎么不见了?)——表诧异
呸!(胡说!)——表鄙视

有时是用一个名词或名词性短语跟"啊""哪""呀"等感叹词结合起来表示感叹的语气。例如:

天哪!
我的妈呀!
上帝啊!

有的感叹句是不带祈使意味的口号、祝词。例如:

祝您旅途愉快!

中华人民共和国万岁！

更多的感叹句中有"多、多么、好、真"等副词或"这、那么、这样、那样"等代词修饰形容词，句尾有语气词。例如：

多么宏伟的蓝图啊！

你真了不起啊！

哪有这么不讲理的事！

三、句型

句型是句子的结构类，是根据句子的结构特点分出的句子类型。根据句子的结构，首先可以把句子分成单句和复句，这里主要介绍单句的句型。

单句可以分为非主谓句和主谓句。

分不出主语和谓语的单句叫非主谓句，它由主谓短语以外的短语或单个词加上句调形成。非主谓句有名词性的、动词性的和非名词性的。

名词性的如：

小王！（表示呼唤、称呼）

多么壮丽的山河啊！（表示赞叹）

动词性的如：

出太阳了。

禁止吸烟！

形容词性的如：

好极了！

太妙了！

此外，叹词、拟声词也可以构成非主谓句。

非主谓句不同于省略句，省略句是由于语境的帮助因而省略了某些成分。例如祈使句就经常省略主语，这个主语是确定的，如果要补上就可以准确地说出来，听话的人也总是加上这些特定的主语去理解。而非主谓句中没有主语则不需补出，或无法补出，因为它本身就是完整的。

由主语、谓语两个成分构成的单句叫主谓句。从谓语的构成看，主谓句可以分成动词谓语句、形容词谓语句、名词谓语句和主谓谓语句四种。四种句型中，动词谓语句在日常交际中占很大比重，是汉语交际中最常见的句型。

下面介绍主谓句中的几种句式。

1. "把"字句和"被"字句

"把"字句是指谓语动词前头用介词"把"引出受事，对受事加以处置的一种主动句，又叫处置句。"被"字句是指在谓语动词前，用介词"被（给、叫、让）"引出施事或单用"被"的被动句。例如：

一般主动句：风吹跑了树叶。

"把"字句：风把树叶吹跑了。

"被"字句：树叶被风吹跑了。

并不是任何主动句都可以变换成"把"字句和"被"字句,它们有自己构成和应用的条件。

(1)动词一般都是有处置性的,即动词所表示的动作对受事施加影响,使它产生某种结果,发生某种变化,或处于某种状态。而且动词前后总有别的成分,一般不能单独出现,尤其不能出现单音节动词。

(2)句中的受事,即"把"的宾语或"被"字句的主语必须是既定的、已知的人或事物,有时前面会带上"这、那"一类的修饰语。例如"把书拿来""把那支笔带来""书被他弄破了""那支笔被弄丢了",这里的"书"和"笔"是确定的某些书、某些笔。

(3)"把"字短语或"被"字短语与动词之间不能加能愿动词以及表否定、时间的副词。这些词只能置于"把"字或"被"字之前。例如不能说"他把青春愿意献给家乡""我把作业没有做完""他被困难没有吓倒""这件事被人已经传出去了"等。

"把"字句把受事提到动词前,有强调动作结果的作用。用"被"字句则有强调受事的作用。

在特定的上下文里,为了使前后分句的主语保持一致,为了使叙述重点突出,语意连贯,也应考虑选择主动句还是被动句。

2. 双宾句

谓语中心之后先后出现指人和指事物两种宾语的句子叫双宾句。例如"给我一本书",动词"给"带了"我"和"一本书"两个宾语。两个宾语前一个叫近宾语,意义上一般指人;后一个宾语叫远宾语,一般指物或事情。

双宾语的动词要有"给出""取进""询问""称说"等意义,大都表示"谁给谁什么"等意思。近宾语一般指人,回答"谁"的问题,靠近动词,中间没有间歇,常由简短的代词、名词充当;远宾语一般指事物,回答"什么"的问题,远离动词,前头可以有语音间歇,一般比较复杂,可以由词、短语、复句等形式充当。

3. 变式句

句子中各个成分处于通常的位置上的是常式句,为了强调、突出等语用目的而颠倒原有语序的是变式句,也叫倒装句。颠倒了的成分可以恢复原位而句意基本不变,句法成分不变。常见的变式句有主谓倒置,定语、状语和中心语倒置。

主语在前,谓语在后,这是一般的语序。有时也会颠倒过来,谓语前置,这种现象多见于疑问句、祈使句和感叹句。例如:

怎么了,你?

出来吧,你们!

写得多好啊,这篇文章!

这种变式往往是为了强调谓语,或者是说话急促而先把重点说出,然后追加主语。这类句子当中谓语和主语之间有个明显的停顿,主语一般读轻声。

修饰语一般用在中心语前边,有时,也会放到中心语之后。例如:

我们曾经抵制过那些坏作品,色情的和暴力描写的。

学生们都跑来了,从操场上,从教室里,从学校的每个角落。

后置的定语、状语大都是联合短语。这往往是为了突出它,有时是为了调整句序,使语句显得简洁,有时为了强调状语,也会把它放后,如"十二点了都""下班了,已经"。

4. 省略句

口语交际中,只要不致误解,往往会省略一些不言自明的成分。如果离开了这个语境,意思就不清楚,必须填补一定的词语才行,而且只有一种添补可能,这就是省略,多因对话、上下文、避重复、表祈使而省略。例如:

问:他去哪儿了?答:(他)回家了。
问:谁敲门?答:我(敲门)。
问:儿子吃过饭了吗?答:(他)吃过(饭)了。

四、复句

复句是由两个或两个以上意义相关、结构上互不做句子成分的分句组成的。分句是结构上类似的单句而没有完整句调的语法单位。复句中的各个分句之间一般有停顿。如:海棠花才落,杏花又开了;河不深,可是水太冷;明天不下雨,我们上西山去。这三个复句各包含两个分句。同一复句里的分句,说的是有关系的事。一个复句只有一个句终语调,不同于连续的几个单句。

复句各分句的主语可以相同,也可以不同。主语相同时一般可以省略一个主语,例如"亲眼去看,你就知道那里的海滩有多美。"但是为了强调或突出主语,也可以不省略,例如"时间就是生命,时间就是速度,时间就是力量。"

复句中分句之间的关系有时用关联词语来表示,叫关联法;有时不用或不能用关联词语表示,叫意合法。日常口语中多用意合法,较庄重的口语(如辩论、演讲等)和书面语中多用关联法。

根据分句间的意义关系划分,复句可以分为联合复句和偏正复句两大类。

(一) 联合复句

联合复句内各分句意义上平等,无主从之分。又分为并列、顺承、解说、选择、递进五个小类。

1. 并列复句

两个或两个以上的分句分别陈述有关联的几种事物,或者几件事情,或一件事情的几个方面,分句之间是平行相对的并列关系。常用关联词语是:既……又……,还,也,同样,不是……而是……,是……不是……,同时,一方面……一方面……,有时……有时……,有的……有的……。例如:

它既不需要谁来施肥,也不需要谁来灌溉。
我们不是要空话,而是要行动。
从门到窗子是七步,从窗子到门也是七步。

2. 顺承复句

前后分句按时间、空间或逻辑事理上的顺序说出连续的动作或相关的情况,分句之间有先后相承的关系。常用关联词语有:就,便,才,又,于是,然后,接着,首先(起初)……然

后……,继而。例如:

他们俩手拉着手,穿过树林,翻过山坡,回到草房。
起初他们问我个人的情况,然后又问到有关革命形势的一些问题。
吃过了饭,老秦跟小福去场里打谷子。

3. 解说复句

分句间有解释说明、总分的关系。解说关系一般不用关联词。例如:

我们的祖先在历史的黎明时便幻想出一个神话式的人物,叫大禹。
调查有两种方法:一种是走马观花,一种是下马观花。
对自己,"学而不厌",对人家,"诲人不倦",我们应取这种态度。

4. 选择复句

两个或两个以上的分句,分别说出两件或几件事,并且表示从中选择一件或几件,分句之间就构成选择关系。可以分成两类:一类是说话者在几件事中没有选定,叫"未定选择";另一类是说话者在几件事中已经选定,叫"已定选择"。

未定选择的关联词主要有:或者……或者……,不是……就是……,要么……要么……,或许……或许……,可能……可能……,也许……也许……。例如:

武松这一去,或者把老虎打死,或者被老虎吃掉,别无选择。

已定选择的关联词主要有:与其……不如……,宁可……也不……。例如:

我们宁可挨批评,也不能昧着良心去宰客啊!

5. 递进复句

后面分句的意思比前面分句的意思进了一层,分句之间是层进关系。常用的关联词有:不但(不仅、不只、不光)……而且(还、也、又)……,尚且……何况(更不用说、还)……,况且。例如:

这种桥不但形式优美,而且结构坚固。
桥的设计完全合乎原理,施工技术更是巧妙绝伦。
他这样胆小的人尚且不怕,我还怕吗?

(二) 偏正复句

偏正复句各分句间意义有主有从,正句即主句,是句子的正意所在;偏句是从句,意义从属于主句。偏正复句又分为转折、条件、假设、因果、目的五小类。

1. 转折复句

后一分句的意思不是顺着前一个分句的意思说下去,而是作了一个转折,说出同前一分句相反、相对或部分相反的意思来。分句之间构成转折关系。常用关联词有:虽然(虽、尽管)……但是(但、可是、却、而、还是)……,但是,但,然而,只是,不过,倒,竟然。转折关系还可分为"重转""轻转""弱转"三类。例如:

虽然我一见便知是闰土,但又不是我记忆上的闰土了。(重转,成对使用关联词)
他年纪小,可胆量不小。(弱转,单用关联词)
矛盾是普遍存在的,不过由于事物的性质不同,矛盾的性质也就不同。(弱转,用承上

关联词)

2. 条件复句

条件复句是指前一个分句提出一个条件,后一个分句说明这个条件一旦实现所产生的结果。条件复句分为有条件的复句和无条件的复句两类,有条件的复句又分充分条件复句和必要条件复句两类。充分条件常用关联词语有:只要(只需、一旦)……就(都、便、总)……,就,便。例如:

只要专注于某一项事业,就一定会做出让自己也感到吃惊的成绩来。

必要条件复句常用关联词语有:只有(除非、唯有)……才(否则、不)……。例如:

只有具备了"明知山有虎,偏向虎山行"的胆识,才能昂首阔步于成功的大道上。

无条件复句关联词语要成对使用,主要有:无论(不管、不论、任凭)……都(总、也)……。例如:

无论你什么时候到站,都有人热情接待。

3. 假设复句

假设复句是指前一个分句提出假设,后一个分句表示假设实现后所产生的结果。假设关系分一致关系和相背关系。表示一致关系的关联词语有:如果(假如、倘若、若、要是、要、若要、假若、如若)……就(那么、那、便、那就)……,则,那么。例如:

谁如果要鉴赏我国的园林,苏州园林就不该错过。

表示相背关系的关联词语有:即使(就是、就算、纵然、哪怕、即便、纵使)……也(还、还是)……,再……也……。例如:

宝石哪怕混在垃圾堆里,也仍然晶莹夺目。

4. 因果复句

因果复句是指一个分句说明原因,另一个分句说出结果。因果复句可分为说明因果关系的复句和推论因果关系的复句。

在说明因果关系的复句里,一个分句说明原因,另一分句说明由这个原因产生的结果,因和果是客观事实。常用关联词有:因为(因)……所以(便)……,由于……因而……,因此,故此,故而,之所以……是因为……。例如:

因为今天进城要办的事很多,所以天刚亮他就出门了。

推论因果关系的复句里,一个分句提出一个依据或前提,另一分句由此推出结论,结论是主观判定的,不一定是事实。常用关联词有:既然(既是)……就(那就、便、又何必)……,可见。例如:

既然产品又好又适用,就一定畅销。

5. 目的复句

目的复句是指一个分句表示行为,另一个分句表示行为的目的。常用关联词语有:为了,以便,以,用以,好,为的是,以免,免得,省得。例如:

晚上大家好好休息,明天我们好爬山。

这段时间校卫要好好检查校园设施,以免出现安全事故。

第五章　普通话朗读训练

朗读就是朗声读书,即运用普通话把书面语言清晰、响亮、富有感情地读出来,变文字这个视觉形象为听觉形象。朗读是一项口头语言的艺术,需要创造性地还原语气,使无声的书面语言变成活生生的有声的口头语言。对于教师来说,朗读是一项基本功。成功的朗读,不仅可以帮助人们"正音""练声"及训练听辨能力,提高人们的"用声水平",同时能有效地运用多种语音形式和手段准确、鲜明、形象地再现作品的思想内容,从而打动学生,帮学生正确地理解课文。适合于朗读的表演表达技巧,通常也适用于说话。朗读与说话的用声规律相同。

第一节　朗读的要领

一、读准字音,念准词句

要读准字音,念准词句,首先要熟悉朗读材料。这是进行朗读的第一步。要熟悉朗读材料,就要从以下几个方面着手。

(1)语音标准,发准声母、韵母、声调,念准音节,掌握好变调、儿化、轻声等的正确读法,对不认识、不懂的语句一定要弄明白,才能发准字音,熟练流畅,才能做到不漏字、不增字、不回读、不吃字,速度适中。

(2)把握句意。把握句意是朗读流畅的保证,这样才能避免停顿、连接不当。停顿不当会产生歧义或导致意思不通顺。

(3)声音要响亮。响亮是一个相对的概念,它不是要求绝对的声音高,而是要有足以让人听清楚的音量。特别是目前采用计算机辅助普通话水平测试,如果声音不响亮会造成录音失败而影响评分。

二、深入理解作品,表达感情

朗读前要反复揣摩、正确理解文章的中心思想,深入理解作品的时代背景和作者的思想状况。仔细推敲内涵,掌握语体风格。理解作品的思想情感是朗读的基础,理解深刻才能正确表达情感,才能感染和打动听众。

三、掌握朗读技巧,熟悉普通话节律

在把文字这种视觉形态转化为声音这种听觉形态的再创造过程中,重音、停连、句调、节奏是朗读的重要外部技巧。

(一) 重音

1. 重音的概念

在朗读中,为了突出主题、表达思想、准确地表达语意和感情,强调和突出一些起重要作用的音节或词语或短语,被强调和突出的音节和短语就叫重音。重音能把感情的起伏、气氛的变化表达出来,增强语气的节奏感。

在朗读中,不同的重音位置,表达不同的语意。例如:

我是广技师的学生。(强调广技师的学生是"我")

我是广技师的学生。(强调"我"的广技师学生身份是不可置疑的)

我是广技师的学生。(强调"我"这学生身份的所属)

我是广技师的学生。(强调"我"的学生身份)

2. 重音的分类

重音可分为语法重音和强调重音两类。

(1) 语法重音:是由语句的结构自然表现出来的重音,有规律可循,位置也比较固定。如一般语句中,谓语、中心语的修饰部分,疑问代词和揭示代词都是语法重音。例如:

东风来了,春天的脚步近了。

现在正是枝繁叶茂的时节。

爸不懂得怎样表达爱。

谁能把花生的好处说出来?

(2) 强调重音:又叫逻辑重音。是为了突出表达某种思想感情而把语句中的某些词语加以强调的音。例如:

在这幽美的夜色中,我踏着软绵绵的沙滩,沿着海边,慢慢地向前走去。海水,轻轻地抚摩着细软的沙滩,发出温柔的唰唰声。

强调重音一般没有固定的位置,它是根据表意的内容和需要来确定的。一般说来,突出话语重点、能表明语意内容的,表示对比、并列、照应和递进等关系的,表达某种强烈感情和比喻性的词句都是重音。

3. 重音的表现方式

重音是相对于非重音而言的,非重音是为了突出重音而铺垫的,没有非重音就谈不上重音。汉语重音的表现方式大致有以下几种。

(1) 弱中见强法。例如:

花生做的食品已经吃完了,父亲的话却深深地印在我的心上。

(2) 低中见高法。例如:

让暴风雨来得更猛烈些吧。

(3) 中转虚法(重音轻读,将重音低沉地轻轻突出,拉长音节)。例如:

小草偷～偷～地从土里钻出来,嫩嫩的,绿绿的。

(4) 快中见慢法。例如:

如今我离去了,小河被我远～远～地抛在故乡,可我永～远～地思念着你,小～河～

（二）停连

1. 停连的概念

停连是在朗读过程中声音的停顿和连接。在朗读时，我们不能一字一停，也不能字字相连，一口气念到底，朗读中的停连是必不可少的。停顿处理得好，可以帮助表达句子的逻辑关系，加强语言的节奏感，更好地传达语句的意思，使朗读者更充分准确地表情达意。

2. 停连的分类

停顿可以按逻辑停顿，分为标点停顿、词语停顿和句际停顿。

（1）标点停顿。

标点停顿时值大小如下：句号、问号、叹号长于分号、冒号，分号、冒号长于逗号，逗号长于顿号。

如下面短文："/"表示停顿，"//"表示停顿的时间稍长。

天空变成了浅蓝色，/很浅很浅的；/转眼间天边出现了一道红霞，/慢慢儿扩大了它的范围，/加强了它的光亮。//我知道太阳要从那天际升起来了，/便目不转睛地望着那里。

句子中的标点停顿要比标点符号所能表示出来的停顿细致得多。有些句子中的标点虽然相同，停顿的时间却不一样；有时由于表达感情的需要，在有标点的地方也可能不停顿。

（2）词语停顿。

词语停顿的层级关系大致如下：词语＜句子＜句群＜段落＜篇章。

（3）句际停顿。

句际停顿有两种情况：一是完全句之间的停顿较长；二是分句间的停顿较短。

3. 停连的表现方式

停连的表现方式有两种：一是停；二是延。停，就是停歇，停的时间长短主要与语言结构层次的大小有关。延，就是延长，与语境、语气有关。

（三）句调

1. 句调的概念

句调也称语调或语气，是指整个句子的高、低、抑、扬变化。汉语的句调特别显示在语句末的音节（末尾有语气助词即轻声音节时，就落在倒数第二或倒数第三个音节上）。例如：

行？　行吗？　行了吗？
行！　行吧！　行了吧！

2. 句调的基本类型

（1）平调：常表示不明确的意义，或是沉浸在深思中，也用来表示严肃、冷淡、叙述的语气。最常见的如天气预报、宣读评分标准、介绍人物生平等。例如：

今天上午到明天多云，有阵雨，西北风3～4级。明天最高温度25℃，最低温度18℃。

（2）升调：常用于疑问、反问、惊异、命令、呼唤、句中暂停等语境。例如：

疑问：那是谁？又藏在何处呢？

反问：你以为这是什么车？旅游车？

惊异：啊？胡主席？来广州了？

命令：快走！

呼唤：孩子！小心啊！别把手指割掉！

句中暂停：在船上，为了看日出，我特地起个大早。

（3）降调：表现在句末音节的调值下降明显且音长变短。常用于陈述、肯定、允许、祈使、感叹等语气；疑问代词在句首的特殊疑问句也常用降调；句中往往先扬后抑，以降调收尾。例如：

你站住！

谁能负这个责任？我！

读小学的时候，我的外祖母过世了。

（4）曲调：通常是先升高再降低或先降后升。常表示夸张、含蓄、嘲讽、反语等。例如：

你来当班长！——我？！（语调曲折）

（四）节奏

1. 节奏的概念

节奏就是朗读过程中语音快慢、强弱、轻重、高低、长短的有规律的回环往复。节奏掌握得好，可以准确而充分地表达作品的思想感情，形象而生动地传达朗读者的本意，增强朗读的感染力。一般根据朗读的内容和朗读者表达感情的需要来确定。通俗地说，节奏包括三个方面的内容：一是抑扬顿挫，不仅有高低变化，还有停连、转换的变化；二是轻重缓急，不仅有声音的力度，还有声音的速度，更有力度、速度的承续、主从、分合和对比；三是声音行进、语言流动中的回环往复的特点，这是节奏的核心，体现了节奏质的规定性。

2. 节奏的基本形式

（1）音节均匀。例如：

看。像牛毛，像花针，像细丝，密密地斜织着。

和新朋友会谈文学、谈哲学、谈人生道理等，和老朋友却只话家常，柴米油盐，细细碎碎，种种琐事。

（2）长短交替。例如：

小草偷偷地从土里钻出来，嫩嫩的，绿绿的。园子里，田野里，瞧去，一大片一大片满是的。坐着，躺着，打两个滚儿，踢几脚球，赛几趟跑，捉几回迷藏。风轻悄悄的，草软绵绵的。

（3）平仄匹配。例如：

　　　　　　白日依山尽，（仄仄平平仄）

　　　　　　黄河入海流。（平平仄仄平）

　　　　　　欲穷千里目，（仄平平仄仄）

　　　　　　更上一层楼。（仄仄仄平平）

(4) 声韵复沓。例如：
　　　　　　　宛如春水淙淙。（重言）
　　　　久而久之都会转化为亲情。（双声）
　　　　　起初四周非常清静。（叠韵）
　　冬日麦盖三层被,来年枕着馒头睡。（押韵）

(5) 反复回旋。例如：
　　　　大堰河,在她的梦没有做醒的时刻死了。
　　　　　她死时,乳儿不在她的旁侧,
　　　　她死时,平时打骂她的丈夫也为她流泪……

(6) 层层递进的意念拓展。详见朱自清的《春》。

3. 节奏转换的基本方法

节奏转换包括快慢转换、抑扬转换、轻重转换等,几种方法相互交叉,相互作用,形成具体作品各具特色的节奏转换,基本方法有：欲扬先抑与欲抑先扬；欲快先慢与欲慢先快；欲轻先重与欲重先轻。

细读以下几例,体会语速与诸因素的关系。

起先,这小家伙只在笼子四周活动,随后就在屋里飞来飞去,一会儿落在柜顶上,一会儿神气十足地站在书架上,啄着书背上那些大文豪的名字；一会儿把灯盏撞得来回摇动,跟着逃到画框上去了。

读小学的时候,我的外祖母去世了。外祖母生前最疼爱我,我无法排除自己的忧伤,每天在学校的操场上一圈又一圈地跑着,跑得累倒在地上,扑在草坪上痛哭。

总的来说,真正好的朗读是忠于作品,创造性地表现作品,从而达到准确朴实的要求。

第二节　朗读的基本要求与技巧

一、朗读的基本要求

普通话测试中作品朗读的语言既不同于生活口语,也明显区别于朗读、演讲、播音、讲故事的语言（在表达上,朗读没有艺术性的夸张和态势语的语用；声音的处理上,不必绘声绘色、角色化等）。作品朗读要求用朴实的语言,恰如其分地表现作品的内容。普通话水平测试的作品朗读,基本特征为朴实、规范、情感适度、语速适中、流畅自然。具体要求是"规范、准确、自然"。

1. 规范

朗读作品要求应试者除了忠于作品原貌,不添字、漏字、改字、回读外,还要求朗读时在声母、韵母、声调、轻声、儿化、音变,以及语句的表达方式等方面都符合普通话语音的规范。

(1) 注意普通话和方言在语音上的差异。普通话和方言在语音上的差异,大多数的情况是有规律的。这需要平时多查字典和词典,加强记忆,反复练习。在练习中,不仅要注意声韵调方面的差异,还要注意轻声词和儿化韵的学习。

(2) 注意多音字的读音。一字多音是容易产生误读的重要原因之一，我们必须十分注意。多音字可以从两个方面去注意学习。第一类是意义不同的多音字，要着重弄清它的各个不同的意义，从各个不同的意义去记住它的不同的读音。第二类是意义相同的多音字，要着重弄清它不同的使用场合。这类多音字大多数情况是，一个音使用场合"宽"，一个音使用场合"窄"，只要记住"窄"的就行。

(3) 注意由字形相近或由偏旁类推引起的误读。由于字形相近，由甲字张冠李戴地读成乙字，这种误读十分常见。由偏旁本身的读音去类推一个生字的读音而引起的误读，也很常见。所谓"秀才认字读半边"闹出笑话，就是指的这种误读。

(4) 注意异读词的读音。普通话词汇中，有一部分词（或词中的语素），音义相同或基本相同，但在习惯上有两个或几个不同的读法，这些被称为"异读词"。这就要求参照《异读词审音表》加以训练。

2. 准确

准确是指在朗读时，要能充分领会文章的内容，理顺文章的整体布局，弄清文章的体裁和表达方式，恰到好处地运用各种朗读技巧，表意准确。特别是在朗读技巧上要做到停连、重音的位置准确、恰当，语流、轻音娴熟自然，语速、节奏变化及语调的选择要准确，不出现歧义及忽快忽慢的现象。

3. 自然

自然是指作品朗读过程中，情感得体，语句连贯、流畅、自然、不夸张，不出现一字一蹦、一词一蹦的现象，也不出现回读现象等。朗读要做到自然、流畅须处理好几个关系：一是朗读与朗诵的关系，朗诵是舞台表演，可用态势语言来强调表达效果；二是朗读与生活语言的关系，朗读不能任意拿腔作调；三是朗读与日常说话的关系，朗读不能随心所欲，脱离文章。

二、朗读技巧

朗读技巧是在朗读活动中所运用的一切表达方法，是实现朗读目的的必要手段，是朗读时为了使声音清晰洪亮、为了增强语音的感染力，更恰当地传情达意而使用的一些技巧和方法。朗读技巧主要包括两部分：一是内部技巧；二是外部技巧。

（一）朗读的内部技巧

朗读的内部技巧是指对作品的正确理解和感受。具体包括以下四个部分。

1. 形象感受的运用

朗读者要学会在作品形象性词语的刺激下，感触到客观世界的种种事物及事物的发展、运动状态，使情、景、物、人、事、理的文字符号在内心跳动起来。朗读者的形象感受，来源于作品中的词语概念对朗读者内心刺激而产生的对客观事物的感知、体会、思考，"感之于外，受之于心"。朗读者要善于抓住那些表达事物形象的词语，透过文字，"目击其物"，好像"看到、听到、嗅到、尝到、伸手即可得到"一样，使形象在内心"活"起来，形成"内心视像"。朗读者自身的经历、经验和知识积蓄是形成"内心视像"的重要条件。朗读者要善于发挥记忆联想和再造想象的能力，以增强有声语言的强烈感染力。

2. 逻辑感受的运用

朗读者要学会将作品中的主次、并列、转折、递进、对比、总括等内容,在逻辑感受过程中转化为自己的思路,进而形成内心的"语流",以增强有声语言的征服力。朗读时,作品中的概念、判断、推理、论证,以及全篇的思想发展脉络、层次、语句之间的内在联系,在朗读者头脑中形成的感受,就是逻辑感受。逻辑感受主要体现在两个方面:语言目的要明确,不能似是而非;语言脉络要清晰,不能模棱两可。语言目的必须抓住语句、篇章的真正含义,挖掘实质。语言脉络指的是上下衔接、前后呼应、贯通文气、连接层次语句,文中起着"鹊桥"作用的虚词是获得逻辑感受的重要途径。

3. 内在语的运用

所谓内在语,俗称"潜台词",是朗读作品的文字后面更深一层的意思,也是文字作品所不便表露、不能表露或没有完全表露出来的语句关系或语句本质。没有内在语,有声语言就会失去光彩和生命。朗读者要学会在朗读中运用内在语的力量赋予语言一定的思想、态度和感情色彩。朗读时,内在语要像一股巨大的潜流,在朗读者的有声语言底下不断涌动着,赋予有声语言以生命力。内在语的潜流越厚,朗读也就越有深度。

4. 语气的运用

声音受气息支配,气息则由感情决定,而感情的引发又受文章内容和语境的制约。学会将情、气、声三者融为一体,并能运用自如,才能增强有声语言的表现力。所谓语气,从字面上理解,"语"是通过声音表现出来的"话语","气"是支撑声音表现出来的话语的"气息状态"。朗读时,朗读者的感情、气息、声音状态,同表达有着极为密切的关系。有什么样的感情,就产生什么样的气息;有什么样的气息,就有什么样的声音状态。

语气运用的一般规律是:喜则气满声高,悲则气沉声缓,爱则气缓声柔,憎则气足声硬,急则气短声促,冷则气少声淡,惧则气提声抖,怒则气粗声重,疑则气细声黏,静则气舒声平。感情上有千变万化,才会有气息上的千差万别和声音上的千姿百态。

(二)朗读的外部技巧

朗读者要重视内部心理状态的支配作用,还要发挥外部表达技巧的作用。脱离了内部思想感情的运动状态,技巧就难以具有强大的生命力;如果没有最完善的声音形式,内部心理状态也无从表达。在普通话测试中,由于外部技巧的运用会直接影响应试者的成绩,因而应试者要重点把握外部表达技巧的运用。

朗读的外部技巧主要包括呼吸、发音、吐字、停连、重音、语速、语调等方面。

1. 呼吸

学会自如地控制自己的呼吸非常重要,因为这样发出来的音坚实有力,音质优美,而且传送得较远。有的人在朗读时呼吸显得急促,甚至上气不接下气,这是因为他使用的是胸式呼吸,不能自如地控制自己的呼吸。若想在朗读时有较充足的气流,需要采用胸腹式呼吸法。它的特点是胸腔、腹腔都配合着呼吸进行收缩或扩张,尤其要注意横膈膜的运动。我们可以进行缓慢而均匀的呼吸训练,从中体会用腹肌控制呼吸的方法。

2. 发音

发音的关键是嗓子的运用。朗读者的嗓音应该是柔和、动听和富于表现力的。为此,要注意提高自己对嗓音的控制和调节能力。声音的高低是由声带的松紧决定的,音量的大小则由发音时振动用力的大小来决定,朗读时不要自始至终高声大叫。除此之外,还要注意调节共鸣,这是使音色柔和、响亮、动听的重要技巧。人们发声的时候,气流通过声门,振动声带发出音波,经过口腔或鼻腔的共鸣,形成不同的音色。改变口腔或鼻腔的条件,音色就会大不相同。例如,舌位靠前,共鸣腔浅,可使声音清脆;舌位靠后,共鸣腔深,可使声音洪亮刚强。

3. 吐字

吐字的技巧不仅关系到音节的清晰度,而且关系到声音的圆润、饱满。要吐字清楚,首先要熟练地掌握常用词语的标准音。朗读时,要熟悉每个音节的声母、韵母、声调,按照它们的标准音来发音。其次要力求克服发音含糊、吐词不清的毛病,一是在声母的成阻阶段比较马虎,不大注意发音器官的准确部位;二是在韵母阶段不大注意口形和舌位;三是发音吐字速度太快,没有足够的时值。朗读跟平时说话不同,要使每个音节都让听众或考官听清楚,发音就要有一定的力度和时值,每个音素都要到位。平时多练习绕口令就是为了练好吐字的基本功。

4. 停连

停连是有声语言表达中最重要的表达技巧之一,是指朗读语流中声音的停顿和延续。那些为表情达意所需要的声音的中断和停歇,就是停顿(用"/"的多少表示停顿时间的长短);那些声音(尤其是气息)不中断、不停歇的地方就是连接(用"∨"表示)。停连是为了清晰地显示语句的脉络,以准确、生动地表达语言内容,同时也有强调、加重情感、增强语势、突出重点等作用。这里重点介绍一下停顿。朗读时,有些句子较短,按书面标点停顿就可以。有些句子较长,结构比较复杂,句中虽没有标点符号,但为了表达清楚意思,中途也可以作些短暂的停顿。通过停顿还可以控制语速,调整语句的节奏。正确的停顿有以下几种类型。

(1)标点符号停顿。

标点符号是书面语言的停顿符号,也是朗读作品时语言停顿的重要依据。标点符号的停顿规律一般是:句号、问号、感叹号、省略号停顿略长于分号、破折号、连接号;分号、破折号、连接号的停顿时间又长于逗号、冒号。因此,标点符号停顿分为两种情况。

一种情况是句子内部的停顿,大致是根据不同标点符号的应停时间长短进行停顿。例如:

一切都像刚睡醒的样子,/欣欣然,/张开了眼。//山朗润起来了,/水涨起来了,/太阳的脸红起来了。

另一种情况是从整个篇章考虑,文章的标题、作者的姓名后,应有明显的停顿。而一般句子后的句号(或问号),停顿时间要短于自然段后的停顿时间,自然段的停顿时间又短于"层次"或"段落"的停顿时间等。例如,贾平凹的《丑石》,标题"丑石"之后,有明显的停顿"//",作者姓名之后也有停顿"///"。

以上的停顿,也不是绝对的。有时为表达感情的需要,在没有标点的地方也可以停顿,在有标点的地方也可以不停顿。

(2)语法停顿。

语法停顿是句子中间的自然停顿。它往往是为了强调、突出句子中主语、谓语、宾语、定语、状语或补语而作的短暂停顿。学习语法有助于我们在朗读中正确地停顿断句,不读破句,正确地表达作品的思想内容。语法停顿主要有以下几种情况。

① 主语或谓语较长,主语和谓语之间或主语和谓语内部可使用语法停顿。例如:

我们那条胡同的/左邻右舍的/孩子们的风筝/几乎都是叔叔编扎的。

英国女王伊丽莎白二世/专程前往悉尼。

这棵榕树/好像在把它的全部生命力展示给我们看。

② 动词谓语与结构关系比较复杂的宾语之间,可使用语法停顿。例如:

至今谁也不知道/为什么这里的海水/会没完没了地"漏"下去……

我明白了/她称自己为素食者的真正原因。

③ 结构关系复杂的定语、状语、补语内部,或者与中心语之间,也常使用语法停顿。例如:

它毫不悭吝地/把自己的艺术青春奉献给了哺育它的人。

森林维护地球生态环境的/这种"能吞能吐"的特殊功能/是任何其他物体都不能取代的。

(3) 强调停顿。

为了强调某一事物,突出某个语意或某种感情,而在书面上没有标点、在生理上也可不作停顿的地方作了停顿,或者在书面上有标点的地方作了较大的停顿,这样的停顿我们称为强调停顿。强调停顿主要是靠仔细揣摩作品,深刻体会其内在含义来安排的。例如:

我与父亲不相见已二年余了,我最不能忘记的是他的/背影。

盼望着,盼望着,东风来了,春天的脚步/近了。

让暴风雨来得/更猛烈些吧!

我懂了,您让我明白了/一分钟的时间/可以做许多事情,……

沉默呵,沉默呵!不在沉默中/爆发,就在沉默中/灭亡。

有的人活着/他已经死了;有的人死了/他还活着。

连接也是有声语言准确表意的需要。停顿和连接是相辅相成的,确定停连的位置,必须要能正确地分析语句的结构,准确把握语句要表达的意思。一般说来,当语句的前后两个部分是属于并列关系,它们做同一个句子成分时,可以把前后两个部分连接起来。例如:

在那里,你可以从众生相所包含的酸甜苦辣、百味人生中寻找你自己。

填埋废弃塑料袋、塑料餐盒的土地,不能生长庄稼和树木,造成土地板结……

海洋中含有许多生命所必需的无机盐,如氯化钠、氯化钾、碳酸盐、磷酸盐,还有溶解氧……

5. 重音

重音是指那些在表情达意上起重要作用、在朗读时要加以特别强调的字、词或短语。重音是通过声音的强调来突出意义的,它能给色彩鲜明、形象生动的词增加分量。普通话的重音有词重音和句重音两种。

(1) 词重音。

词重音即词的轻重格式中重读的音节。普通话双音节词语占普通话词语总数的绝对优势,其轻重音格式的基本形式中占绝大多数的是"中＋重"格式,即后一个音节重读(如钢笔、红旗)。其他还有两种:"重＋轻"格式(如窗户)和"重＋次轻"格式(如参与)。三音节词语大多数为"中＋次轻＋重"格式(如火车站)。四音节词语大多数为"中＋次轻＋中＋重"格式(如焕然一新)。

普通话测试中,在认读词语时,掌握词的轻重格式非常重要,但是在朗读作品时,则以语句的重音为主,因为词语的轻重音格式在语流中有时会有变化,如果完全按照词语的轻重音格式来读作品,语感上就会显得很不自然,甚至感到生硬。因此,朗读过程中要根据语流音变的情况正确处理好词重音。

(2) 句重音。

普通话的句重音是指为了准确地表达语意和思想感情,有时强调那些起重要作用的词或短语,被强调的这个词或短语通常称为重音或重读。在由词和短语组成的句子中,组成句子的词和短语,在表达基本语意和思想感情的时候,不是平列地处在同一个地位上。有的词、短语在表达语意和思想感情上显得十分重要,而与之相比较,另外一些词和短语就处于一个较为次要的地位上,所以有必要采用重音。同样一句话,如果把不同的词或短语确定为重音,由于重音不同,整个句子的意思也就发生了很大的变化。例如:

我知道你懂电脑。(别人不知道你懂电脑)

我知道你懂电脑。(你不要瞒着我了)

我知道你懂电脑。(别人懂不懂我不清楚)

我知道你懂电脑。(你怎么说不会呢)

我知道你懂电脑。(别的懂不懂我不清楚)

句重音主要有语法重音和逻辑重音等形式。

① 语法重音。语法重音是按语言习惯自然重读的音节。这些重读的音节大都是按照平时的语言规律确定的。一般来说,语法重音不带特别强调的色彩。语法重音的主要规律如下。

一是主要的谓语动词。例如:

山朗润起来了,水涨起来了……

中国人民从此站起来了。

我们应战胜一切困难。

二是动宾结构的宾语成分。例如:

我愿给您的圣诞树挖一个树坑。

三是中心语前表示性状的定语成分。例如:

这可真是一种潇洒的人生态度……

四是表示形状、程度的状语。例如:

就是这篇作文,深深地打动了他的老师。

太阳慢慢地升起来了。

五是表示结果或程度的补语。例如:

他的普通话说得很流利。

教室打扫得很干净。

树叶却绿得发亮,小草也青得逼你的眼。

六是表示疑问和指示的代词。例如：

这种事是谁干的？

这像什么话？

② 逻辑重音。逻辑重音比语法重音要强烈一些，强调重音不受语法制约，它是根据语句所要表达的重点决定的，受应试者的意愿制约，在句子中的位置是不固定的。强调重音的作用在于揭示语言的内在含义。由于表达目的不同，强调重音就会落在不同的词语上，所揭示的含义也就不相同，表达的效果也就不一样。

逻辑重音有多种类型，常见的有强调性重音、并列性重音、对比性重音、递进性重音、转折性重音、肯定性重音、排比性重音、拟声性重音等。例如：

"他们一定会买些花装扮他们华丽的客厅，如果真是这样的话，那么我们一定会赚许多钱，有朝一日我也会成为富人……"（肯定性重音）

人们从《论语》中学得智慧的思考，……从《正气歌》中学得人格的刚烈。（并列性重音）

阳光虽然为生命所必需，但是阳光中的紫外线却也有扼杀原始生命的危险。（转折性重音）

一年之计在于春，刚起头儿，有的是功夫，有的是希望。（强调性重音）

"所以，废话多不多，并不看它是文言文还是白话文，只要注意选用字词，白话文是可以比文言文更省字的。"（对比性重音）

更为重要的是，读书加惠于人们的不仅是知识的增广，而且还在于精神的感化与陶冶。（递进性重音）

井冈山的翠竹啊！去吧，去吧，快快地去吧！多少工地，多少工厂矿山，多少高楼大厦，多少城市和农村，都殷切地等待着你们！（排比性重音）

"想着想着，我不由得背靠着一棵树，伤心地呜呜大哭起来……"（拟声性重音）

重音的运用要建立在对作品有较深理解的基础之上。朗读作品时，究竟采用何种方式来强调重音而又能恰到好处，应视作品的具体内容和语句而定。

6. 语速

语速是指朗读、说话的速度。语速可以影响文章节奏的变化和情感表达的效果，因而在朗读、演讲和语言交际中有重要的作用。

语速的快慢须与文章的情境相适应，根据文章的思想内容、故事情节、人物个性、环境背景、感情语气、语言特色来处理。除此之外，文章体裁不同，语速也会有变化。语速大体可以分作慢速、快速、中速三种情况。

（1）慢速。

慢速往往用于讲述比较严肃，庄重的事情，多用来表示悲痛、伤感、哀悼的感情。例如：

读小学的时候，我的外祖母过世了。……我无法排除自己的忧伤，每天在学校的操场上一圈儿又一圈儿地跑着……

灵车队，万众心相随。哭别总理心欲碎，八亿神州泪纷飞。红旗低垂，新华门前洒满泪。日理万机的总理啊，您今晚几时回？

（2）快速。

快速常用于叙述或描写紧张、急迫的情形或场面，表达紧急、气愤、激动的情绪或表现

热烈、豪放、激昂、雄浑的气势。因此,语速应适当放快些。例如:

……像只无头的苍蝇,我到处乱钻,衣裤上挂满了芒刺。

"不,不行!"女护士高声抗议,"我记得清清楚楚,手术中我们用了十二块纱布。"

暴风雨! 暴风雨就要来啦! 这是勇敢的海燕,在怒吼的大海上,在闪电中间,高傲地飞翔;这是胜利的预言家在呼喊:让暴风雨来得更猛烈些吧!

(3) 中速。

语句的内容和情感没有什么明显的起伏变化,或是讲述、说明事实,或是描写"不大动情感"的事物,语速应平缓。例如:

大海上一片静寂。在我们的脚下,波浪轻轻吻着岩石,像朦朦胧胧欲睡似的。在平静的深谙的海面上,月光劈开了一款狭长的明亮的云汀,闪闪地颤动着,银鳞一般。

对于一个在北平住惯的人,像我,冬天要是不刮风,便觉得是奇迹;济南的冬天是没有风声的……

作品朗读中,语速的选择是必不可少的。一般而言,议论文、说明文语速稍慢些,而散文、诗歌语速稍快些。但即便是同一篇文章,由于语句内容的不同或有情感的变化,语速也应当做些调整,根据文章内容,适当地进行变化。朗读时语速死板单一,一统到底是不可取的。

7. 语调

语调是指句子里声音高低升降、快慢的变化。语调和语句的句调、停顿、高低、轻重、快慢等都有关,也就是说,语调是语音的韵律特征在话语中的集中体现。普通话测试作品朗读中出现的"语调偏误",就涉及上述几个方面的问题,如字词的轻、重音失当,或者不自然,且有系统性表现;音长不规范;节奏有忽快忽慢现象;语气词带有明显的方言痕迹。但是语调中最重要的是句调,句调是整个句子声音高低升降的变化。

句调的变化中以结尾的升降变化最为重要,一般是和句子的语气紧密结合的。在朗读时,如能注意语调的升降变化,语音就有了动听的腔调,听起来便具有音乐美,也就能够更细致地表达不同的思想感情。语调变化多端,主要有以下几种。

(1) 平直调。

平直调一般多用在叙述、说明或表示严肃、平淡、迟疑、思索、冷淡、追忆、悼念等句子里。朗读时始终平直舒缓,没有显著的高低变化。例如:

在繁华的巴黎大街的路旁,站着一个衣衫褴褛、头发斑白、双目失明的老人。

在一个晴朗的下午,总部和党校的同志刚做完宿营准备工作,朱总司令来到了。

那年我六岁。离我家仅一箭之遥的小山坡旁,有一个早已被废弃的采石场,双亲从来不准我去那儿,其实那儿风景十分迷人。

(2) 高升调。

高升调多在疑问句、反诘句、短促的命令句子里使用,或者是在表示愤怒、紧张、警告、号召的句子里使用。朗读时,注意前低后高、语气上扬。例如:

啊! 小桥呢? 它躲起来了?

当你在积雪初融的高原上走过,看见平坦的大地上傲然挺立这么一株或一排白杨树,难道你就只觉得它仅仅是树?

如今新中国刚建立,百废待举,不正是齐先生实现多年梦想,大有作为之时吗?

共产主义是不可战胜的。

(3)降抑调。

降抑调一般用在感叹句、祈使句或表示坚决、自信、赞扬、祝愿等的句子里。表达沉痛、悲愤的感情,一般也用这种语调。朗读时,注意调子逐渐由高降低,末字低而短。

但我的白话文电报只用了五个字:"干不了,谢谢!"

为什么我的眼里常含泪水,因为我对这土地爱得深沉。

他从破衣袋里摸出四文大钱,放在我手里,见他满手是泥,原来他便用这手走来的。然后他待在那儿,头靠着墙壁,话也不说,只向我们做了一个手势:"散学了,你们走吧。"

(4)曲折调。

曲折调用于表示特殊的感情,如讽刺、讥笑、夸张、强调、双关、特别惊异等句子里。朗读时先升后降,或先降后升,把句子中某些特殊的音节特别加重加高或拖长,形成一种升降曲折的变化。例如:

"——这些海鸭呀,享受不了战斗生活的欢乐,轰隆隆的雷声/就把它们吓坏了。"

……会不会是他已经表达了而我却不能察觉?

"为什么你已经有了钱还要?"父亲不解地问。

第三节 不同文体的朗读

在朗读作品时,除了掌握基本的朗读技巧外,还要能根据不同类型文体的特点,准确地表达作品内容。一般来说,诗歌、散文等抒情性比较强的作品,应着重掌握并表现其感情脉络和抒情线索;童话、寓言等作品,叙事性较强,应着重把握并表现作品的情节和人物性格;说明文等平实性的作品应着重把握对事物性质、功用的介绍,对事理关系的阐述,要求读得准确、清楚、平实。

把握各类文体朗读处理的共性,有助于我们从整体上把握作品,取得事半功倍的效果。每一个作品又都有其鲜明的个性,我们最终要根据具体文体的个性,灵活自如地运用表达技巧表现作品的内容和感情。

一、诗歌的朗读

1. 诗歌的特点

(1)想象丰富,感情强烈充沛。诗歌是人的思想感情最自然、最真实的流露,是通过形象的语言、优美的意境来表现主题的,能够使人获得感情上的熏陶、精神上的滋养及美的享受。如唐朝诗人李白写的《望庐山瀑布》:日照香炉生紫烟,遥看瀑布挂前川。飞流直下三千尺,疑是银河落九天。

(2)节奏鲜明,韵律和谐。诗歌的语言随着诗人感情的起伏、波动而呈现有节律的变化。一般来说,表现轻松喜悦的情感,诗歌的节奏就明快;表现昂扬激越的情感,诗歌节奏就急促有力;表现悲哀伤感,诗歌的节奏就缓慢低沉……鲜明的节奏和韵律,使诗歌朗朗上口,悦耳动听,极富音乐美。

(3) 语言精练。诗歌意象在语言呈现方式上有显著的特征。正如马雅可夫斯基所说:"诗歌中的每一个字比作是从千百吨的矿石中挑选出来的。"诗歌语言在物化意象时特别讲究精练的内蕴,它通过大力度的炼字、炼句,以较小的篇幅来完美地容纳高度概括的内容。这也是诗歌与小说、散文的不同之处。

2. 诗歌的朗读技巧

(1) 要充分表现诗歌充沛的感情。朗读者是诗人和听众之间的桥梁。朗读者要在理解、感受诗歌所表达的深厚情感的基础上,融入自己对作品的理解,并准确地将诗歌所要表达的感情和自己的感受传递给听众,努力引起听众情感的共鸣。作为诗人的代言人,朗读者要将诗歌中炽热的情感转化为能打动听众心弦的有声语言去感染听众。

(2) 要全面展现诗歌的意境之美。意境是指诗歌运用各种手段创造出来的情景交融、神形兼备的艺术境界,是诗人强烈的思想感情和生动形象的客观事物的契合。意境是诗歌的灵魂,诗歌的意境蕴含着诗人深刻的思想、丰富的情感和鲜明生动的意象。朗读诗歌首先要求我们感受意境,通过思索、想象、回味、憧憬,紧紧抓住诗作具体而微妙的构思与变化。同时,在此基础上,引发浓烈的感情,并做到"因境抒情"。我们要把这一切通过有声语言表达出来,使听者因此领悟诗歌的意境,掌握诗歌的内涵。

(3) 要重视表现诗歌的音韵之美。音韵美是诗歌区别于其他文学体裁的重要特征。要体现诗歌的音韵美需要做到两个方面。首先是念好韵脚,也就是把诗歌中押韵的部分读好。其次是分好音步。一般来说,格律诗的音步比较整齐,一首诗中各诗行的音步基本相同,五言诗以"二、三"格、七言诗以"二、二、三"格较为普遍。自由诗,在字数、句数、音步、对偶、平仄、押韵等方面比较自由,可以说,自由诗并不具有诗的形式。自由诗的音步不一定整齐,长句子一般分为三四个音步,短的句子则只有一个音步。确定音步要从诗歌的内容和情感的表达需要出发,音步的多少不能形成一个固定的格式。

二、散文的朗读

1. 散文的特点

散文是指篇幅短小、题材多样、形式自由、文情并茂且富有意境的文章体裁。它通过叙述、描写、抒情、议论等各种表现手法,创造出一种自由灵活、形散神凝、生动感人的艺术境界。散文一般分为三种类型:记叙性散文、抒情性散文和议论性散文。散文的主要特点如下:

(1) 形散而神不散。"形散"主要是说散文取材十分广泛自由,不受时间和空间的限制,表现手法不拘一格。可以叙述事件的发展,可以描写人物形象,可以托物抒情,可以发表议论,而且作者可以根据内容需要自由调整、随意变化。"神不散"主要是从散文的立意方面说的,即散文所要表达的主题必须明确而集中,无论散文的内容多么广泛,表现手法多么灵活,无不为更好地表达主题服务。

(2) 意境深邃,注重表现作者的生活感受,抒情性强,情感真挚。作者借助想象与联想,由此及彼,由浅入深,由实而虚地依次写来,可以融情于景、寄情于事、寓情于物、托物言志,表达作者的真情实感,实现物与人的统一,展现出更深远的思想,使读者领会更深的道理。

(3) 语言优美凝练,富于文采。所谓优美,是指散文的语言清新明丽,生动活泼,富于音乐感,行文如涓涓流水,叮咚有声,如娓娓而谈,情真意切。所谓凝练,是说散文的语言简洁质朴,自然流畅,寥寥数语就可以描绘出生动的形象,勾勒出动人的场景,显示出深远的意境。散文力求写景如在眼前,写情沁人心脾。

2. 散文的朗读技巧

(1) 确定文意,调动情感。朗诵散文应力求展示作者倾注在作品中的情感,充分表现作品中的人格意象。散文是心灵的体现,是真情流露。朗诵时要充分把握不同的主题、结构和风格。散文朗诵的基调是平缓的,没有太大的起伏,朗诵时要用中等的速度,柔和的音色,一般用拉长而不用加重的方法来处理强调重音。

(2) 把握文章的节奏,表达要有变化。散文语言自由、舒展,表达细腻生动,抒情、叙述、描写、议论相辅相成,显得生动、明快,对不同语体风格要区别处理。叙述性语言的朗诵要语气舒展,声音明朗轻柔,娓娓动听;描写性语言要生动,形象,自然,贴切;抒情性语言要自然亲切,由衷而发;议论性语言要深沉含蓄,力透纸背。朗诵者应把握文章的语言特点,恰如其分地处理好语气的高低、强弱,节奏的快慢、急缓,力求真切地把作者的"情"抒发出来,把握"形散神聚"的特点。

三、记叙文的朗读

1. 记叙文的特点

记叙文是以叙述、描写为主要表达方式,以记人、叙事、写景、状物为主要内容的一种文体。它的主要特点是通过生动的形象、具体的事件来反映生活,表达作者的思想感情。记叙文通过对人、事、景、物的生动描写来表现中心,思想蕴含在具体材料之中。它不是对客观事物的抽象概括,而是作具体、形象的刻画,给人以如见其人、如临其境、如观其景、如察其物的真切感受。

2. 写人记事类记叙文的朗读技巧

写人记事类记叙文,写人和记事是紧密地结合在一起的。以刻画人物为中心的写人的记叙文要通过典型事件的记叙和描写来表现人物。以叙述事件发生、发展的过程来反映生活、表达作者思想感情的记叙文,记叙事情时要交代清楚时间、地点、人物和事件,把写人和记事水乳交融般地结合在一起。在朗读的时候,必须准确把握事件和人物之间的关系,并把这种关系揭示出来,只有这样,人物的性格才会栩栩如生,事件过程的记述才会血肉丰满。

(1) 清楚呈现事件的来龙去脉,脉络分明。写人记事的文章,要交代清楚时间、地点、人物和事件四个要素,也要交代清楚事情的来龙去脉。朗读时,我们要对这些要素和叙事的脉络层次作清楚的交代。朗读宜用中等语速,语调平缓。

记叙文一般采用顺叙的写法,但是,在顺叙中也往往夹有其他叙述方式,如倒叙、插叙、补叙等,朗读时要处理好这些内容与前后内容的衔接。以插叙为例,朗读时,我们在插叙与上文之间要有意识地作一个停顿,插叙部分的语气语调要与上文区别开,以提醒听者注意。

(2)抓住描写,塑造和烘托人物形象。作者在塑造人物形象时,总是对人物的外貌、语言、心理、动作、细节等方面进行刻画,有时还会穿插作者的议论和抒情。朗读时,我们要抓住这些描写,对其外貌举止、心理活动、谈吐对话等加以生动而又恰当的表现,对其对话进行声音造型,以塑造人物形象。

3. 状物写景类记叙文的朗读技巧

(1)突出特征,细致刻画。状物写景类记叙文描绘的是物体和景物的具体特征,朗读时,我们要把握住特征,加以鲜明、生动、细腻传神地刻画。一般来说,状物可以采用重音、停连等表达技巧,把有关词语、句子加以强调、突出,把描绘的对象表现得鲜明而深刻。而写景类文章,所写之景往往表现其优美迷人或壮观奇丽的特点,朗读时,一般节奏舒缓,语调流畅。

(2)抒发情感,贴切到位。状物类记叙文是通过托物言志,寄托情怀,深化文章主题。写景类记叙文是通过写景表达不同的感情。"一切景语皆情语",情因景生,景随情变。两类文体都体现一个"情"字,因此朗读时,要准确、贴切地抒发作者的情感,就需要把握作品的感情基调,抓住重点词语,控制好语速和语调。

四、说明文的朗读

1. 说明文的特点

说明文是以说明为主要表达方式来解说事物、阐明事理而给人以知识的,它通过对实体事物的解说或对抽象道理的阐释,使人们对事物的形态、构造、性质、种类、成因、功能、关系或者对事理的概念、特点、来源、演变、异同等有所认识,从而获得有关的知识。说明文可分为三类:阐释性说明文、述说性说明文、文艺性说明文。

以说明为主要的表达方式是说明文区别于其他文体的标志,它主要有三个方面的特点。

第一,内容上的科学性。说明文的内容必须真实准确,以确凿的材料为依据,如实反映客观事物的特征、本质及规律,具有严密的科学性。第二,结构上的条理性。事物和事理有时往往是比较复杂的,为了给读者以明确的认识,说明其特征时必须有一定的条理和顺序。常见的说明顺序有时间顺序、空间顺序和逻辑顺序。第三,语言的准确性。说明文的实用性很强,语言表达"失之毫厘",其结果就会"谬以千里",所以说明文语言要求准确无误,给读者以科学的认识。

2. 说明文的朗读技巧

(1)客观呈现被说明的事物。朗读者作为作者的代言人,朗读时也必须持严谨客观的态度,避免带有浓郁、强烈的感情色彩,表达应朴实自然,不夸张、不渲染。运用声区自如,声音状态稳定,不大起大落。情绪平静,节奏舒缓从容,语速较慢,停顿恰当。语调平实,较少起伏变化。

(2)理清文章的条理和层次。朗读者在朗读时首先要弄清楚文章的脉络和层次,注意各个部分之间的过渡和照应。只有对文章的条理和层次了然于心,朗读时才能条理分明,重点突出,使听者对说明的对象有鲜明而深刻的印象。

(3) 运用技巧突出事物的特点。说明文的科学、严谨不仅仅表现在条理清晰上,还表现在用词的准确上。说明文要求把被说明的事物和事理如实地介绍给听者,朗读必须准确无误地把被说明事物的特点加以最明白的表现。我们在朗读时要运用重音、停连、快慢等表达技巧,将最能把说明对象的特征表现出来的词语加以突出。

五、寓言的朗读

1. 寓言的特点

寓言是一种带有劝喻和讽刺意味的故事体文学样式,"寓"是"寄托"的意思,"寓言"是"寄托之言"。寓言大多篇幅短小,故事简单,往往带有比喻性或讽刺性,主人公可以是人,但更多的是人格化的动物、植物或自然界的其他东西和现象,采用借古寓今、借此喻彼、借小喻大等手法,在简单明白的故事中体现出一些深刻的道理,使人受到教育,得到启发。寓言最突出的特点就是以简短的故事寄托鲜明的哲理。世界上最早的寓言集是《伊索寓言》,我国也有许多著名的寓言故事,如《自相矛盾》《掩耳盗铃》《亡羊补牢》《守株待兔》《刻舟求剑》《画蛇添足》等。

2. 寓言的朗读技巧

(1) 明确揭示寓意。寓意是指隐含在故事里的意思、观点和道理。寓言的特点之一是借事喻理,每一篇寓言的寓意都是不同的。有的反映人们对生活的看法,有的对某种社会现象加以批评,有的对某一阶层或某一类人物有所讽刺,或提供某种生活的教训,或进行某种劝诫。总之应弄清寓言的寓意是什么,然后抓住关键所在,用最适当的语气语调来表现。

(2) 生动刻画形象。寓言的形象一般不是人,是人格化的形象,代表着现实中不同性格、不同思想的人,而且寄寓了作者强烈而鲜明的情感色彩。一般来说,寓言中人物的个性心理通过故事中人物的言行表现出来,寓言的哲理则通过故事中角色的愚行窘态表现出来。朗读时我们要在研究作品的基础上,深刻理解作者刻画形象的意图,体会形象的个性特点及形象所具有的代表性,在把握寓意和情感色彩的前提下,来处理语气和语调。

(3) 准确把握节奏。寓言假托一个故事来说明道理,它由故事和寓意两部分构成。一些寓言由作者在作品的开头或结尾处插入议论直接阐明或帮助点明寓意。这类寓言在朗读时要注意全文节奏的处理,故事叙述和描写部分可以处理得生动活泼一些;议论部分节奏沉稳,速度适中,含而不露,引而不发;语调平而不板,从容有力,给人留下哲理思考的空间。

也有一些把寓意隐含在字里行间的寓言,这类寓言和前面那类寓言的故事部分的节奏处理方法大致相同。这些故事有生动的情节,朗读时要把情节的发展变化、经过、结果交代清楚。朗读者要根据作品的内容进行节奏的处理,通过轻重缓急、高低停连的节奏变化来表现情节的张弛,从而使故事引人入胜。

(4) 适度运用夸张。寓言经常采用夸张的手法达到讽刺批评的目的,寓言的主人公是粗线条的、写意式的,甚至是漫画式的虚构的人物形象,情节的设置也是虚构的。因此,我们在朗读时,可以在人物动作、语言、心理刻画时采用夸张的手法进行表现,可以在技巧的运用中表现得稍稍"过火"一些,使人物性格中的可笑愚蠢之处得到渲染,让听众在哑然失笑中捕捉到深刻的寓意。

六、童话的朗读

1. 童话的特点

童话是儿童文学体裁中的一种具有浓厚幻想色彩的虚构故事作品,通过丰富的想象、幻想、夸张、象征的手段来塑造形象,反映生活,对儿童进行思想教育。其语言通俗生动,故事情节往往离奇曲折,引人入胜。从表现方法来看,童话大致分为超人体童话、拟人体童话和常人体童话三种。从表现题材上看,童话又分为科学童话和文学童话两类。平时所说的童话是指文学童话。童话的根本特点包括三个方面:一是幻想性,这是童话的根本特征;二是从内容到形式都极度夸张;三是采用拟人化的象征手法。

2. 童话朗读的技巧

(1) 充满童心童趣。朗读时,我们要从少年儿童的接受和理解心理出发,用少年儿童的眼光来看待童话中发生的一切,相信童话中发生的一切都是真实可信的。要与童话中的"人物"同欢乐、共患难。

(2) 夸张形象个性。童话作品赞颂真、善、美,鞭挞假、丑、恶,它的情感倾向比较鲜明,而且表达也比较直露,因此,在朗读时,我们要表达鲜明的爱憎感情,并适度地把这种情感进行夸张,以刻画人物形象,表现故事情节。

(3) 灵活处理反复。反复是童话中常用的表现手法。在童话中,完全相同或基本相同的语句往往在童话的一定位置反复多次出现,成为童话结构的线索,刻画人物的性格,推动故事情节循环往复地向前发展。我们要注意,故事中反复的语句是出现在不同的语境中的,同样一句话,朗读时应区别它们不同的语气和语调,而不能简单地重复。

第六章 普通话水平测试

第一节 普通话水平测试的性质与等级标准

一、普通话水平测试的性质

普通话水平测试是在国家语言文字工作部门的领导下,根据统一的标准和要求,在全国范围内开展的一项测试工作,是我国为加快共同语普及进程、提高全社会普通话水平而设置的一种语言口语测试,全部测试内容均以口头方式进行。普通话水平测试不是口才的评定,而是对应试人掌握和运用普通话所达到的规范程度的测查和评定,是应试人的汉语标准语测试。应试人在运用普通话口语进行表达过程中所表现的语音、词汇、语法规范程度,是评定其所达到的水平等级的重要依据。

普通话水平测试是我国现阶段普及普通话工作的一项重大举措。在一定范围内对某些岗位的人员进行普通话水平测试,并逐步实行普通话等级证书上岗制度,标志着我国普及普通话工作走上了制度化、规范化、科学化的新阶段。开展普通话水平测试工作,将大大加强推广普通话工作的力度,加快速度,使"大力推行、积极普及、逐步提高"的方针落到实处,极大地提高全社会的普通话水平和汉语规范化水平。

二、普通话水平测试等级标准

国家语委关于颁布《普通话水平测试等级标准(试行)》的通知

各省、自治区、直辖市及新疆生产建设兵团语委(语文工作机构):

为适应新时期推广普通话工作的需要,1986年全国语言文字工作会议提出制定"普通话水平测试等级标准"的设想。根据会议精神,国家语委于1988年成立由国家社会科学基金会资助的"普通话水平测试等级标准"课题组,该课题组历时三年深入调查研究,广泛征求意见,并在若干省市对学校师生和"窗口"行业职工进行测试,在此基础上拟订了《普通话水平测试等级标准》,于1991年通过专家论证。1992年由国家语委原普通话推广司印发给各省、自治区、直辖市试行([1992]4号文件)。

该《标准》把普通话水平划为三个级别(一级可称为标准的普通话,二级可称为比较标准的普通话,三级可称为一般水平的普通话),每个级别内划分甲、乙两个等次。1994年,国家语委普通话水平测试课题组对该《标准》做了文字修订。国家语委、国家教委、广播电影电视部联合发出的《关于开展普通话水平测试工作的决定》([1994]43号文件)将修订后的《标准》作为附件印发给各省市继续试行。试行六年来,该《标准》已为广大群众所熟悉,各地测试实施机构也积累了一定经验。实践证明,该《标准》具有科学性和可行性。为使该《标准》在推广普通话工作中发挥更大的作用,该《标准》经我委再次审订,作为部级标准予以正式颁布,请遵照执行。

附件:《普通话水平测试等级标准(试行)》

国家语言文字工作委员会
1997年12月5日

第二节 普通话水平测试应试技巧

普通话水平测试从四个方面入手,即声、韵、调(声母、韵母、调值)、语流音变(轻声、儿化、变调、词的轻重格式)。声母一共有22个,掌握22个声母的发音部位为关键,声母是字音清晰、准确的基础;韵母是字音响亮、圆润的基础,韵母一共39个;调值是字音抑扬、纯正的基础,共4类;语流音变是语言自如、流畅的基础。

一、普通话测试的准备技巧

1. 认真准备,具备实力

造成应试人心情紧张的根本原因,是因为考前准备不充分,心里没底儿。克服这种心理状态的唯一办法就是平时多下点儿功夫,时时刻刻关注自己的普通话水平,利用一切机会学习普通话。具备了充足的实力,自信就有了,紧张心理就自然消除了。

2. 调节气氛,轻松应考

具体做法如下:

(1) 找个机会了解一下普通话水平测试的全过程,做好相应准备;不要因为某个环节与预想的情况不一致就手忙脚乱,无所适从。

(2) 以平静的心态对待测试时的抽签,不抱侥幸心理。其实,每个签的题目难度差别并不大,关键还是要全面准备,胸有成竹。

(3) 进入测试室后找个机会和测试员说几句话,有理有节地"套近乎"。这样既放松了自己,又调节了气氛,使测试在轻松愉快的氛围中进行。

(4) 测试中专心致志,不要老盯着测试员的笔头给自己增加紧张的情绪。当然,有个别字词你拿不准时,看看测试员的反应并及时更正是允许的,不必多次这样做。

(5) 测试完离开测试室时,对测试员说声"谢谢",然后从容地走出考场。

3. 利用规则,减少失误

(1) 读字词时,如发现错读或误读,不要轻易放弃,按规则是可以更正的。读双音词时,如果其中有一个字不认识,不要整个词都不读。双音词的每个音节独立计分,无论读对哪个字都能得到一半分。

(2) 读文章时,发现某字错读或漏读,按规则,不能重读整个句子。

(3) 说话要说自己熟悉的事情,不必刻意追求句子优美,故事生动有趣;不要时时看手表。

在整个测试中,每一项测试内容都有相应的测试规则,应试人在测试前应该充分掌握这些规则,避免不必要的失误。朗读与说话所占的分值比重较大,也是应试人容易失分的考项。下面主要介绍如何准备这两项测试。

二、单音节字词应试技巧

读单音节字词是普通话水平测试中的基础项目。读单音节字词,就是检测应试人 3500 个常用字词的正确读音,考查应试人普通话声母、韵母和声调的发音水平。一个音节的声母、韵母、声调是一个完整的统一体,任何一项错了,这个音节就错了;如果读得不到位,不完整,就是缺陷或欠缺,错误扣 0.1 分,缺陷扣 0.05 分。此项成绩占总分的 10%,即 10 分。

1. 样题

读单音节字词 100 个。

碑 涌 破 谋 尝 增 张 槛 枕 涛 吼 高 旺 怎 匆 逮 扇 雁
邹 潮 黑 盖 发 克 拆 撤 施 日 委 腮 舍 擦 惹 俗 讲 乳
恋 偏 音 俏 牛 妙 叠 瞟 铁 聊 掐 丢 笔 家 烟 妾 腻 闷
帆 习 爷 体 盼 冰 退 不 宁 夸 揣 润 锁 御 困 女 农 论
您 端 菌 穷 选 快 化 匀 愿 缺 举 雪 摔 脑 庄 从 光 红

2. 测试注意项

(1)声韵调要标准。

① 在 100 个音节里,每个声母出现一般不少于 3 次,方言里缺少的或易混淆的声母酌量增加 1~2 次。声母要发准,是指发音要找准部位,方法正确。一是不能把普通话里的某一类声母的发音读成另一类声母,例如,zh、ch、sh 与 z、c、s,f 与 h,n 与 l 不分。二是不要把普通话里的某一类声母的正确发音部位用较接近的部位代替,造成读音缺陷。

② 单音节字词里,每个韵母的出现一般不少于 2 次,方言里缺少的或易混淆的韵母酌量增加 1~2 次。韵母有单韵母、复韵母和鼻韵母。单韵母要单纯,发出来的音一个就是一个,不拖泥带水。复韵母和鼻韵母都要有动程,要有变化;变化要自然,归音要到位,发出来的音要圆润。韵母的读音缺陷多表现为合口呼、撮口呼的韵母圆唇度明显不够,语感差;或者开口呼的韵母开口度明显不够,或者复韵母舌位动程明显不够等。

③ 声调要发全。声调方面,调型、调值正确,尤其是上声字的发音,上声是降升调,先降后升,调值是 214,如果发音时只降不升,调型就成降调了,调值成了 21。读单音节字词的声韵调要标准,不能把声韵调割裂开来。

(2)注意形近字误读。

汉字的形体很多是相近或相似的,单独认读,不注意很容易读错。形近字误读有两种情况。一是朗读过快,把很简单的字也读错了,如把"太"读作"大"。二是有些日常生活中不多用的字,或在词语中能念准,而单字一下子难以念准,极易念错。比如"赅""骇"在书面上有"言简意赅""惊涛骇浪",如单独出现,一下子难以把握,可能读错。

(3) 多音字可选读一音。

单音节字词这一项中有多音字，朗读时念任何一个音都是对的。例如，"处"，念 chǔ 或 chù 都算对。但是后面有括号用词限定读音，就要按照括号中词的读音来读。例如，处(处分)，就应读为 chǔ。

(4) 速度要快慢适中。

读 100 个音节，限时 3 分钟。超时 1 分钟以内，扣 0.5 分；超时 1 分钟以上(含分钟)，扣 1 分。读单音节字词，只要每个音节读完整，一个接一个地往下读，就不会超时。有的人担心时间不够，快速抢读，降低了准确率，因此切忌抢读。朗读也不能太慢，每一个字都考虑或试读，速度太慢就会超时。而超时是要依照时间扣分的。

(5) 及时纠正。

应试人发觉第一次读音有口误时可以改读，按最后的读音来评判。

三、多音节字词应试技巧

读多音节词语的测试主要是在读单音节字词的基础上考查轻声、儿化、变调等语音情况，应试者要读出音变。应试者如有声、韵、调等错误，每个音节扣 0.2 分，缺陷扣 0.1 分。应试者如有口误，可以重读一次，测试员按后一次的发音评判。此题应注意末尾是上声的音节声调要读完全，不能读成半上。例如，"调整"，应试人往往把后一音节的声调读成半上(调值21)。另外要注意不要把儿化词的"儿"单独念成一个音节。

1. 样题

读多音节词语。

抓紧　率领　荒唐　宣传　贵宾　凯歌　内幕　沙漠　灭亡　草地　名家　漂亮
庄严　脆弱　帮助　画画儿　宗教　穷苦　快乐　歉疚　文雅　掠取　决心　迅速
迥然　时候　下海　女性　烦闷　打盹儿　蛙泳　摄影　恩典　锻炼　只有　跑车
恳请　棍子　暖和　一会儿　飞翔　发送　碰杯　闰年　全体　别扭　存在　铁窗

2. 多音节词语测试注意项

朗读多音节词语，实际上也是 100 个音节，声母、韵母的出现次数大体与单音节字词相同。此外，上声和上声相连的词语不少于 2 次；上声和其他声调相连不少于 4 次；轻声不少于 3 次；儿化不少于 3 次。

读多音节词语，轻声词要准确判断，多音节词语中不少于 3 个轻声词，这些轻声词分散排列在中间，因此要准确判断哪些词是轻声词，并正确朗读。要防止受前面非轻声词的影响，把已经准确判断出来的轻声词读重了，也要避免把轻声读得让人听不见，即所谓"吃"字。

儿化词有明显的标志，在第二个音节的末尾写有"儿"，儿化词要把卷舌的色彩"儿化"在第二个音节上，不要把"儿"当作第三个音节。

读双音字词语要读好中重音格式。双音节词语除轻声词之外，一般都是"中重"格式，即第二个音节读得重一些。

四、短文朗读

该题测查应试人使用普通话朗读书面作品的水平。在测查声母、韵母、声调读音标准程度的同时,重点测查连读音变、停连、语调,以及流畅程度。短文朗读要注意准确熟练。因为按规定,停顿、断句、语速不当均被扣分,而不熟练造成的漏字、添字、回读同样被扣分,每漏一字或添一字都相当于读错一个字,这些失误对成绩的影响很大。此题占分比重较大,扣分点也较多,况且它毕竟是有文字凭借的作品,应作重点练习。而且朗读水平提高了,同样可以促进口语水平的提高。

1. 样题

作品26号:永远的记忆

小学的时候,有一次我们去海边远足,妈妈没有做便饭,给了我十块钱买午餐。好像走了很久,很久,终于到海边了,大家坐下来便吃饭。荒凉的海边没有商店,我一个人跑到防风林外面去。班主任老师要大家把吃剩的饭菜分给我一点儿。有两三个男生留下一点儿给我,还有一个女生,她的米饭拌了酱油,很香。我吃完的时候,她笑眯眯地看着我,短头发,脸圆圆的。

她的名字叫翁香玉。每天放学的时候,她走的是经过我们家的一条小路,带着一位比她小的男孩儿,可能是弟弟。小路边是一条清澈见底的小溪,两旁竹阴覆盖,我总是远远地跟在她后面,夏日的午后特别炎热,走到半路她会停下来,拿手帕在溪水里浸湿,为小男孩儿擦脸。我也在后面停下来,把肮脏的手帕湿了擦脸,再一路远远跟着她回家。

后来我们家搬到镇上去了,过几年我也上了中学。有一天放学回家,在火车上,看见斜对面一位短头发、圆圆脸的女孩儿,一身素净的白衣黑裙。我想她一定不认识我了。火车很快到站了,我随着人群挤向门口,她也走近了,叫我的名字。这是她第一次和我说话。她笑眯眯的,和我一起走过月台。以后就没有再见过她了。

这篇文章收在我出版的《少年心事》这本书里。书出版后半年,有一天我忽然收到出版社转来的一封信,信封上是陌生的字迹,但清楚地写着我的本名。信里面说她看到了这篇文章心里非常激动,没想到在离开家乡,漂泊异地这么久之后,会看见自己仍然在一个人的记忆里,她自己也深深记得这其中的每一幕,只是没想到越过遥远的时空,竟然另一个人也深深记得。

——苦伶:《永远的记忆》

2. 朗读的基本要求

(1)用普通话语音朗读。

普通话朗读是一门学问。它除了要求应试者忠于作品原貌,不添字、漏字、改字外,还要求朗读时在声母、韵母、声调、轻声、儿化、音变以及语句的表达方式等方面都符合普通话语音的规范。

① 注意普通话和自己方言在语音上的差异。普通话和方言在语音上的差异,大多数的情况是有规律的。这种规律又有大的规律和小的规律,规律之中往往又包含一些例外,这些都要靠自己去总结。单是总结还不够,要多查字典和词典,要加强记忆,反复练习。在

练习中,不仅要注意声韵调方面的差异,还要注意轻声词和儿化韵的学习。

② 注意多音字的读音。一字多音是容易产生误读的重要原因之一,我们必须十分注意。多音字可以从两个方面去注意学习。第一类是意义不相同的多音字,要着重弄清它各个不同的意义,从各个不同的意义去记住它的不同的读音。第二类是意义相同的多音字,要着重弄清它的不同的使用场合。字形相近或由偏旁类推引起的误读应该注意。由于字形相近而将甲字张冠李戴地读成乙字,这种误读十分常见。

③ 注意异读词的读音。普通话词汇中,有一部分词(或词中的语素),意义相同或基本相同,但在习惯上有两个或几个不同的读法,这些被称为"异读词"。为了使这些读音规范,国家于20世纪50年代就组织了"普通话审音委员会"对普通话异读词的读音进行了审定。1985年,国家公布的《普通话异读词审音表》,可以作为我们说普通话的标准。

(2) 把握作品的基调。

基调是指作品的基本情调,即作品的总的态度感情、总的色彩和分量。任何一篇作品,都会有一个统一完整的基调。朗读作品必须把握住作品的基调,因为作品的基调是一个整体概念,是层次、段落、语句中具体思想感情的综合表露。要把握好基调,必须深入分析、理解作品的思想内容,力求从作品的体裁、作品的主题、作品的结构、作品的语言,以及综合各种要素而形成的风格等方面入手,进行认真、充分和有效的解析,在此基础上,朗读者才能产生出真实的感情、鲜明的态度,产生出内在的、急于要表达的律动。只有经历这样一个复杂的过程,作品的思想才能成为朗读者的思想,作品的感情才能成为朗读者的感情,作品的语言表达才能成为朗读者要说的话。

(3) 掌握朗读的基本技巧。

朗读短文应该掌握一些朗读的基本技巧,如:停顿、重音、语速、语调等。

五、命题说话

《普通话水平测试大纲》中规定,普通话水平测试第五部分的"说话",是为了考查应试人在没有文字凭借的情况下,说普通话时,语音、词汇、语法所能达到的规范程度。它是以单向说话为主,必要时辅以主试人和应试人的双向对话。因此,对于应试人的口头语言表达能力要求较高,它不是生活中很随意的谈话,而是在考场上面对测试员的考试。这就要求应试人不但要具有相对标准的语音和实际运用能力,而且要有良好的心理素质、思维能力和语言组织能力,并在没有文字凭借的情况下,把思维的内部语言转化为自然、准确、流畅的外部语言。

1. 测试中命题说话的具体要求

(1) 话语要自然。

说话与其他测试内容的主要区别在于无文字凭借。说话是口语表达,但口语表达并不等于口语本身。口头说话,要使用语言材料,但是,说话的效果并不是这些语言材料的总和。口头说的话应该是十分生动的,它和说话的环境、说话人的感情、说话的目的和动机都有很大的关系。而要做到自然,就要按照日常口语的语音、语调来说话,在语音、语调、语气、语态等方面都应该保持自然、流畅的日常说话状态。说话既不允许拿着稿子读,也不应该有类似背稿子的表现,不要带着朗读或背诵的腔调,同时,也不必进行艺术加工。说话时要注意流畅,干净利落,言简意赅,没有重复信息和多余信息。

(2) 语音要标准。

语音面貌反映的是一个人普通话水平的基础,也最能反映出应试人的普通话水平和表达能力,而"说话"中语音面貌在此测试项中所占的分值比较高,对应试人的总成绩影响也最大。影响语音面貌的因素主要有以下几点。

① 语音错误。由于没有文字凭借,或者是准备不够充分,或精神高度紧张,或是受以前语言习惯的影响等,应试人在说话时往往会暴露出许多前三个测试项已经掩盖的语音错误。

② 语音缺陷。语音缺陷是指在发音时声母、韵母、声调等没有错误,但说出的话让人听起来又不是纯正的普通话,这其实是声母、韵母、声调在发音时没有到位。说话中,这种情况虽然不扣缺陷分,但它们的存在影响了语音的整体面貌,也会造成失分。

③ 方言语调。方言语调一方面体现在语流中出现过多的缺陷;另一方面是说出的整个句子没有按照普通话的语调说出,而带有明显的方言语调的色彩,让人听起来只是普通字,而不是普通话。这些因素都会影响应试人的语音面貌。

(3) 多用口语词汇,少用书面语词汇。

有一部分应试人的语音面貌很好,只是在话语中不时地加一些书面词和方言词,这些词的出现使词汇的规范程度大打折扣。

口语词汇和书面语词汇的界限不易分清。一般说来,口语词汇指日常说话用得多的词,书面语词汇指书面上用得多的词。口语词和书面语词相比,是有其特点的。书面语中保留了许多古汉语词,它具有文雅、精练、内涵深刻及表现力丰富等特点,但同时也少了几分生动、亲切,有时意思不够直接明了,因此不适宜在口耳相传的交际中使用。

由于普通话词汇标准是开放的,它不断地从方言中吸收富有表现力的词汇来丰富、完善自己的词汇系统,普通话水平测试允许应试人使用较为常用的新词语和方言词语。需要强调的是,进行说话准备时,一方面,要克服方言的影响,摒弃方言词汇和方言语气;另一方面,不要把说话材料写成书面材料,因为,写出来的东西往往具有书面语色彩,不符合口语表达的要求。

(4) 多用短语、单句。

尽管现代汉语的口语和书面语基本是一致的,使用的句式也大体相同,但是,从句式使用的经常性来看,口语和书面语仍然存在着差别。

① 口语句式比较松散,短句多。
② 较少使用或干脆不用关联词语。
③ 经常使用非主谓句。
④ 较多地使用追加和插说的方法,分句之间关联不紧密。
⑤ 停顿和语气词多。

因此在说话过程中,可以顺其自然地用一些短语、自然句、省略句,少用或不用长修饰语句,多重复句、欧化句式也应在口语表达中尽可能避免。有时因口语表达的需要,可以用补充的方法来进行解释、说明、更改,用重复的方式来表示强调,用某些独立成分或语气词来表示内容的转折、停顿和思考。总之,口语表达要符合口语习惯,符合口语语法。

(5) 避免口头禅、啰唆词。

有些应试人在说话中间会夹带一些"这个""就是说""嗯""啊"等口头禅和"啰唆词",而且,往往是机械地重复多遍,甚至贯穿说话过程的始终。这是一种毫无意义的冗余成分,会使说话断断续续,使人感到语句不流畅,听起来很累。因此,要尽可能地避免和努力改正这种不良的说话习惯。

2. 普通话水平测试说话题的特点

普通话水平测试中的说话,除了具有上述的一些要求外,还有其自身的特点。

(1) 普通话水平测试中的说话题是命题说话。

《测试大纲》规定了30个说话题目,测试者可以在测试前根据大纲要求做好充分准备。这里需要说明的是:普通话水平测试中的命题说话与口头作文考核不同,说话中的立意、结构、内容、层次条理等不是考核的项目;普通话水平测试也不是口才的评估,它主要是考查应试人在说话过程中表现出来的普通话语音面貌,以及语句流畅,语脉清晰和词汇、语法规范的程度。但话又说回来,说话的立意、内容、结构和层次条理等是说好话的前提条件,必须在测试前做好准备。没有这方面的准备,应试者边说边思考怎么说下去,就很难把注意力集中在普通话语音的准确性和词汇、语法的规范上,也极易将方言的习惯语和方音流露出来。

另外,既然是命题说话,就要求内容基本合题。说话过程中要避免出现三种情况:第一种情况是散漫,西瓜芝麻一起抓,拉拉杂杂,不分主次,对一件件小事侃侃而谈,说了半天,说不出个所以然;第二种情况是无话可说,思路狭窄,内容空洞,话题不利于发挥,三言两语就把该说的都说完了,翻来覆去就那么几句话,使人感觉乏味、厌烦;第三种情况是话不对题,离题万里,拿与题目毫不相干的故事、传说去生拉硬扯地应付。这三种情况都违背了测试对"命题"和"说话"的要求,是测试所不允许的。

(2) 普通话水平测试中的说话题是单向说话。

为了使测试员的评分有一个统一的依据,《测试大纲》规定:测试中的说话,"以单向说话为主,必要时辅以主试人和应试人的双向对话";"应试人根据抽签确定的话题,说3分钟(不得少于3分钟)"。这里的"单向说话",是要求应试人在不少于3分钟的单位时间里说的话达到一定的量,以便主试人在这个统一的前提下,测出应试人语音、词汇、语法失误量的多少,打出定性和定量相结合的各档成绩。这里的"必要时"一般是指应试者因种种原因说话不能进行下去,而使测试员不能正常判分的情况。比如在应试人说话不到3分钟而又不能继续说下去时,主试人会鼓励、提示应试人继续说话,以使单向说话累计时间达到规定的3分钟。如果应试人实在难以为继,无话可说,那么就不能按常规给分。因为按"多说多错、少说少错"的常规来分析,在未达到测试规定的时间时,应试人说话中各项失误会按比例下降。因此,测试评分时对说话时间不足者的扣分是从严的。所以,对应试者来说,说话内容要准备得很充分,从而有很多材料可供发挥,以充分展示自己普通话的语音面貌,使测试员可以借此打出公正、合理的分数。

3. 测试中命题说话的准备

(1) 述说类。

述说类的说话,一般要用生动的语言介绍人、事、物、景等具体事物的特征。

① 人的介绍。人的介绍是最常见的话题,如我尊敬的人、我的朋友等。介绍人物要做到以下几点:第一,运用恰当的语气表现出对被介绍人的感情。第二,详细了解被介绍人的情况,这样才能筛选出最感人的事情。第三,介绍的情况要真实、准确。不要随意夸张、渲染,更不可随意胡编乱造。第四,要抓住人物在外貌、语言、动作、性格等各方面的特征,绘声绘色地讲述,给人一种如见其人的感觉。

② 事的介绍。介绍的可以是生活、学习、工作的情况,如我的学习生活、我所在的集体等。这一类话题的特点是带有自己生活的体验和对介绍对象的评价的性质。从表面上看是它介绍某一事物,实际上介绍的中心是人,因此选材时,最好能选择一两件自己体验深刻的事,这样说起来就能生动具体,给人印象深刻。或者也可以介绍风土人情,如我喜欢的节日、我所知道的风俗(婚丧礼仪、重要的节日活动、饮食文化等),其实质上是介绍地域文化和民族文化。这其中最基本的是把地方习俗、文化说清楚,让听众感到新鲜有趣;进一步的要求是说得有深度,让听众觉得像是在上一次地方文化或民族文化课,学到了许多新知识。对地方文化和民族文化了解得越深透,这一类话题就越容易说好。

③ 物的介绍,即介绍某种具体的事物,如我喜爱的动物(或植物)、谈谈美食等。介绍具体事物,要以说明为主要的表达方式,对事物的形状、构造、性质、用途加以诠释或说明,给听众留下鲜明、深刻的印象;介绍具体事物要有合理的顺序,使人感到条理清楚。介绍的语言要简洁明了、通俗易懂。

④ 景的介绍。介绍时令、地域特色,如我的家乡、我喜欢的季节(或天气)等。它的中心是描述景物,通过介绍让听众眼前呈现出一幅鲜明的图画,从而向往和喜爱它。介绍时要抓住两点:一是时令或地域的概貌;二是景物特点。这两点要有机结合起来,通过特点反映概貌,选材时要把最能反映时令、地域特点的材料组织在自己的话语中。

(2)议论类。

议论类的说话,一般是要说明自己的主张、观点并取得听者的认同。这类说话内容的开头一般是提出论点,主要有直入法和引出法两种。直入法即单刀直入,开门见山亮出自己的观点、主张;引出法则委婉一些,用设问、叙述事例,引用领袖、伟人或典故传说来引出论点,展开讨论。这类话题的结尾方法很多,有结论式、呼应式、启迪式、自然式等。议论评说类话题的主要框架是论证部分,我们可以把议论文的论证方法化为谈话方法。论证方法无非是演绎法、归纳法、类比法三类。构思"谈谈社会公德"可以用叙述事例的方法开头,说"一个红领巾下来推车,一些大人们却稳坐车上"的例子,然后用对比法来论证自己的主张,最后可以用启迪法——设问——引起思考做结尾。"评说""启示""有感"之类的小评论,则不一定用某种方法去套,只要在叙述典型事例之后把自己想要表达的几层意思有条有理地说明白就可以了。

注意:为同类型题目准备生动事例,测试的时候从不同角度去讲述,可以收到事半功倍的效果。

4. 其他要注意的几个问题

(1)说话时神态自然、镇静自若、充满自信。

在考试中,应试者的紧张心情多少会对水平的正常发挥产生一些影响,而精神紧张因素对口试的影响就更大了。在测试的五项内容中,说话测试因为没有文字凭借,更容易使应试者产生心理负担。从这个角度看,命题说话也是对应试者心理素质的测试。我们在为说话内容做好充分准备的前提下,要把心态调整到最佳状态,并把测试员当作自己的朋友,使说话产生对象感——这是说话自然、流畅的基本保证,也是使自己的普通话表达尽可能符合规范的基本保证。

(2) 掌握好说话时间,正确把握语速和节奏。

说话的材料要准备充分,避免临时没话找话,东拉西扯,看看还没说满 4 分钟,又拖泥带水地啰唆几句,这样既影响应试情绪,又影响成绩。语速适当,是话语自然的重要表现。正常语速大约每分钟 240 个音节。如果根据内容、情景、语气的要求稍快或稍慢也应视为正常。但语速过快就容易导致发音时口腔打不开。语速过慢,则容易导致语流凝滞,话语不够连贯。有人为了不在声、韵、调上出错,说话的时候一个字、一个字地往外挤,听起来非常生硬。因而,应该努力避免语速过快或过慢。

命题说话成功的关键,在于平时说话坚持使用标准普通话,养成用普通话思维和说话的习惯。如果我们平时经常借助新闻传媒等学习普通话,并针对自己的主要语音毛病,有的放矢地、有重点地进行训练,那么,经过一段时间的努力,我们的普通话语音面貌就会得到改善,普通话水平也能够逐步提高,测试时就胸有成竹,应付自如了。

第七章 口语交际

第一节 口语交际的特点和要求

一、口语交际的特点

口语交际具有以下特点。

1. 思维与语言的统一性

在口语表达的过程中,体现着人们思维与语言的统一性,否则就会出现思维与语言不同步的状况。如前言不搭后语,甚至无话可说等。

2. 口语表达的策略性

口语表达往往是心到口随,在表达的时候很少对语言进行加工润色,能够简明扼要地表达所要表达的意思。

3. 语言交流的灵活性

口语表达的灵活性,不仅表现在话题的灵活多样、内容的灵活多变,还表现为言语形式和表达风格的灵活多样。在口语交际时,情形往往较为复杂,表达者为实现特定的目的,在因人、因事、因物、因景而进行的讲说中,必须学会灵活机智地选用特定的表达方式和技巧以切合语言内容,切合语境实际,切合自己的身份和交际对象的特点。只有具有高度灵活性的表达,才能创造出效果良好的口语表达效果。

4. 能体现个人的综合素质

口语表达是人所特有的一种社会实践活动。任何人只要作为口语表达者参加这种特殊的社会实践活动,就会综合地反映出个人的综合素质,特别是语言的交际能力。优秀的口语表达是一个人素质和能力的全面综合反映。这里的素质,主要包括思想境界、道德情操、知识学问和天赋秉性。能力则主要包括观察能力、思维能力、决断能力、记忆能力、表达能力、交际能力和应变能力。人的素质和能力能综合形成一种潜在的文化储备,这种储备在特定的语境中,通过想象和联想,发挥和创造,可为讲说者提供讲说材料和讲说方式,从而对口语表达目的起到积极的支持作用。所以,从根本上讲,好的口才,是表达者学识、素养和能力的综合表现。

二、口语交际的要求

1. 语言规范，吐字流畅

口语表述训练要突出其交际功能，就不能不重视对语言规范的严格要求，就不能不强调对普通话的运用。口语表述和交际的训练更注重普通话应用水平提高方面的明晰要求。这不仅要求发声时气息的通畅，更要求吐字的准确，表述内容句式的完整，没有因不合逻辑规则、不合约定俗成模式的停顿等造成的病句以及歧义理解等问题存在。

2. 构想周密，详略得当

口语表述训练与一般日常生活中的交际表述不同，它更注重于对话题作全面深刻的理解与把握，训练中一般不允许不懂装懂、东拉西扯、信口开河，以至漏洞百出。为避免出现此类问题就不能不要求表述前对话题作周密构想。在口语表述训练中，有时一个话题就可以自成一个小系统。此外，表述训练中有时限要求，规定了表述者的语言必须精练，当详加分析、重点突出的则要详加分析、重点突出，当略讲或略去的，则要略讲或略去，以保证口语交际中的表述效果。

3. 立论新颖，见解深刻

口语交际的主要功能之一，在于互相之间的信息交流，而且更注重有价值的新信息的交流。口语交际中，如果观点落后，甚至庸俗陈腐，那么就不会受到欢迎。表述训练初始，就应当严格要求，让口语表达者务必注意以思维的不落俗套和立论的新颖别致取胜。口语交际的成功秘诀在于进行了有价值的信息交流。因此，在表述训练中，一方面要求立论新颖；另一方面还要杜绝夸夸其谈。

4. 表意准确，反应敏捷

表意准确，反应敏捷这一要求主要侧重于对口语表述中的语法修辞训练。口语表述与书面文字表述其实并无本质区别，它同样有议论、叙事、抒情、说明等分类形式，也同样要求论证的周密、叙事的生动、抒情的贴切、说明的清晰。综合而言，我们可以将之称为"表意准确"。在这一要求下，表述训练务必从初始起步就严格要求，力戒似是而非、含混不清的问题出现。这主要侧重于对思维反应的要求。它有两个方面的含义。

一是单向表述中对话题思考和建构迅速，以及由中枢神经向发声器官信息传导快捷，要求思考与表述的"接近同步"，而力戒那种"茶壶里饺子倒不出"的情况。

二是双向交流过程中，对对方表述内容反应敏捷。敏捷又有两层含义：①对对方表述内容的主旨的准确把握；②对对方的表述迅速做出赞成首肯或否定反对，或沉默含蓄等。

5. 表情自然，态势得体

表情自然，态势得体这一要求主要侧重于面部表情、眼神、态势动作在口语交际中的有机配合训练。在日常口语交际过程中，人们在语言表述的同时，总是充分运用强化语言表述效果的非语言因素，自觉或不自觉地调度着面部表情和眼神以及态势动作来配合语言表述，以增强其感染力。

第二节 交际场合语体

　　语言最本质的功能是其社会交际功能。人们通过口语进行交际时，都会自觉或不自觉地注意交际场合。在特定的环境里，人们会选择相应的言辞，所以语言和交际场合是相互关联的有机体。忽视了这种相互依赖关系，人类的交际就无法有效完成。这里说的交际场合，主要包括交际对象、交际的客观环境和交际双方的社会地位、文化修养等方面的因素。不同的人，会使用不同的口语语体。不同的交际场合，口语语体也不尽相同。即使是同一个人说话，也可能因对象不同、场景不同、题材的差异而使用不同的口语语体。如政治家的演说显得严肃庄重，引人入胜；受过良好教育的人的措辞通常文雅得体；普通人讲话则通俗易懂。这就是口语语体在不同交际场合的具体表现。从使用域角度来看，普通话到底有多少口语语体呢？对这个问题很难作全面的回答。每个语言社团都使用其独特的语体进行交际，从交际场合看，我们在学习和工作中经常接触到的主要有四种。

一、庄重语体

　　庄重语体主要用于重要的或比较重要的场合和比较严肃的主题中。在重要的会议、演讲和报告、论文答辩、对申请工作者进行面试、就比较严肃的议题进行谈判以及与陌生人相见或向陌生人询问事宜等情况下，人们常常使用这种语体。使用者大多受过良好的教育，有一定的社会地位。该语体的特点是包含大量书面语的词汇和句子结构，其语言规范，结构严谨，同时又保持了口语的自然流畅性。庄重语体在外交辞令中尤其表现突出。

　　例如2010年9月就中日双方钓鱼岛撞船事件，外交部发言人答记者问。

　　问：最近关于钓鱼岛撞船事件有很多评论和分析。有评论说此事反映出日本相对软弱，使中国的其他邻国担心中国的和平崛起。也有评论说这可能会重新使东盟国家与美国加强关系从而抗衡中国的影响力。你对这些评论有什么看法？

　　答：在维护国家领土、主权问题上，中方的态度是坚定、明确的。但我们也一贯主张根据国际法与有关国家通过友好协商，和平解决有关问题。上次记者会上也有记者问到中国与东盟国家在处理南海有关问题上的情况，我已经向大家比较详细地介绍了中方立场。中国奉行睦邻友好的周边外交政策，中国的发展是和平的发展、合作的发展。中国始终不渝坚持走和平发展道路，奉行互利共赢的开放战略。我们与东盟各国保持着良好的合作关系，友好合作是中国与周边国家关系的主流。我们一贯主张通过双边协商，以和平方式解决有关争议。我相信东盟和其伙伴国都会本着相互尊重和平等相待的精神开展对话，这种对话应有助于增进本地区国家间的政治互信、睦邻友好和共同发展。

　　简评：外交部发言人这段答记者问，大量使用书面语言甚至法律术语，庄重、严谨、规范、简约，既明确表示了中国政府的立场，又不失大国风范。

　　这种外交辞令是典型的庄重语体。

二、常态语体

　　常态语体是日常生活和工作中常见的一种语体。人们在日常生活、学习工作、商店购物、旅游娱乐等场合往往使用这种口语语体。这是一种介于正式语体和通俗语体之间的中间体，其特点是强调交际目的的实现，语言结构既不过分拘泥严谨，也不随便散漫。虽然用词通俗易懂，结构简单，但都很完整，没有随便语体中常见的省略现象，语言既不能太庄重，也不能太随便，语气也是如此。比如两人初次见面，不可能太随便，但如果不是非常正式的场合，也不致拘泥和刻板，交际用语也介于雅俗之间，请看下面介绍广东的一段导游词。

各位团友，大家好：

非常欢迎大家从北方来到我们广东旅游。各位来到广东会发现一些与北方生活习惯不同的地方，比如我们马上就要去用餐了，一坐下来服务小姐就会问大家喝什么茶，而在北方一般是饭后喝茶的，到时你可千万别说不喝啊，我自己也是从北方来广东工作的，我刚来广东时就闹过不喝茶的笑话。

那次进了酒店刚坐下来，服务小姐就来问喝什么茶，我想着吃饭就吃饭，喝汤不就结啦，喝什么茶，于是答道："不喝。"服务小姐用奇怪的眼光上下打量我，过了半晌，好心地冒出一句："喝茶不要钱的。"搞得我十分狼狈。另一次也是一坐下来服务小姐就问我喝什么茶，我又答不喝，这次那位小姐也把我上下打量了一番，然后有点凶恶地说："不喝也要收茶位费！"现在我再到哪里吃饭，都乖乖地喝茶了。

所以各位也入乡随俗吧，不管你平时有没有饭前喝茶的习惯都也点上一味茶，可以省掉不少麻烦啊。在广东一般喝红茶或乌龙茶，许多北方人喝不惯，但有一味菊花茶是用纯杭白菊泡成，老少皆宜，清凉去火，味道又芳香可人，大家不妨一试。

来到广东还有一样要注意的就是说话，大家从一下飞机可能就已感受到，周围的人不是说着您完全听不懂的语言，就是说着怪腔怪调的普通话，舌头强卷不卷，让人听着直帮他累。广东有句俗话："天不怕，地不怕，就怕广东人说普通话"，他们就连"普通话"这三个字都说不好，说得像"煲冬瓜"，后来他们常常干脆自嘲地说自己又煲冬瓜了。说普通话对于他们那从不用卷起的舌头来说真是一项光荣而艰巨的任务。记得有一次我带团乘飞机，坐的是北方航空的飞机，空中小姐都是说普通话的，来倒饮料时机舱里噪声有点大，我回答要"橘子汁"的时候空姐没听清，结果旁边几个广东团友一起帮忙，纷纷操起广东普通话对空中小姐说："要挤挤鸡！"听得空姐目瞪口呆，真是越帮越忙。

好了，各位团友，我们的餐厅就快到了，等会儿用餐的时候如果有服务员来问你"要不要挤挤鸡啊？"你就知道是怎么回事了吧？

简评：导游词是导游对初次见面的游客说的，当然不能太随便，否则客人会认为你太轻率，不值得信任。但也不能太庄重，游客不是来听领导的报告，是来轻松娱乐的，刻板枯燥的言辞只能让游客昏昏欲睡。这篇导游词幽默风趣，让游客轻松一笑的同时，也拉近了双方的心理距离。但也不致轻率随意，可以说是比较好地把握了常态语体的特征。

三、随意语体

随意语体用于家庭成员、亲朋好友之间的闲谈，彼此之间说话无拘无束，不拘泥于形式。不拘礼节的一般性家访或朋友偶遇等场合均可以使用随意语体。语体中的句子结构简单、闲散，常常用大量的简略句和短语，用词简短、浅近，语气随和、轻松。例如2006年春节文艺晚会小品《说事儿》中的一段台词。

[白云]咱接着唠。
[崔永元]好！那我就再问大叔一个问题。
（黑土向崔永元示意不能说话）
[崔永元]啊？
[白云]嗯？
[崔永元]啊，怎么了大叔啊？（黑土捂着嘴）
[白云]啊，他胃疼。说你胃疼呢。
（黑土捂肚子）
[白云]这咋还下垂了呢？
[黑土]（捂着胃）胃在哪儿呢？
[崔永元]啊呀，大妈您家教真严哪！您让大叔哪疼他就哪疼啊。
[白云]没有，他，身体不舒服，你问我呗。
[崔永元]我刚才看了您这书啊，第一章，就叫《回家》。说的就是上次做完节目回铁岭的时候，那场面，特别壮观吧？
[白云]那怎么叫"特别"壮观呢？那是"相当"壮观哪！那家伙，那场面大的，那真是：锣鼓喧天，鞭炮齐鸣，红旗招展，人山人海，那……
[黑土]崔我求求你，我把这玩意儿戴上吧！
[白云]（摘下耳机）我说的都是假的是不？
[黑土]真的。
[白云]你听不下去是不？
[黑土]能。
[白云]那你扣它干啥呀？！
[黑土]胃疼。
[白云]咋这么烦人呢你说？崔，你接着问啊。甭理他，没见过世面。
[崔永元]我知道，其实大妈成了名人以后见世面挺多的，参加的活动很多吧？
[白云]那是"相当"多。一天到晚，俺们就是到处演出，四处演讲，还给人剪彩。
[崔永元]出场费也不少吧？
[黑土]她80，我40。
[白云]都税后。
[崔永元]那都给哪剪彩呀？
[白云]都是，大中型企业。
[黑土]大煎饼铺子、铁匠炉啥的。

简评：这是赵本山和宋丹丹主演的经典小品之一，虽然是小品，但也是模仿家人或朋友之间的闲谈，不拘礼节的，语句很短，结构不完整，多有省略。比如"出场费也不少吧？""她80，我40。""都税后。""那都给哪剪彩呀？""都是，大中型企业。""大煎饼铺子、铁匠炉啥的。"这些话单独出现都不成句，只能通过上下文的语境才能理解透彻，这是随意语体的典型特征。

四、亲密语体

亲密语体是一种关系极为亲密的人自由交谈时使用的语体。只能在家庭或非常亲密的朋友之间使用。由于交际双方关系亲切,彼此对交谈内容的背景熟悉,因此三言两语,即能达意。美国语言学家马丁·裘斯所写论语体的书《五只钟》,他认为最简单的语体是家属间不经意的亲密语体,并以晚餐桌上丈夫口中对咖啡的评语"嗯哼""冷的"为典型例子。按裘斯的说法,这种最不经意的语体中总是把话语三连环(指用词、语法、语调)尽量略剩一环,例如:"冷的"只剩了第一环(用词),"嗯哼"只剩了最后一环(语调),其他的信息让听者自行补足信息。但裘斯也指出,亲密语体本不是用来传递信息的,妻子早就知道咖啡已冷。假如需要丈夫告诉她这一点,那么会使用随意语体的"Coffee's cold"(咖啡是冷的)来说。这就是由于说话内容需要,而增加语言表达明确性的例子。

在上述的四种口语交际场合的语体中,我们常把第一种称为"正式语体",而把第二、三、四种称为"非正式语体"。了解其各自的特点,对我们准确、灵活地使用普通话口语是大有裨益的。然而,不论是哪种语体,我们都可以从其词汇、句法、修辞手段及语言语调方面予以分析。最后要强调的是,各类语体所具有的特点与它们之间所存在的共同之处相比依然只占很小的比例,这是因为任何一种语体的主体仍是核心语言。所谓核心语言包括基本词汇、基本句型、共同的语音、语调、拼法、标点符号以及基本的语法规则等。因此,对普通话口语语体的正确运用与研究有赖于对书面语的熟练掌握。

第三节 语言表达手段

口语交际的展开,有赖于语言的表现力。语言的表现力是指通过语音的控制、语言的组织来表情达意、引导听众的能力。语音的控制主要是声音形象的创造,语言的组织主要是指话语的构造。

一、声音形象的创造

口语交际过程中,语音是传情达意的外在形式,也是最直接的形式。声音形象的创造是指利用声音手段进行交际,这些手段主要包括语调、音量、停顿、语速、语气、节奏等。这些手段能够配合语言传递出各种情感和意蕴。

1. **语调**

语调就是声音高低、强弱、快慢的变化,即通常所说的抑扬顿挫。语调实质上就是说话人对事物的态度在语言中的表现。说话的语调如果从头到尾都是平的,听话的人就会觉得很枯燥;如果说话语调有抑扬顿挫,就能引人入胜。

下面对关系语调变化的两个要素的运用技巧作些介绍。

(1)重音技巧。这里所说的重音,是指根据表情达意的需要,有意加重音量与力度的某个或某些词。人们说话时,往往把主要的意思通过加强语气来表达,以引起听众的注意,重读的部分就是一句话里的中心和主体。

语句重音,常用的是语法重音。它是指句子中不同的语法成分读音轻重不一,其中有的句子成分要读得重些。比如:谓语一般要比主语读得重些,如:"同志们辛苦了!""中华人民共和国成立了!""让我们一起干一杯!"

此外,还有逻辑重音,又称作强调重音,是根据说话的目的和重点,有意将某些词或词组读得重些。同一句话,重音不同,意思也就有所不同。比如:"我请你喝茅台酒",如果重音是"你",那是强调请客的对象;如果重音是"茅台酒",那是强调喝的东西;如果重音是"我",那是强调请客的主人。

(2)升降技巧。语调的升降,是指语调的高低抑扬变化。同一语句,往往因为语调升降处理不一样,而表达出多种多样的意义。

这是100万元。(一手交钱,一手交货,司空见惯)

这是100万元!(强调金额很大)

这是100万元?(怀疑,不相信有这么多)

这是100万元?(惊讶,怎么这么多)

这是100万元?(喜悦,为一下子有这么多钱而高兴)

这是100万元!(后悔,不该错过赚大钱的机会)

从上例可以知道,语调的升降变化,在句末较为明显。语调可分为四种:高升调、降抑调、平直调、曲折调。

高升调:句子的语势由低到高。一般表示惊讶、疑问、反诘、呼唤、号召等,例如:

近来你的学习成绩怎么下降了!

全世界无产阶级联合起来!

降抑调:句子的语势由高到低。一般表示肯定、感叹、恳求、自信、祝愿等,例如:

我们的理想一定能实现。

请你帮我解决这个问题吧。

平直调:整个句子语势平稳舒展,没有明显的高低变化。一般用于陈述、说明、解释,表示严肃、庄重、平静、冷漠、悼念等,例如:

我们面临着严峻的考验。

毛泽东永远活在我们心中。

曲折调:句子的语势曲折变化,有起有伏。一般用来表示夸张、讽刺、幽默等,例如:

她太可爱了,连哭鼻子的样子也招人喜欢。

好个国民党的友邦人士!是些什么东西!

2. 音量

音量是指声音的大小。人们讲话时,声音的大小会不断地变化,这个变化不是无目的、随意的,而是由思想感情的变化所决定的。思想内容重要之点、情感激烈之处,声音就要大些;反之,声音就可以小些。口语交际中,一个小若蚊虫、大家扯着耳朵都无法听清在哼唧些什么的声音,会给交际带来巨大的障碍。

讲话时音量的大小有两点基本要求:一要恰当、适度。声音当大则大,当小则小,当平则平。大,不可大到声嘶力竭的程度;小,不可小到别人没法听到的地步。二要顺畅、自然。音量不可没有根据地忽大忽小,生硬地变换音量,不仅听起来不自然、不舒服,还会引起误会,干扰内容的正常表达。总之,音量的大小变化是由思想感情决定的,而恰当的音量又会有助于思想感情的表达。

3. 停顿

停顿就是指句子当中、句子之间、段落之间的间歇。常用的停顿有以下几种。

(1) 换气停顿。由于换气的需要,在表达过程中必然要有停顿,这种停顿即换气停顿。特别是有些长句,中间没有也不应有标点符号,而一口气却无法说完,必须酌情进行换气停顿。比如这样的长句。

"饮水思源,我们怎能不万分感激‖和无限缅怀伟大领袖毛主席‖和敬爱的周总理呢!"

"我祝愿全国的青少年‖从小立志献身于‖雄伟的共产主义事业……"

标有"‖"符号的地方是指需要换气停顿的地方。事实上,这里的停顿,不仅是为了换气,而且是为了加强语言的清晰度和表现力。倘若将上述的两个长句不停顿地勉强一口气念完,既难做到清晰,又不可能有多大表现力,平淡得很,勉强得很。

换气停顿要恰当,必须服从内容和思想感情表达的需要,尽管换气停顿的具体方法每个人不尽相同,但是不能随心所欲,想在哪里停顿就在哪里停顿。比如,上例第一句如果按下述方法换气停顿,变成"饮水‖思源,我们怎能‖不万分感激和无限缅怀伟大领袖‖毛主席和敬爱的‖周总理呢!"就不能恰当地表达思想感情了,甚至会引人发笑,显得有些滑稽。

有些句子如果在不同的地方停顿,意义会不同,甚至会完全相反。比如:"他望着我笑了起来",若在"我"后面停顿,是指他笑了起来;若在"望着"后面停顿,是指我笑了起来。

(2) 语法停顿。是根据句子的语法结构所做的停顿。这种停顿,一般根据标点符号进行时间长短不一的停顿,凡有标点符号的地方都应有适当的停顿。

(3) 逻辑停顿。是指有时为了表达某种感情,强调某一观点或概念,突出某一事物或现象,在句中没有标点符号的地方做适当的停顿,它不同于前两种停顿,逻辑停顿是最小单位,常常是一个词。

我相信,‖我们的祖国‖一定会有自己的女宇航员!

这种逻辑停顿,虽然随着所强调的和突出的内容不同,停顿的地方可以有所不同,但是,它仍然要受语法停顿的制约,一般是在较大的主语和谓语之间,动词和较长的宾语之间,较长的附加成分中心词之间,较长的联合成分之间作逻辑停顿。

(4) 心理停顿。又称感情停顿,它没有固定的模式,既可以在句子开头停顿,也可以在句子中间或结尾停顿。前几种停顿,停顿的时间都较短,通常最长只能是几秒钟。而心理停顿,可短亦可长,短则几秒,长则几十秒,甚至几分钟,由表达者根据所表达的内容或情感的需要,自行设计和掌握,运用得好,可以产生很强的艺术效果。

心理停顿主要用于以下场合。

第一,论理之后拟举例说明,需作停顿,举例结束亦作停顿。前者是为了引起听众注意你的"转折"之举,后者是为了让听众引发联想,举一反三,触类旁通。

第二,设问之后、回答之前需作停顿。如前所说,有些设问是不作答的,而有些设问是自问自答的,在设问后自答前,应作停顿,既可使听众产生悬念,还可为后面的出人意料的巧妙回答做出铺垫。

第三，感叹或感叹之余需作停顿。感叹之余，紧接着运用心理停顿，以加深听众的印象，引起听众的共鸣。

第四，话题转移或告一段落之际需作停顿。这是为了让听众将已讲完的话题暂时搁下，做好迎接新话题、新内容的心理准备。

4. 语速

语速是指说话或朗诵时每个音节的长短及音节之间连接的紧松。说话的速度是由说话人的感情决定的，朗诵的速度则与文章的思想内容相联系。一般说来，热烈、欢快、兴奋、紧张的内容速度快一些；平静、庄重、悲伤、沉重、追忆的内容速度慢一些。而一般的叙述、说明、议论则用中速。以《雷雨》中周朴园和鲁侍萍的对话为例，朗诵时应根据人物心情的变化调整语速，而不应一律以一种速度读下来。例如：

周：梅家的一个年轻小姐，很贤惠，也很规矩。有一天夜里，忽然地投水死了。后来，后来——你知道吗？（慢速。周朴园故作与鲁侍萍闲谈状，以便探听一些情况。）

鲁：这个梅姑娘倒是有一天晚上跳的河，可是不是一个，她手里抱着一个刚生下三天的男孩，听人说她生前是不规矩的。（慢速。侍萍回忆悲痛的往事，又想极力克制怨愤，以免周朴园认出。）

鲁：我前几天还见着她！（中速）

周：什么？她就在这儿？此地？（快速。表现周朴园的吃惊与紧张）

鲁：老爷，您想见一见她吗？（慢速。鲁故意试探）

周：不，不，不用。（快速。表现周朴园的慌乱与心虚）

周：我看过去的事不必再提了吧。（中速）

鲁：我要提，我要提，我闷了三十年了！（快速。表现鲁侍萍极度的悲愤以致几乎喊叫）

5. 语气

语气是体现说话人立场、态度、个性、情感、心境等起伏变化的语音形式，它是思想感情、词句篇章、语音形式的统一体。有了恰当的语气，才能讲出一连串声音符号，生动、正确地反映出朗诵者的本意。语气具有综合性，既包括声调、句调，还包括语势。

（1）从句型看，有陈述句、疑问句、感叹句、祈使句四大类。在交际时，相应有陈述语气、疑问语气、感叹语气、祈使语气的区分。例如：

游客们，我们游览的下一站是敦煌的莫高窟。

这是个陈述句，适用平铺直叙的陈述语气。

你怎么还没有办理登机手续呀？

这是一个疑问句，要用疑惑不解、由衷发问的语气。

从这个时候开始，我们脚下的这座城市，终于回到了祖国的怀抱！

这句话是感叹句，要用带有真实情感、有感而发的感叹语气。

放下武器，把手举起来！

这句话是祈使句，要用声色俱厉、命令的祈使语气。

（2）从语句表情达意的内容来说，有表情语气、表意语气、表态语气的区分。

首先，使用表意语气。用这种语气讲话，句子中通常有相应的语气词，它或者独立成小

句,或用于小句末尾,或用于整个句子的末尾。例如:
① 对此,你的意见如何呢?(反问)
② 你真的事先一点也不知道吗?(质问)
③ 你不要一意孤行,执迷不悟啊。(提醒)
④ 排长,敌人上来了,打吧。(催促)
⑤ 您把那本书借给我看几天吧。(请求)
⑥ 站住!否则我就开枪啦。(命令)
⑦ 你上哪?(询问)
⑧ 你昨天怎么旷课啊?(责备)

其次,使用表情语气。通过这种语气,向听众表达自己的某种情感。句子中通常也有相应的语气词。
① 哎呀,这下子可好了。(喜悦)
② 鬼子真是坏透了。(愤恨)
③ 他这位才华横溢的作家死得太早了。(叹息)
④ 这一仗打得真漂亮啊!(赞叹)
⑤ 哦!我终于弄明白了。(醒悟)
⑥ 呸!你这个无耻的叛徒!(鄙视)

最后,使用表态语气。通过这种语气,向听众表达自己的某种态度。句子中有时也用语气词。
① 他确实尽了最大的努力。(肯定)
② 这件事恐怕难以办到。(不肯定)
③ 我不希望看到那样的结果。(委婉)
④ 你认为这样做行吗?(商量)
⑤ 这种意见是错误的。(否定)

此外,从表达方式来说,又有叙述、描写、抒情、议论、说明等不同的方式,它们各自的语气也不一样。还有,从所表达的内容和其中蕴涵的表达者的思想感情来说,更是千差万别,因而所用语气的平转急缓、张弛高低也各不相同、变化万千。

6. 节奏

口语交际中,节奏的把握是一种综合能力。依据思想感情起伏变化结构的疏密松散,说话人调动语调的抑扬顿挫、轻重缓急以及举止等要素,有秩序、有规律、有节拍地组合,便形成了说话的节奏。

节奏的类型主要有:

(1) 轻快型。多扬少抑,声轻不着力,语流中顿挫少,且顿挫时间短,语速较快,轻巧明丽,有一定的跳跃感。全篇重点处的基本语气、基本转换都比较轻快。

(2) 凝重型。多抑少扬,多重少轻,音强而着力,色彩多浓重,语势较平稳,顿挫较多,且时间长,语速偏慢。重点处的基本语气、基本转换都显得分量较重。

(3) 低沉型。声音偏暗偏沉,语势多为落潮类,句尾落点多显沉重,语速较缓。重点处的基本语气、基本转换多偏于沉缓。

（4）高亢型。声音多明亮高昂，语势多为起潮类，峰峰紧连，扬而更扬，势不可遏，语速偏快。重点处的基本语气、基本转换都带有昂扬积极的特点。

（5）舒缓型。声音多轻松明朗，略高但不着力，语势有跌宕但多轻柔舒展、语速徐缓。重点处的基本语气、基本转换都显得舒展、徐缓。

（6）紧张型。声音多扬少抑，多重少轻，语速快，气较促，顿挫短暂，语言密度大。重点处的基本语气、基本转换都较急促、紧张。

二、语言组织

在口语交际中，有声语言的组织是传递信息最重要的工具，提高语言的组织能力，可以从词语的锤炼和句子的构造入手，使口语表达的内容更加准确、更具感染力。

词是最小的语言单位，是意义内容和声音形式的结合体。句子的构造、语篇的形成都以词为基础。在口语交际中，词语的锤炼就是在深刻理解词义和词音的基础上，根据表达的目的、对象、内容等选择恰当的词语，力求准确鲜明、和谐动听、富于感染力。

1. 词语的锤炼要做到声音和谐

（1）音节匀称。音节的匀称主要是指结构相似、音节数目相等。在交际中，选择词语，应讲究音节整齐，使语言具有节奏感。

我爱我们祖国的土地！狂风曾来扫荡过它，冰雹曾来打击过它，霜雪曾来封锁过它，大火曾来烧灼过它，大雨曾来冲刷过它，异姓奴隶主的铁骑曾来践踏过它，帝国主义的炮弹曾来袭击过它。

——黄药眠：《我爱我们的祖国》

句中的几个分句构成了结构相似、字数基本相同、音节整齐匀称的排比句，显得感情充沛，很有气势。

（2）平仄相调。平仄相间、抑扬顿挫是汉语语音修辞的常用手法。平声长而平缓，是扬；仄声短而曲折，是抑。

音节安排恰当，平仄相配，就使得诗歌或散文声调抑扬起伏，和谐动听、构成汉语的音律美。

虎踞龙盘今胜昔，
天翻地覆慨而慷。

——毛泽东：《人民解放军占领南京》

诗句的平仄是：仄仄平平平仄仄，平平仄仄仄平平。

（3）韵脚和谐。把韵母相同或相近的字放在句子的末尾，这就叫押韵。押韵通过同韵相押使句子的末尾字音回环反复，同音相应，给人以和谐悦耳的美感。

卑鄙是卑鄙者的通行证，
高尚是高尚者的墓志铭。
看吧，在镀金的天空中，
飘满了死者弯曲的倒影。

——北岛：《回答》

诗中的韵字是"证""铭""影"，押"ing"韵。声韵和谐，悦耳动听。

(4) 叠音自然。叠音词是指用音节重叠的方式构成的词。如密密麻麻、朗朗、嗡嗡、兴冲冲等。叠音词的声音有很强的音乐性,听起来和谐悦耳,给人以美的享受。作品中使用叠音词,可增强语言的音律美。

五颜六色的街灯闪闪烁烁,远远近近,高高低低,时隐时现,走在路上,就像浮游在布满繁星的天空。

——丁玲:《曼哈顿街头夜景》

句中,闪闪烁烁、远远近近、高高低低都是叠音词,读起来很有节奏感,清新明朗,让人在领略街灯多姿多态的美的同时,也在声音上给人一种音乐美的享受。

2. 词语意义的锤炼

(1) 多义词语。汉语中的许多词语都有不止一个义项,这几个不同的义项都是从一个基本意义派生出来的,有着共同的基础,相互之间存在着必然的联系。要恰当地使用多义词语,就要清楚地辨析词义,了解词义之间错综复杂的关系,选择最恰当的义项。

(2) 同义词语。丰富的同义词是语言发达的表现,也为准确地表现客观事物的特征,反映事物之间的细微差别,提供了充分的选择空间和余地。因此,恰当地选择同义词,是取得最佳修辞效果的基本功。

(3) 反义词语。使用反义词语可以对两个事物进行对比,鲜明生动地反映出事物的矛盾,起到对照映衬的作用,增强文章的表现力和说服力。

三、句子的构造

在口语交际中,句子的构造不仅要求准确精练、通俗易懂、生动形象,还要做到音律和谐,具有表现力和感染力。在交际中,要在句式的选择上狠下功夫。

1. 整齐的句式

句式整齐是指使用整句,即整齐的对偶句、排比句等。这种句式结构相同或相似,音节匀称,讲起来富有节奏感,听起来悦耳。

老年人如夕照,少年人如朝阳;老年人如瘠牛,少年人如乳虎;老年人如僧,少年人如侠;老年人如字典,少年人如戏文;老年人如鸦片烟,少年人如白兰地酒……

——梁启超:《少年中国说》

这段话几乎用的都是对偶句和排比句,两两相对,结构相同,字数相等,匀称凝练,其韵律如水流,如泉涌,节奏明快,潺潺悦耳,颇具诗词文赋工整骈俪的韵味。听句式整齐的话语犹如聆听被检阅部队的整齐的脚步声,声声叩击听众的心弦,不仅给人以美的享受,而且可使听众更好地了解说话者的主旨。

2. 整散结合的句式

不同的句式有不同的表达功能。整句匀称,排列工整,说起来朗朗上口,听起来顺耳悦心;散句自由,结构灵活,讲起来不受束缚,听起来亲切自然。但是如果在交际中都用整句,或一"散"到底,就会显得单调呆板、枯燥乏味,不会收到好的效果。反之,如果把整句和散句结合起来交错使用,灵活搭配,就会使语言的韵律、节奏变化多姿,产生一种"大珠小珠落玉盘"的整齐错落美。

春分刚刚过去,清明即将到来。"日出江花红胜火,春来江水绿如蓝。"这是革命的春天,这是人民的春天,这是科学的春天! 让我们张开双臂,热烈地拥抱这个春天吧!

——郭沫若:《科学的春天》

这段话的前四句是两组对偶句,句子匀称,对仗整齐,音韵和谐,有一种击节拍案的整齐美。中间三句是排比句,增强了演讲气势。最后用两个散句结束,好像在"齐步走"的队列中变化出自由的舞步一样,给人一种新鲜感。全段把整、散句式巧妙搭配,参差变化,既防止了行文呆板,又不致使语言"慢坡放羊"过于松散。听这样的演讲,犹如弹奏《十面埋伏》,其韵律起伏跌宕,节奏错落有致。

3. 长短相间

在交际中,一般不宜使用长句。因为长句词数多、结构复杂,如果掌握不好,不仅讲起来费劲,还容易使语意支离破碎,听众也不易把握和理解。然而长句也有长句的好处,它容易把内容表达得周详而充实,把各种关系表达得准确而严密。如果根据演讲内容的需要,在短句中恰当地夹上一两个长句,既可使内容表达得具体,感情表达得充沛,又可形成音韵的参差美。

报纸要能够密切联系群众,那是很好的;但是,如果给群众以错误的东西,散布坏影响,散布错误的思想、错误的言论、错误的政策,把群众中的消极因素、落后因素、破坏因素鼓动起来,就要犯大错误。因此,报纸工作如果做不好,就是最厉害的脱离群众,就会发生很危险的情况。

——刘少奇:《对华北记者团的谈话》

这段讲话中,就是在短句中夹有一个结构复杂的长句。短句,节奏明快,干净有力;长句,语意充实,语流舒缓。

4. 有问有答

在口语运用中,为了更好地表达自己的观点和思想,引起听众的注意,说话人常使用有问有答的设问句式。

你们问:我们的政策是什么? 我说,我们的政策就是用我们的全部力量,在海上、陆地和空中进行战争,同一个在人类黑暗悲惨的罪恶史上所从未有过的穷凶极恶的暴政进行战争。这就是我们的政策。

——丘吉尔:《热血·辛劳·眼泪和汗水》

这段演讲用的就是问答句式,不仅显出了层次,强化了语意,而且造成了音韵上的抑扬美。问句简单,语气平淡,语势呈"抑",音韵显"扬";"答"的部分正相反,具体细致的问答,使语势高"扬",音韵呼应问句的"扬"为之一"抑",讲起来声调形成了高低升降、抑扬顿挫之势,构成了演讲语言的音乐美,增加了语言的艺术性和吸引力。

5. 先略后详

先略后详的句式,即对一种意思分层表达,先略叙主干,接着再用详叙进行内容的补充强调,使语意由浅入深,而使音律和节奏形成一种由简到繁、由弱到强的层次美。

他的全部的书仅仅形成了一本书,一本有生命的、有光亮的、深刻的书。

——雨果:《巴尔扎克葬词》

我们只有一个目标,一个唯一的、不可变更的目标。

——丘吉尔:《关于希特勒入侵苏联的广播演说》

以上带点的词语,前面的是简单叙述,意思单薄,语词一般。作为后补部分的详叙,内容充实详尽,语气强烈。听众如同听到了"踢踏舞"的节奏,耳膜得到了美的享受,心也随着激荡起来。

6. 句式回环复沓美

"回环"句式是指运用相同的词语或句子形成的循环往复的语言形式。它常常借助于"顶针""回环"的手法。

指挥员正确的部署来源于正确的决心,正确的决心来源于正确的判断,正确的判断来源于周到的和必要的侦察,和对于各种侦察材料的连贯起来的思索。

——毛泽东:《中国革命战争的战略问题》

政治越能改进,抗战越能坚持;抗战越能坚持,政治越能改进。

——毛泽东:《论持久战》

前一例是一种首尾相连、上递下接,且用相同词语衔接的"顶针"句式,似反复又不同于反复,读起来有一种如链条般的环环相扣、翠屏重叠的复沓美。而后一例不仅首尾相连,而且构成了一种封闭型的圆环式,使韵律旋转回环,听起来给人一种比"顶针"更为新鲜、奇巧的复沓美。

总之,根据说话内容的特点,调动起一切不同的句型,巧妙搭配,不但可使说话人言之上口,听话人听之顺耳,而且可以更好地抒情广义、壮势美文,增强表达效果。

第四节 口语与书面语的区别

人们交流思想感情的方式一般来说有三种:一是口语;二是书面语;三是态势语。首先是口语,是最基本、最常用的交际形式;其次是书面语,而态势语则是起辅助作用的一种交流形式。口语交际有别于书面语表达。相对于书面语表达来说,交流双方运用口语进行交流,除了"说"和"听"以外,也会感觉到现场交流过程中彼此的情感变化。交流始终是在主观意识的支配和客观条件控制的动态过程中进行的。这些是书面语表达无法做到的。具体来说,口语与书面语有以下不同。

一、口语交际环境独特

口语的交际往往是在一定的环境中进行的。口语交际环境的独特性指的是这个环境中的交流主体——双方交流对象,以及交流时的时空氛围是特定的、独一的,否则便不具有现实性。

首先,交流对象就是口语交流的直接参与者。双方交流时,既发出信息也接受信息反馈,也就是双方都一边说一边听。说话人可以根据听话人的兴趣、理解程度,随时调整自己的交流内容;听话人也可以通过说话人的语气语调的变化,比如停顿、重音、强调或解释性的重复,来做出更准确的分析。口语交流双方所营造的现场气氛,无疑也会直接影响彼此的情绪,从而左右交流的结果。比如,情绪是高昂还是低落,态度是热情还是冷淡等。交流双方一开口甚至一见面,马上就会有一个直观的感受。一个成功的交流者往往会察言观色,充分利用或适当调控交流情境,以实现自己的交流目的。这些都是书面语表达所无法企及的。

其次,特定的交流时空是口语交流的必要条件。在特定的时间和空间里,人们或围绕某一个话题交流思想感情,或漫无边际地聊天,但不管主题如何,时间、地点是无法复制的。因为同一句话离开了特定的场合、对象,人的情绪、心理、气氛,都会发生不同程度的变化,意义也就不可能完全一样了。

口语交流环境的独特性,决定了每一次口语交际过程都是独特的。它不能重复,也不能再现。对象、时空,包括现场的氛围,任何一项条件发生变化,交流效果都会有所不同。

二、口语交流与思维的统一

口语交际虽然是一种言语交流,但这种交流与思维是不可分开的,是内部思维通过口头语言外部化了。口语交流受时空的制约,需要敏捷的思维。口头表达稍纵即逝,话一出口就成为最终形式。所以,尽管事先可能有一个思路,一旦开口,还得临时组织,不可能像书面语表达那样反复思考、多次修改。如要更改,必须重复一遍,但话已出口,影响已经造成。所以,要使说话连贯、不中断,不出差错,就必须快速思考,保证口语与思维同步进行。当然,听话者同样也要快速整理言语,边想边听,边听边分析归纳,这样才能理解别人说话的要点、重点,辨别婉转、含蓄的言辞,懂得言下之意、话外之音。有时口语交流难免会出现"卡壳"的现象,或语义偏差,或语句不流畅。在这种情况下,应该尽量注意调整,将思维和口语之间的"时间差"降低到最小。

三、口语交流句式简单

在口语交流中,说话人通过现想现说来完成信息发送,无法做到像书面语表达那样谋篇布局、精心加工,无法讲究逻辑的严密、语法的规范、结构的完整和修辞的生动。语义上的简略主要表现为用语简明扼要,形象具体,修饰语少,主干突出。语形上的随意,主要是指语言形式的结构上,比较灵活,没有那么讲求规范。

总之,口语交流与书面语相比,具有较强的优越性,交流更直接,更能引起思想感情的共鸣。书面语是在口语的基础上形成的,易于让人反复琢磨,通过加工可使之周密严谨。在现实生活中,许多信息的传递和交流只能通过口语交流的方式进行,才能相对保证私密性、可靠性,因为它是"面对面"的交流。

第八章 交谈与接待

交谈是日常生活中人们使用最为广泛、最基本的一种交流方式。交谈是由两个或两个以上的人以口头语言为工具,以对话为具体形式,面对面(或通过声讯、视频等手段)进行思想感情和信息交流,以达到相互了解的一种语言表达活动。

在社会生活中,交谈不仅仅局限于人与人之间的感情交流,而且许多工作和职业都要通过谈话进行。例如:商务领域洽谈生意,接待顾客;工厂企业签订产销合同,商讨生产方案;医生寻病诊断,交流会诊;教师讲课释疑,家访谈心;记者调查采访;等等。这些都是在交谈中进行的。

可见,交谈是生活中不可缺少的交流方式。广泛的交谈可以沟通信息、获取知识,可以加深感情、增进友谊,可以消除误会、加深了解,还可以成功地进行业务洽谈、创造效益,也可以明辨是非、伸张正义。因此,理解交谈的特点,运用多种交谈形式,掌握一些交谈的原则和技巧,恰当运用交谈这门语言艺术,可以帮助我们更高效地生活和工作。

第一节 交谈的特征和形式

交谈活动以对话为基本的交流形式,其构成要素包括发话者(主体)、受话者(客体)和对话内容三方面。在交谈中,对话的主体和客体是互换的,即语言表述的行为呈双向性或多向性(两人以上交谈时),交谈的内容也是会发生变化的,因而交谈具有相互性和灵活性。交谈也可以在没有事先安排的情境下进行,因而具有即兴性。交谈可以是随意的聊天,可以是带有目的性的谈心,也可以是劝解、说服等形式。

一、交谈的特征

交谈作为人们日常生活中最为广泛的一种交流方式,有着其自身固有的许多特征。

1. 相互性

交谈的过程,实质上是交际双方相互的信息发出与反馈的过程,即双向发出,双向反馈,信息共享,以达到交流目的。交谈的双方自始至终,既是说者,又是听者。换句话说,交谈者是说者与听者的统一体。正如美国语言心理学家多罗西·萨尔诺夫所说:"交流是双行道。"他还说:"没有回应的谈话是无效的谈话,说话艺术最重要的应用,就是与人交谈。"交谈的参与者都积极进行信息的发出与反馈,两人的思绪保持畅通,并且指向同一方向;否则,一方得不到信息,或做不出反馈,交谈即无法顺利进行,就会发生梗阻现象。一方哪怕短时间的只听不讲,或者只讲不听,都不利于交谈的维持。

2. 即兴性

交谈通常是面对面进行的,它没有事先的约定和计划,带有一定的即兴性,其主题是在交谈过程中逐步形成并明朗起来的。即兴性的说话思考时间短,出语时间快,所以要求交谈者必须听辨认真、反应敏捷;否则交谈易受阻不畅,影响交谈效果。

3. 灵活性

交谈是一种比较随便、轻松、任意的语言交际方式,在大多数情况下是自然而然地自由发挥,没有明确的中心(有时有主题)。但由于受时间、地点和对象的变化,交谈过程中交谈者会不得不改变话题和说话方式,以免造成误会和不必要的损失。这里就不难看出一个特点:交谈具有灵活性。要使交谈气氛融洽,顺利愉快,就应根据对方的心理特征、语言习惯、文化水平、脾气秉性等予以对待,无须执着于某一件事,不要做无原则的争论。如果是带着任务的交谈(如劝导),也应在朝着话题而谈的前提下,恰当寻找有共同兴趣的其他话题。

二、交谈的形式

根据意图、目的的不同,交谈的形式多种多样。下面介绍聊天、谈心和劝解三种形式。

1. 聊天

聊天即俗话说的"闲聊""侃大山"。意图是有的,为了消磨时间,为了增添乐趣,为了得到新的信息,为了满足"发表欲"的愿望,等等,但往往并非事先就有明确的意图。话题是随意的,并且不时转换;人数可多可少,随增随减;内容海阔天空,无所不谈;气氛和谐轻松,说者任意说,听者随便听。如茶余饭后人们的闲聊,大学生就寝前的"侃大山"等都是聊天的形式。

2. 谈心

在日常生活中,或为了增进了解,或为了消除误会与分歧,或为了做好思想疏导工作,往往采用谈心的方式。美国总统林肯说:"无论人们怎么仇视我,只要他们肯给我一个略说几句的机会,我便可以把他说服。"可见谈心的作用之大。谈心时要平等相待,无论是上级对下级,还是家长对孩子、老师对学生,既然是谈心,就要彼此有诚意,地位高的一方要放下架子,使对方不感到有压力和拘束。

谈心要做好准备。谈心与聊天不同,它往往是相约进行的,所以要有所准备,尤其要了解对方的想法和心态,要找到打开心扉的钥匙。

谈心还要随便一些。可以从闲聊开始,说话中可以谈与主题关系不大的话,可以开点玩笑和讲些幽默有趣的事。总之,要消除紧张感,不宜"直奔主题"。

谈心更要讲究方式。或诱导式,或启发式,或直白式,或迂回式,或接迎式,等等。谈心还要注意一些禁忌:不要谈人家的"封闭区",不要采用教训式的口吻,不要自己一说到底。有的人和别人谈心只顾自己说,别人没有开口的机会,这就失去了思想与感情的交流,也就失去了谈心的意义。

3. 劝解

劝解也是常用的交谈方式之一。有效地进行劝解,能排除对方的顾虑和忧愁,能减轻对方的烦恼与不快,能解开对方心灵上的疙瘩,能使对方认识提高、精神振作。劝解的功能是开导、劝诫、疏通、安慰、指明、点醒。劝解要有针对性,把话说到事情的点子上,说到对方的心坎上。既要循循善诱,又要听对方的陈述,要帮助对方进行正反分析,既要以理服人,又要以情感人,该委婉的需要委婉,该直说的得直说,该剖析的应剖析,该指明的就指明。劝解还要设身处地地替对方着想,要让对方明白利害关系,有时还可以以退为进,就坡下驴。

第二节　交谈的步骤与注意事项

一次完整的交谈大致可以包括这样一些环节:寻找话题,展开话题,转移话题,结束话题。

一、寻找话题

俗话说:"话不投机半句多。"与人交谈,首先应找到"投机话题",即与对方观点、感情上的"一致点",使人较快产生"亲和感"。"一致点"主要包括工作、学习、家庭、志趣、健康等方面的内容。比如,如果对方是中老年人,就可以和他谈谈孩子的培养和学习,并适时地予以赞美,使之有"成就感",这是万无一失的"聊法";如果对方是相识的年轻人,聊聊他的志趣、爱好,如经商、炒股、旅游,并表示自己也有同样的经历和爱好,使对方有"英雄所见略同"之感,也是聊天的"万全之策";如果对方是陌生人,可就地取材,借对方的姓名、籍贯、年龄、服饰、工作、居室、宠物等,即兴"探"出对方感兴趣的话题,这更是聊出投机话题的"稳招"。

人们在聊天时,总是带有一定的情感和心理。这种情感和心理容易受到对方话语的影响,极不稳定,需要交谈者察言观色,随机应变并且能够及时调整语句表达,以保持兴奋的心理状态和情感。

调节情绪常用的方法有以下几种。

1. 善于让对方开口、多讲话

调节交谈情绪的大忌是以自我为中心,搞"一言堂"。交谈过程中,不管对方是熟识的人,还是陌生人,人们都希望自己的思想、情感、观点为对方所理解和接受;同时也希望对方能把自己当作知心人,说出内心世界的真实想法,让自己做他的忠实听众。因此,要设法让对方开口、多讲话,这样才能提起他的兴趣,赢得他的好感,使交谈能在共同愉快的氛围中进行下去。用什么方法让对方开口、多讲话呢?简言之就是要聊对方感兴趣的话题。

2. 从聊天场地找话题

请看下面的例子。

甲:呀,你墙上这幅照片好像是叫五彩滩吧?我也去过那里。

乙:是吗?你什么时候去的?

甲:去年7月份。新疆是个好地方。

乙:真是美极了。

……
两人由此攀谈起来。

3. 善于委婉表意

心理学的研究成果表明,一般人都比较容易接受赞扬的话,不太容易接受批评。当需要向对方提出批评时,可以采用委婉的语言表达自己的看法,帮助对方克服弱点。例如:

一位老师家访,本意是要告诫学生家长关心孩子的学习。但是她并没有直接表述,而是对家长说:"李强同学家长,您的儿子很聪明,将来必定大有作为。"家长听了这话,心里十分高兴。老师接着说:"您儿子这次考得不理想,不敢把考卷拿给家长签字,便模仿家长的笔迹自己签字。上课时,手在书桌下面搞小动作,但脸上的表情却好像在认真听课。这种才能不是每个孩子都有的,这反映出你儿子很聪明。如果引导得当,将来必成大器。"这位教师家访并没有直接告状,也没有批评家长,而是在笑谈中提醒家长多关心孩子的学习情况。由于老师巧妙地使用婉言表意法,使家访在轻松愉快的闲聊中达到了目的。

4. 善于诙谐幽默

幽默感是善于讲有趣、可笑而意味深长的话,是一种优秀而健康的品质,它是感情的润滑剂,是人类精神的调味品,是交谈中制造兴奋的启动器,是平衡交谈情绪的空调机。请看下面的例子。

客厅里,几个人正在恼火地谈论天气。

甲说:"今天真热,这电扇也怪怪的,刚才风大,现在怎么没风了?"

乙说:"谁叫你那么宽呀?是你自己把风给挡住了!"

所有在场的人都哈哈大笑起来,心里似乎凉爽了许多,谈话也畅快了许多。

毋庸讳言,在交谈中,幽默具有神奇的调节情绪的作用,那么,怎样培养幽默的品质呢?

要培养超常思维。所谓"超常思维",即打破人们思维习惯的思维,如小孩"牵强附会"的思维方式便是其中一种。例如:

儿子:"爸爸,蘑菇是长在潮湿的地方吗?"

爸爸:"是啊,长在爱下雨的地方。"

儿子:"噢,怪不得蘑菇长得像伞的样子。"

又如,"转换角度"的思维方式也属这一范畴。

有人收到一封匿名信,里面只写了"蠢材"二字。他把信拿给大家看,几个熟识的人纷纷议论起来。

甲说:"这信是谁写的?"

乙说:"真是阴阳怪气的,没看到你得罪谁呀?"

他说:"这封信的确奇怪,只有署名,没有内容。"

收到匿名信,挨了骂,一般来说,是不愿让人知道的,但这个人不按习惯的思维方式思考,而是换一个角度看问题,把匿名信(自然没有署名)的内容——"蠢材"看作署名,反戈一击,既为自己解围,又充满了幽默意味。

5. 善于自嘲

要学会嘲笑自己,可以嘲笑自己的长相、观念、遭遇,也可以嘲笑自己的缺点、失误、狼狈处境。有人说:"只有学会取笑自己,才算掌握了幽默的能力。"

二、展开话题

1. 赞美鼓励法

有一次,李老师打电话找办公室的同事,恰巧不久前学校刚刚进行了论文评选,她是评委会主任。她听出了接电话人的声音就随口说道:"你的那篇文章写得不错,很有才华。"接电话的人听了心生喜悦,对她产生了好感。于是两人开始了愉快的电话交谈,从那以后她们成了要好的朋友。这是赞美的力量。生活中有经验的老师也是这样,面对胆怯的学生总是说:"你真聪明,答对了第一点,想想看第二点是什么呢?"这就采用了赞美鼓励法。

2. 引导深入法

"你的观点很有道理,我基本赞同,不过还有一点疑问……"这样运用提问的方法把话题引向深入。

3. 列举事例法

一对未婚青年商量结婚的事,男青年说结婚不应讲排场,并征求对方意见。女青年表示同意后举了一个例子,"某人为求排场,借钱完婚,婚后三年才还清,影响夫妻感情。"就这样二人越谈越投机。

三、转移话题

什么情况下应该转移话题呢?在下面三种情况下应该转移话题。

(1)原话题与交际目的不符,为了达到交际目的,需要转移话题。

上海有家绣品商店,某日来了一位顾客,挑选枕套。当他选中一款枕套正要掏钱买时,忽然发现图案中有一枝梅花,便说道"梅""霉"谐音,被面上有梅花,怕要倒霉。小陈机灵地转换话题说:"您一定听说过'梅开五福'这老话吧。梅花都是五瓣,它是吉利的象征。"经小陈这么一点拨,那位顾客立即高兴地买下了被面,还夸奖小陈说的有道理。假如小陈不能及时转移话题,仍接原话题"倒霉"谈下去,交谈效果就不理想。

(2)对敏感的问题,不便回答,这时也需要转移话题。

下面是两个商人见面时的对话。

甲:欢迎你,见到你真高兴!

乙:我也十分高兴能来这儿。近来买卖如何?

甲:这笔买卖对你我都至关重要。但首先,请允许我对您的平安抵达表示祝贺。旅途愉快吗?

乙:非常愉快!交货还有什么困难吗?

甲:这个问题也是我们这次要讨论的。途中饮食怎么样?来杯咖啡吗?

上面的甲、乙都是通过提问来转换话题的,甲致力于表示"欢迎"乙,而乙总是转到"买卖"上面来,两人性格、心境迥然不同。不过,甲始终处于主动地位,他力避锋芒,养精蓄锐,好戏在后头。而乙则沉不住气,急于求成,注定要被甲"打败"。

再比如,日本影星中野良子来到上海,有些影迷问她:"你准备什么时候结婚?"中野良子微笑着说:"如果我结婚,就到中国度蜜月。"

中野良子的回答,似乎没有离开"结婚"这个话题,但已巧妙地把"婚期"这种容易引起媒体炒作的问题甩脱了,而是转换成了"到中国度蜜月",同时又可取悦于上海影迷。用"如果"一词,更是模棱两可,显示了她过人的语言应变能力。

(3) 原话题已经充分展开,交谈兴趣消退。

在交谈中,即使是最好的话题,也有兴趣低落的时候。此时,就要适宜地转换话题。转换话题可以让旧话题自行消失,再开始另一个话题,或者在谈话中把旧话题打断,引出新的话题。但是应当注意,当话题是交谈中心时,不应随意转换。

四、结束话题

交谈不论长短,总有结束的时候,说话人应根据不同的情况,采用合适的方法结束谈话。常用的方法有以下几种。

1. 直陈法

直接而有礼貌地说明要结束闲聊或离开"侃友"的原因,感觉较累或的确有事时可用这种方法。

2. 找借口

交谈时间较长,枯燥无味或话不投机时,需将话头"打住",借机脱身,可采用这种方法。找借口不是欺骗,欺骗具有明显的损人利己的功利性,而借口则不同,它并不影响别人,更谈不上损害别人,它只是一个"美丽"的假托理由,是一种非常有用的、为自己开脱的说话技巧。

3. 提醒

人们谈兴正浓的时候,往往没有时间观念,这时需要一些必要的提醒,如"哦,明早6点要赶火车,我看……""你的论文写完了吗,明天要交啦"。相信这样的提醒大家都会乐意接受。

4. 顺其自然

聊天聊到尽兴处,该住口时就住口,这时可趁机"散场"。如"今天就聊到这儿吧""看到××都打哈欠了""你家小华明天还要考试呢"。这样一般不会引起大家的异议,交谈也就自然而然地结束了。

此外,结束交谈还需要有一些技巧。

(1) 不要在双方热烈讨论某一个问题时,突然结束对话,这是失礼的表现。

(2) 不要勉强把话拖长,这样会给对方留下语言无味的印象。

(3) 要留意对方的暗示,对方用"体态语"做出希望结束的暗示,比如有意地看看手表,频繁地改变坐姿,这时要适时地结束谈话。

(4) 要掌握好时间。在准备结束谈话前,先预定一段时间,把交谈兴趣消落,以便从容停止。谈话结束时最好面带笑容,说些祝福对方的话,这样会产生很好的效果。

除了掌握交谈的一般环节和技巧外,还应注意一些事项。

(1) 避免以自我为中心,让每个交谈者都感到愉悦。

（2）不要伤害谈话人的感情。如一次同学聚会,高姓朋友说:"你就小心眼儿。"结果,杨姓朋友听后愤然离去,大家很尴尬。

（3）以提问的方式积极主动参与谈话。如果你对正在谈论的话题感兴趣,又无法介入,就可采用提问的方式,提出大家感兴趣的问题,以便顺利介入谈话。

（4）不要背后议论别人,这是素质不高的表现。

（5）察言观色,留心听众反应。当听众表现出不耐烦的情绪时,应尽快停止谈话;若发现听众感兴趣,则可继续谈话。

（6）不可打断别人的谈话。

（7）不随便纠正别人的谈话。

（8）要注意选择话题。所选话题要尽量使大家都感兴趣。

第三节 交谈的技巧

说话本是一种简单的技能,但是要想把话说好、说得出色,就必须学会一些技巧。掌握一些交谈技巧,如礼仪、声音、语言、话题、倾听等技巧,在人际交往中,就能建立起良好的人脉;在商业洽谈中,就能赢得商机;在职场上,就能得到领导的欣赏,同事的支持。你的生活和工作就会轻松愉快,如鱼得水。

一、礼仪技巧

人们在交流过程中,传递信息有两种形式:一是有声语言;二是态势语言。有声语言是以声音作为载体传递信息,态势语言是以面部表情、姿态动作、空间距离等作为载体传递信息。在交流中,有声语言固然重要,无声的体态动作、举止行为也是必不可少的,有时可以达到"此时无声胜有声"的效果。

1. 举止文明

（1）交谈时表情要自然,语言要和气亲切,表达得体。说话时可适当做些手势,但动作不要过大,更不要手舞足蹈。谈话时切忌唾沫四溅。参加别人谈话要先打招呼,别人在个别谈话,不要凑前旁听。若有事须与某人说话,应待别人说完。第三者参与谈话,应以握手、点头或微笑表示欢迎。谈话中遇有急事需要处理或离开,应向谈话对方打招呼,表示歉意。

（2）姿势是内心状态的外部表现,完全依自己的情绪、感觉与兴趣而定,一种从内心所发出来的姿态,不知要比一千条规则所指示的好多少倍。姿势可以根据你的欲望加以改变,而且得由你的内心感觉,才可以表现出来。因为姿势是内心的表现,所以你如果要训练成为一种模型,那不但单调,而且是可笑的举动。有些人在说话越高越响的时候,常把两手高举着;有时因心情快乐,便把两手在空中挥动;有时因心情悲苦,忍不住握着拳头,紧紧地攥在自己的胸前;而当愤怒的时候,更不免举拳猛击,这些动作和表现姿态,都是以自然和灵活为要素。真情越流露,动作和姿态也越显得自然。

2. 用语礼貌

用语礼貌能体现一个人积极、热情的交际态度和良好的个人修养,使人与人之间的交流有一个良好的开端。特别是两人初次接触,使用礼貌用语更为重要,文明得体的语言能给对方留下良好的第一印象,也能使交谈愉快成功地进行下去。

如见面时要寒暄问候。熟人之间要用"您好""早上好"等,初次见面打招呼常用"您好!认识你很荣幸""初次见面,请多关照""久仰您的大名"等。告别时,要用"再见""明天见""改日见"等。同时,在交谈时要尽量使用高雅文明、恰当得体、符合双方身份地位的语言。

此外,要用文明语言,绝对不能出现以下一些有失身份的语言。

粗话:口中吐出"老头儿""小妞"等称呼,是很失身份的。

脏话:讲起话来骂骂咧咧,是极度不文明的表现。

黑话:一说话就显得匪气十足,容易让人产生反感、厌恶情绪。

荤话:不分场合地把绯闻、色情、"荤段子"挂在口边,会使你显得趣味低级。

怪话:说话怪声怪气、黑白颠倒,让人难生好感。

气话:说话时意气用事、发牢骚或指桑骂槐,很容易伤害人、得罪人。

二、声音技巧

声音在社交交谈中也是表现个人魅力的重要元素,在很多西方领导人的训练课程中,声音的培训也是其中一项内容。在与人交谈时,深厚、宽音域的声音能够让人觉得舒服,尖利或者刺耳的声音会让人难以忍受。因此,应注意以下一些技巧。

1. 语调错落有致

语调是指语音的高低升降。交谈时保持抑扬顿挫的音调,让人觉得自己对正在交谈的话题很有兴趣,同时错落有致的语调,能更细致地表达不同的语气和思想感情,便于听众更好地理解谈话的内容。不能用平淡、乏味的声音来交谈,这会让人有昏昏欲睡的感觉。

2. 声调轻重适度

口语交际中经常运用轻音和重音。轻音有突出关系亲密、气氛和谐的作用,重音有突出语言意义和感情倾向的作用。轻音、重音的运用能充分显示语意的主次层次,体现语句所要表达的意义。轻重音要在准确把握说话内容的基础上确定,轻音过多,显得平淡,重音过多,无法突出语意和感情。同时,过于尖锐的声调会让人觉得难以忍受,所以应避免将讲话的力气都集中在嗓子眼;而过于低沉的声调让人听起来很累;也不要有气无力地说话。

3. 音量大小适中

太大的音量容易成为交谈中气势逼人的角色,也容易让人反感;音量太小会使你显得不够权威,容易被人忽视。

4. 语速快慢得当

说话时,要根据内容、情感的变化来确定语速的快慢,该快的时候快,该慢的时候慢,掌握好语言的节奏。在叙述一件事情、描写一处景物或表达平稳、失望、悲哀情绪时,语速宜慢;在表达紧张、热烈、欢快、兴奋、慌乱、愤怒情绪时,语速宜快。当然,快和慢是指相对的,过快或过慢都不合适。讲话过快会让人听不清楚,过慢则会让人失去耐心。最好在讲话的过程中留一些停顿,以便让人有一个反应的过程。

5. 节奏停顿恰当

在交谈中,表达者不能一口气连续不断地说下去,必须要有相应的停顿。停顿不仅是表达者换气的需要,同时也是体现语言节奏和意义的需要。停顿的位置不同,语意有很大的差别。恰当的停顿,能够把说话内容表达得更加清楚完整,把思想感情表达得更为突出。

口语交流过程中的停顿分为生理停顿、逻辑停顿和内容停顿。

(1) 生理停顿。生理停顿是句中调节气息的停顿。遇到长句子时,不可能一口气说完,应在句中作恰当的停顿。例如:"现在大学生就业很难,一名大学生好不容易才找到一份在北京科瑞尔斯公司下属分公司当业务员的工作。"为了调节气息,应做如下停顿处理:"现在大学生就业很难,一名大学生/好不容易才找到一份/在北京科瑞尔斯公司下属分公司/当业务员的工作。"

(2) 逻辑停顿。逻辑停顿是为了突出或者强调某一特殊的意思而作的停顿。例如:"我希望/每个人都能像松树一样/具有坚强的意志和崇高的品质。"为了突出"希望"和"像松树一样",在这两处进行停顿处理。

(3) 内容停顿。内容停顿是表述内容之间的停顿。在交谈中,一个话题结束另一个话题开始,话题之间要有较大的停顿。

三、语言技巧

常言道:"好言一句三冬暖,恶语半句六月寒。"交谈是一门口头语言艺术,正确、规范的语言表达,可以增强表情达意的效果,促进人们更好地交流。下面谈谈在交谈过程中运用语言的一些技巧。

(1) 发音准确。在交谈中要求发音标准,吐字清晰,语气得当,声音洪亮,悦耳动听。读错音、念错字、口齿不清、含含糊糊都让人听起来费劲,而且有失自己的身份。

(2) 口气谦和。在交谈中,说话的口气一定要做到亲切谦和,平等待人,切忌随便教训、指责别人。

(3) 内容简明。在交谈时,应言简意赅,要点明确,少讲、最好不讲废话。啰啰唆唆、废话连篇,谁听了都会头疼。

(4) 少用方言。在公共场合交谈时,应用标准的普通话,不能用方言、土话,这也是尊重对方的表现。

(5) 慎用外语。在一般交谈中,应讲中文,讲普通话。无外宾在场,最好慎用外语,否则会有卖弄之嫌。

四、话题技巧

话题是交谈的中心,是联系交谈活动的纽带。在社交场合中,交谈往往是围绕某个话题展开的。善于选择话题,是开展口语交流的前提,选择双方关心的、感兴趣的、愉悦的话题,交谈才能顺利进行下去。

1. 适合的交谈话题

（1）既定的主题，即双方事先约定的主题。

（2）高雅的主题，比如文学、艺术、历史、哲学等。这一主题的前提是忌讳不懂装懂，贻笑大方。

（3）轻松的主题，比如文艺演出、旅游观光、风土人情、流行时尚等。

（4）擅长的主题，比如与律师交谈的时候，可以谈谈法律方面的话题；与文艺工作者交谈的时候，可以谈谈文学创作等。

（5）大众化的主题，比如天气、交通、物价、饮食、健康等是每个人都关心的话题，选择这样的话题进行交谈最稳妥，而且人人都有话可说。

（6）以近期发生的重大事件为话题，选择最近国内国际发生的重大事件作为谈话的主题也可以使谈话进行下去。

另外，交谈时，根据当时场景随机应变，就地取材，也可以挖掘出合适的话题。如交谈地点的场景、对方的服饰、屋内的摆设等都可成为交谈的话题。

2. 不适合的交谈话题

在交谈中，有一些不适合谈论的话题。比如：不能打探讨论对方的隐私，包括收入状况、年龄、婚姻、健康、经历等；不能嘲笑其他人的丑事；不能谈论朋友的身体特征；禁止在社交场合讲黄色故事；不要在别人不幸的时候讨论自己的好运气；不利于宗教、民族团结的话题更是应该回避；不传播小道新闻或不好的消息，比如车祸、灾难、犯罪等；不能非议国家和政府；不能涉及国家和行业秘密；不能在背后议论领导、同事、同行的坏话；不能谈论格调不高的话题。

五、顺序技巧

人们的交谈是按照一定的顺序进行的，不是想说什么就说什么，想什么时候说就什么时候说。交谈时谈者和听者双方互相配合才能使谈话顺利进行下去。假设有 A、B、C 三个人在一起谈话，理想的交谈顺序如下：

（1）A 先开始讲话，他选择一个题目，围绕着它讲几句话。

（2）A 通过某些方法使 B 继续谈下去。

（3）B 接过话茬，顺着 A 选的题目讲几句话。

（4）B 选择 C 作为下一个谈话者。

（5）C 接过 B 的话茬，顺着话题讲几句话。

（6）C 选择 A 作为下一个谈话者。

（7）这个过程一直进行下去直到大家感到有关这个题目已无话可说，或者时间用完了。在这个过程中每个人都有大致相等的机会和时间来谈话，并且当一个人讲话时其他人只能听。

（8）最后一个人总结 A 选择的话题，这时候表明该话题已经结束，可以引出另一个话题。

正是靠着这种说者和听者互换位置的规则，交谈才能够平稳地进行下去。这种规则好像交通规则一样,即便没有警察指挥,大家也都会遵守着红灯停绿灯行的规则,否则便会造成交通堵塞。交谈的规则虽然没有交通规则那样明显,但也需遵守。依据这些规则,参加谈话的人才能根据自己的需要决定加入交谈或者回避交谈。如果你想加入谈话,你必须等待说话的人讲完以后停顿时才接过话茬。如果在这中间打断别人,就会被认为不礼貌。而如果你想把话题交给下一个人,就要出现停顿,暗示你已经讲完。

有两种不好的习惯需要加以改正:一种是边想边说,在句子中间出现了不应有的停顿,使听话的人无法判断你是否已讲完;另一种是不停地讲,不出现任何停顿,这时人们便不得不打断你的话。把话题交给别人可以采用各种手段,除了上面提到的停顿以外,还包括提出一个问题,指定某人发表意见。

表明谈话结束的重要线索是目光接触,如果谈话者在停顿时和你目光接触,那就表明他选择了你作为下一个谈话者。在你准备把发言权交给别人时也可采用同样的方法。因此,如果不想加入谈话,就不要与正在谈话的人目光接触。另外一种情况是谈话者出现了停顿,但并没有选定下一个谈话者,这时候可以自己选择接着话茬。在这种情况下可能出现竞争,即两个以上的人同时讲话,按照上面提到的规则应有人放弃自己的权利,只留下一个人讲话。

因此,交谈时应注意,讲出的话转瞬即逝,不可能像听磁带一样倒放。交谈的双方互相影响,说出的话不完全是事先想好了的,需要根据前面的人讲的话修订自己说什么,他的话又影响到后面要说的话。因此,认真仔细地听别人讲话就显得十分重要。只有听懂了别人的话才可能有效地做出反应。只有集中注意力听,才能准确地判断对方是否谈完,才能及时地接过话茬,而不是冒昧地打断别人,或者该自己发言却没有反应。

下面所举的是一些不好的听话习惯,应加以改正。

(1) 一边听一边想或演习该自己讲话时怎么说。
(2) 一边听一边想谈话者多么糟糕,换一个人(或者自己)来谈就会好得多。
(3) 一边听一边想一些无关的琐事。
(4) 为了一有停顿就抢过话头,拼命注意谈话者说的每一个词。
(5) 拼命写下谈话者所说的每一句话。

六、倾听技巧

著名作家余光中说:"善言,能赢得听众;善听,才会赢得朋友。"心理研究显示:人们喜欢善听者甚于善说者。在交谈中,倾听与表达同样重要。做一个好的倾听者,才能有效地与人沟通。

实际上,人们都非常喜欢发表自己的意见。所以,如果你愿意给对方一个机会,让对方尽情地说出自己想说的话,对方会立即觉得你和蔼可亲、值得信赖。许多人不能给人留下良好的印象,不是因为他们表达得不够,而是由于倾听的障碍。

倾听的主要方式有:眼睛要注视对方(鼻尖或额头,不要一直盯住对方的眼睛,那样会使人不舒服);从态度上显示出很感兴趣,不时地点头表示赞成对方;身体前倾;为了表示确实在听而不时发问,如"后来呢";不中途打断别人的讲话;不随便改变对方的话题;准确理解对方表达的意思,这是倾听的主要目的。为准确理解对方表达的意思,须做到以下几点:

①听清全部的信息,不要听到一半就心不在焉,更不要匆匆忙忙下结论。②注意整理出一些关键点和细节,并时时加以回顾。③听出对方的感情色彩。要注意听取讲话的内容、听取语调和重音、注意语速的变化,三者结合才能完整地领会谈话者的意思。④注意谈话者的一些潜台词。⑤克服习惯性思维。人们常常习惯性地用潜在的假设对听到的话进行评价,倾听要取得突破性的效果,必须要打破这些习惯性思维的束缚。

七、表述方式的技巧

在与人交谈时,如果遇到不方便直接表达的话语,可以采取一些委婉的方式来表达,掌握这样的技巧会显得更加礼貌,而且能达到意想不到的效果。

(1) 旁敲侧击。不直接切入主题,而是通过"提醒"语言让对方"主动"提出或说出自己想要的。

(2) 比喻暗示。通过形象的比喻让对方展开合理准确的联想,从而领会你所要传达的意图。

(3) 间接提示。通过密切相关的联系,间接地表达信息。

(4) 先肯定,再否定。有分歧的时候,不要断然否定对方的全部观点,而是要先肯定对方观点的合理部分,然后再引出更合理的观点。

(5) 多用设问句,不用祈使句。祈使句让人感觉到是在发布命令,而设问句让人感觉是在商量问题,所以后者更容易让人接受。

(6) 留有余地。交谈时不要把问题绝对化,语言偏激化,而使自己失去回旋、挽回的余地,即任何时候说话都要留有余地。

多听对方的意见有助于发现对方不愿意表露的,或者没有意识到的关键问题。从中发现对方的出发点和弱点,找出关键点,这样就为你说服对方提供了契机。

八、交谈的雷区

恰当运用交谈的各种技巧有助于我们成功交谈,同时,为了使交谈达到更好的效果,还应该回避一些交谈雷区。

细节一:不要一个人长篇大论。交谈讲究的是双向沟通,因此要多给对方发言的机会,不要自顾自一人侃侃而谈,而不给他人开口的机会。

细节二:不要冷场。不论交谈的主题与自己是否有关、自己是否有兴趣,都应热情投入,积极合作。万一交谈中出现冷场,应设法打破僵局。常用的解决方法是转移旧话题,引出新话题。

细节三:不要插嘴。他人讲话时,不要插嘴打断。即使要发表个人意见或进行补充,也要等对方把话讲完,或征得对方同意后再说。对陌生人的谈话是绝对不允许打断或插话的。

细节四:不要抬杠。交谈中,与人争辩、固执己见、强词夺理的行为是不足取的。自以为是、无理辩三分、得理不让人的做法,有悖交谈的主旨。

细节五:不要否定。交谈应当求大同,存小异。如果对方的谈话没有违反伦理道德、侮辱国格人格等原则问题,就没有必要当面加以否定。

细节六：把握交谈时间。一次良好的交谈应该注意见好就收,适可而止。普通场合的谈话,最好在 30 分钟以内结束,最长不能超过 1 小时。交谈中每人的每次发言,以 3~5 分钟为宜。

细节七：避免低声耳语。如果多人交谈时,你只对其中一人窃窃私语,会给其他人造成你正在评论他们的印象,这种时候低声耳语会让其他人觉得你排斥了他们。

细节八：不要用手指点别人,需要指出其他人的时候,应该把手指全部伸开,掌心朝上,用手掌指出那个人。

细节九：不要过分谦虚。受到表扬的时候,可以把自己快乐的心情直接告诉对方,比只是谦虚效果好多了,这时候,空气中都会充满了幸福的感觉。

细节十：不要挑剔别人的毛病。大家在一起的时候,如果总是挑剔别人的毛病,被你挑毛病的人就会心情很差,应该从积极的角度思考,正确理解对方的想法和心情。

第四节　电 话 交 谈

现代社会是讲究"快节奏、高效率"的时代。电话是目前主要的通信工具之一,它具有传递迅速、使用方便、失真度小、效率高等优点,因此,现在许多事情的处理是用电话完成的。但是,如果对于电话的使用缺乏基本常识与素养,不懂接电话、打电话的礼仪和技巧,就不能通过电话高效率地处理事务,就不能依赖电话通信达成愉快的洽谈。因此,电话交谈也是一门艺术,下面我们来谈谈电话交谈的一些礼仪和技巧。

一、拨打电话

1. 选择合适的时间

(1) 不要在他人的休息时间内打电话,每天上午 7 点之前、晚上 10 点之后、午休和用餐时间都不宜打电话。

(2) 如果是境外电话,打电话前要弄清地区时差以及各国工作时间的差异,不要在休息日打电话谈生意,以免影响他人休息。即使客户已将家中的电话号码告诉你,也尽量不要往家中打电话。

(3) 如果是公事,就尽量打公务电话,不要占用他人的私人时间,尤其是节假日时间。

(4) 非公务电话应避免在对方的通话高峰和业务繁忙的时间段内拨打。

2. 说好起始语

打电话时,需要先说"你好",且声音要清晰、明快。商务电话只有在确认信号好坏的情况下,才能开口喊"喂",其他场合,均为禁例。

3. 做好打电话前的准备

(1) 心理准备。在你拨打每一次电话之前,应有这样一种认识,即你所拨打的这次电话很可能就是你这一生的转折点,或者是你的现状的转折点。有了这种想法之后你才可能认真对待所拨打的每一次电话。

(2) 内容准备。在拨打电话之前，要先把你所要表达的内容准备好，最好是先列出几条在你手边的纸张上，以免对方接电话后，由于紧张或是兴奋而忘了自己的讲话内容。另外，与电话另一端的对方沟通时，要表达的每一句话该如何说，都应该有所准备，必要的话，提前演练一遍。

4. 要长话短说

这里，要特别强调"3分钟原则"。所谓"3分钟原则"，是指打电话时，拨打者应自觉地、有意识地将每次通话时间控制在3分钟内，尽量不要超过这个限定。对通话时间的基本要求是：以短为佳，宁短勿长，烦琐的，不是十分重要、紧急的事务一般不宜通话时间过长。

5. 规范内容

(1) 应做好充分准备。通话之前，最好把对方的姓名、电话号码、通话要点等内容列出一张清单。这样可以避免在谈话时出现缺少条理、现说现想的问题。

(2) 内容简明扼要。电话接通后，除了首先问候对方外，别忘记自报单位、职务和姓名。请人转接电话，要向对方致谢。电话中讲话一定要务实，最忌讳吞吞吐吐、含混不清。寒暄后，就应直奔主题。

(3) 适可而止。要说的话已说完，就应果断终止通话，不要话已讲完，仍然反复铺陈、絮叨。那样的话，会让对方觉得你做事拖拉，缺少素养。

6. 注意举止

打电话时，不要把话筒夹在脖子上，也不要趴着、仰着、坐在桌角上，更不要把双腿高架在桌子上；不要以笔代手去拨号；话筒与嘴的距离保持在3厘米左右，嘴不要贴在话筒上；挂电话时应轻放话筒，不要用力一摔，否则很可能会引起对方不快；不要骂骂咧咧，更不要采用粗暴的举动拿电话撒气。

7. 礼貌挂电话

商务电话中，原则上应该由打来电话的一方先挂断电话。放下话筒时，务必注意轻放。

挂断电话的方法不可轻视。将话筒胡乱抛下，这是对接听电话一方的极大不敬。电话被挂断之前，对方一直都把听筒贴在耳朵上听着，"咔嗒"一声巨响，会使对方心情不悦。

二、接听电话

1. 礼貌耐心

接听电话最重要的是注意三点：一是要及时接听，铃响不要超过三声；二是要有礼貌，要自报家门，并向对方问候；三是要有耐心，对打错电话者不要训斥。

此外，接听电话时还有以下一些方面的礼仪需要注意。

(1) 第二声铃响接电话。电话铃声响起后，应尽快接听。但也不要铃声才响过一次，就拿起听筒，这样会令对方觉得很突然，而且容易掉线，一般应在第二声铃响之后立即接听。电话铃声响过许久之后才接电话，要在通话之初向对方表示歉意。

(2) 礼貌接听和挂断电话。在礼貌问候对方之后，应主动报出公司或部门名称及自己的姓名，切忌拿起电话劈头就问："喂，找谁？"同样，来电话的人需要留话也应以简洁的语言清晰地报出姓名、单位、回电号码和留言。结束电话交谈时,通常由打电话的一方提出,然后彼此礼貌地道别。无论什么原因电话中断,主动打电话的一方应负责重拨。如果接到电话时你正在处理其他事,需要对方稍等片刻,一般来说,这"片刻"不得超过30秒。超过30秒,会让打来电话的人觉得时间过得很慢,容易引起对方的不快。

2. 注意语调

用清晰而愉快的语调接电话,能显示出说话人的职业风度和可亲的性格。虽然对方无法看到你的面容,但你的喜悦或烦躁仍会通过语调流露出来。打电话时语调应平稳柔和,这时如能面带微笑地与对方交谈,可使你的声音听起来更为友好热情。千万不要边打电话边嚼口香糖或吃东西。

在通话时都希望对方声音清晰、吐字清楚、速度适中。但有时却没有注意到自己讲话的声音非常小,有的发音还不太清楚。如果是电话的原因,应及时换部电话,以免总是听不清楚,从而引起对方的不满。

3. 分清主次

接听电话时不要与其他人交谈,也不能边听电话边看文件、电视,甚至是吃东西。

在会晤重要客人或举行会议期间有人打来电话,可向其说明原因,表示歉意,并承诺稍后联系。

接听电话时,千万不要不理睬另一个打进来的电话。可向正在通话的一方说明原因,让其稍候片刻,然后立即去接另一个电话。待接通之后,先请对方稍候,或过一会儿再打进来,随后再继续刚才正在接听的电话。

另外,电话中要讲的事需从结论说起,将要点简洁无误地告诉对方,说话逻辑要清楚。遇有数字或专用词汇,应重复述说,避免出差错。

4. 及时回复电话留言

在商业领域中,为了不丧失每一次商务机会,有的公司甚至做出对电话留言须在一小时之内答复的规定。一般应在24小时之内对电话留言给予答复,如果回电话时恰遇对方不在,也要留言,表明你已经回过电话了。如果自己确实无法亲自回电,应托付他人代办。

5. 恰当地使用电话

在美国,你可以通过电话向一个素不相识的人推销商品,而在欧洲、拉丁美洲和亚洲国家,电话促销或在电话中长时间地谈生意会让人难以接受。其实,发展良好商务关系的最佳途径是与客户面对面地商谈,而电话主要用来安排会见。当然,一旦双方见过面,再用电话往来就方便多了。

6. 代接电话要细心

在工作场合接听来电时,有时会遇到这样的情况:需要接听电话的人不在,自己成为代接者。代接、代转电话时,要注意以礼相待、尊重隐私、传达及时等问题。

代接电话时,首先要告诉打来电话的人,他要找的人不在,然后才可以问他系何人,所为何事,这个顺序不能颠倒。

代接电话应做到以下几点。

（1）以礼相待。接电话时，不要因为对方所找的人不是自己就显得不耐烦，以"××不在"来打发对方。即使被找的人真的不在，也应友好地答复："对不起，他不在，有什么需要我转达的吗？"

（2）尊重隐私。代接电话时，不要询问对方与所找之人之间的关系。如果对方要找的人离自己较远，不要大声召唤。别人通话时，不要旁听，不要插嘴。当对方希望转达某事给某人时，千万不要把此事随意扩散。

（3）记录准确。对方要找的人不在时，应向其说明，询问对方是否需要代为转达。如对方有此请求时，应照办。对方要求转达的具体内容，最好认真做好笔录。对方讲完后，应重复验证一遍，以免误事。记录的电话内容包括通话者单位、姓名、通话时间、通话要点、是否要求回电话及回电话的时间，等等。

（4）及时传达。代接电话时，先要弄清楚对方是谁，要找谁。如果对方不愿讲第一个问题，不必勉强。对方要找的人不在，可据实相告，然后再询问对方"有什么事情"。注意，这两者的先后次序不能颠倒。答应对方代为传话，就要尽快落实，不要把自己代转达的内容托他人转告。

7. 正确转接电话

接到转给别人的电话，一定要按下保留键后再转过去。因为即使用手捂紧话筒，自己这边的讲话声音也会传出去，对方有可能听到。即使接电话的人近在咫尺，也要习惯性地先按下保留键，然后再将电话转移给他。

三、手机使用技巧

1. 使用手机时的礼仪

（1）别把手机当饰物。

携带移动通信工具，应将其放在适当的位置，总的原则是既要方便使用，又要合乎礼仪。

手机放置的常规位置：可以放在随身携带的公文包内；可以放在上衣口袋内，尤其是上衣内袋中，但注意不要影响衣服的整体外观；不要在不使用时将其握在手里，或是将其挂在上衣口袋外面。

暂放位置。有时不方便把手机放在上述的常规位置时，可以稍作变通。①在参加会议时，可将手机暂交给秘书或会务人员代管。②与人坐在一起交谈时，可将手机放在手边、身旁、背后等不起眼的地方。

（2）公共场合怎样用手机。

在公共场合使用手机时，注意不要给他人带来"听觉污染"。

① 不要在公共场合，尤其是楼梯、电梯、路口、人行道等人来人往处旁若无人地大声通话。

② 在开会、会见等聚会场合，不能当众使用手机，以免给别人留下用心不专、不懂礼貌的坏印象。

③ 在要求"保持安静"的公共场所，如音乐厅、美术馆、影剧院等处参观展览或观看演

出时,应关闭手机,或将手机设置为静音状态。

2. 使用手机的安全问题

使用手机时,会产生电磁波,在某些地方必须牢记安全准则。开车时,不要使用手机通话或查看信息;不要在加油站、面粉厂、油库等处使用手机,避免手机所发出的电磁波引起火灾、爆炸;不要在病房内使用手机,以免手机信号干扰医疗仪器的正常运行,或者影响病人休息;不要在飞机飞行期间使用手机,以免给航班带来危险;最好不要在手机中谈论商业秘密或国家安全事项等机密事件,因为手机容易出现信息外漏,产生不良后果。

第五节 接 待 口 语

接待是我们日常生活中最基本的社交活动,它既包括对家人和朋友的接待,也包括工作中对商务伙伴的接待。热情周到的接待不仅会给客人留下良好的第一印象,还将为今后人际关系的进一步发展打下良好的基础。接待过程体现在迎来送往、客户拜访及电话服务等方方面面,好的接待能够显示个人良好的交际能力和礼仪风范。随着社会交往的日益广泛,商务活动越来越频繁,一项活动能否成功,主持人是一个关键因素。一个好的活动主持人能够充分调动现场群众的情绪,将活动推向高潮,以达到主办方预期的效果。要想做一个合格的主持人,需要学习并掌握不同场合下的主持技巧。

一、迎送口语

迎来送往是社会交往接待活动中最基本的形式和环节,也是表达主人情谊、体现礼貌修养的重要方面。迎送的过程主要分为以下几个环节。

1. 迎接工作的注意事项及礼貌用语

人际交往中,第一印象最重要,良好的第一印象可为下一步的深入接触打下坚实的基础。而迎接是给客人留下第一印象的关键环节。迎接客人要有周密的部署及计划,在迎接工作中应注意以下事项。

(1) 提前做好对客人身份背景的调查。

对前来访问、洽谈业务、参加会议的客人,接待方应首先了解其到达的车次、航班,而后安排与客人身份、职务相当的人员前去迎接。

(2) 提前到站迎接。

主人到车站、机场去迎接客人,应提前到达,恭候客人的到来,决不能迟到让客人久等。

(3) 会面。

"迎三步,送七步"是我国迎送客人的传统礼仪。客人在约定时间按时到达,主人应主动迎接,不应在会谈地点静候。见到客人应热情打招呼,先伸手相握,以示欢迎,同时说一些寒暄赞美的辞令。

(4) 提前为客人备好交通工具并安排好住宿。

场景实例:

主人："欢迎您来到我们城市,一路辛苦了。"
客人："不辛苦。"
主人："我是公司办公室负责接待的小周,有什么不到之处请您多担待,这是我的名片……"
客人："这是我的名片……"
主人："我们公司的车就在机场外等候,我们先上车吧,先到住处休息一下。"
客人："好的。"
主人："我们这个城市是个旅游城市,有几处比较有特色的名胜古迹,这几天办完事我带您去参观一下。"
客人："谢谢!"
主人："这几天的日程安排是这样的:我们先到酒店住下,然后休息一会儿。今晚参加公司为您准备的招待晚宴,我们公司的主要领导及办公人员都会到席,明天一早我接您到公司具体商谈业务……"
客人："好的。"

入住酒店后,主人拿出一份公司的相关资料交给客人。

主人："这是我们公司的宣传画册,上面有我们公司的产品简介,您先看一下,具体的我们明天再谈。"
客人："好的!"
主人："今天您旅途一路很辛苦,先休息一下,一会儿我来接您出席晚宴,您看还有什么要求尽管跟我说。"
客人："没有了,你们想得很周到,安排得很细致,谢谢!"

2. 接待的礼节及用语

接待是指个人或单位以主人的身份招待有关人员,以达到某种目的的社会交往方式。

良好的待客之礼,体现出主人的热情和殷勤。它既使客人感到亲切、自然、有面子,也使自己显得有礼、有情、有光彩。

(1) 会面。

见到客人,主人应先热情地打招呼,主动伸出手相握,以示欢迎,同时要说"您路上辛苦了""欢迎光临""您好"等寒暄语。

(2) 让座与介绍。

如果对方是长者、上级或平辈,应请其坐上座;如果是晚辈或下属则请其随便坐,如果客人是第一次来访,应该相互介绍一下,并互致问候。例如,小王对首次来访的朋友说:"小张,介绍一下,这是我的岳母与岳父。"而小李则将来访的长辈让到上座并躬身说"您老请坐"。

(3) 敬茶。

茶杯要轻拿轻放,不要莽撞,以免茶水泼洒出来。端茶时,主人应双手端给客人,随之说声"您请用茶"或"请喝茶"。切忌用五指捏住杯口边缘往客人面前送,这样敬茶既不卫生,也不礼貌。

(4) 谈话。

谈话是接待工作中的一项重要内容,直接关系到接待工作的成功与否。通过谈话,双方可以增进感情交流和相互了解。在商谈问题时,首先,应保证谈话紧扣主题,围绕会谈的目的进行,不要只谈自己的事情或自己关心的事情,而不顾对方是否愿听或冷落对方。其次,要注意自己的态度和语气,要尊重他人,不要恶语伤人,不要强词夺理,语气要温和适中,不要以势压人。再次,会谈中要认真倾听别人讲话。倾听别人讲话是一种礼貌,不能显出很不耐烦的表情或东张西望。最后,会谈中还要适时地以点头或微笑做出反应,不要随便插话。待别人谈完后再发表自己的看法。光听不谈,也是不礼貌的。

(5) 交换名片。

为了便于双方相互了解和加强联系,在开始相识或准备告别时可以交换名片,一般是由地位低的先把名片交给地位高的,年轻的先交给年老的。不过,假如对方已经先拿出名片,也不必太谦让,要落落大方地收下,然后拿出自己的名片来回报。如果自己没有名片,可向对方稍加解释,表示歉意。接过对方的名片要认真默读,以示敬重。

(6) 陪访。

首先,接待者要事先做好准备,熟悉情况,以便给客人做详细的介绍;其次,陪同时要遵守时间,衣着整洁,安排好交通事宜;再次,陪同时要热情、主动,掌握分寸,既不要过分殷勤,也不要冷淡沉默;最后,参观、游览时要注意客人的安全,车费、门票费用尽量由主人支付。

3. 送别的注意事项及礼貌用语

送客是接待工作的最后一个环节,如果该环节处理不好,将会影响整个接待工作,导致前功尽弃。日常送客时主人应注意以下几点。

(1) 婉言挽留。

送客时主人应主动与客人握手送别,并送其出门或送到楼下,不要在客人走时无动于衷,或只是点点头、摆摆手招呼一下,这都是不礼貌的。要用热情友好的语言欢迎客人下次再来。

(2) 安排交通。

送客时应按照接待时的规格对等送别,而且要做好交通方面的安排,如购买车票、船票、机票或者安排车辆等。

(3) 赠送礼品。

如果客人来访时带有礼品,主人在送别时也要准备一些具有地方特色且有象征意义的礼品回馈。

二、拜访口语

要与客户建立关系,一定要跟客户常往来。来是款待,往是拜访。通过拜访,人们可以交流信息、沟通思想、统一意见、发展友情,因此,任何一个社会组织和个人都不应当忽视拜访这种社交活动形式,而应适时地考虑安排必要的拜访活动。拜访客户时要打扮得体,时机合适,与客户恰当地沟通感情。

1. 拜访时机和预约

(1) 提前预约。

拜访时要事先通过电话或信件进行访问的预约。拜访应选择在比较恰当的时间,不能搞"突然袭击"。突然访问,容易使对方措手不及,造成麻烦。尽量不要做"不速之客",不得已必须要突然拜访时,可提前几分钟给对方打个电话以便对方有所准备。

（2）根据对方确定拜访时间。

拜访的日期和时间要根据对方的情况来定,选择对方比较合适的时间去拜访,不要只考虑自己方便的时间。

（3）拜访的时间段。

在一年四季中,春夏秋冬都可以找到探亲访友的好时机。不过,夏天因为天气炎热,穿戴举止都不太方便,如果可能,应尽量避免在夏天安排太多的私宅拜访活动。在具体的拜访时间选择上,最好利用对方比较空闲的时间。到写字楼拜访,最好不要选择星期一;如果是到家拜访,最好选择在节假日前夕。由于中国人普遍有午休的习惯,登门时间最好不要安排在中午,当然更不要选在用餐时间。从我国目前的实际情况看,晚上7点30分至8点是私宅拜访较好的时机。

（4）严格遵守时间。

原则上要提前5分钟到达。第一次去的地方要留有充裕的时间。现实生活中去办公区域拜访应提前5～7分钟到达,而去私宅拜访则尽量准时到达。

2. 拜访注意事项

拜访朋友或客户,是日常生活及商务活动中很重要的一个环节。因此,在拜访过程中要注意相应的礼仪,做好拜访前的准备工作。

制订好拜访目标并拟好提问的目录,以提高办事效率;准备好足够的名片;准备好拜访过程中将会用到的文字图片资料或电子资料;必要时应准备好适宜的礼品。

熟悉拜访所在地的交通路径,以免走弯路或走错路耽误时间。

拜访应按约定准时进行。访问必须守时,如因故不能及时到达,应尽早通知对方,并讲明原因,无故迟到或失约都是不礼貌的。拜访时的注意事项包括以下几个方面。

（1）初次拜访。

如果是第一次登门拜访,看到主人的会客厅、门面等刚经过装修,就应对主人的办公室或客厅等有一个概括性的夸赞。如"您的办公室真整洁""您家的客厅布置很典雅,很别致"等。当然,如果能及时发现在上次拜访之后所发生的一些细小的变化,再予以真诚恰当的"捧场",主人一定会因为你对他的生活和情趣细致地关心,而对你产生进一步的好感。例如"这个客厅的新换的窗帘颜色很雅致,与家具的颜色搭配很协调"。如果接待你的是女主人,一定不要忘了对女主人的勤劳、贤惠、持家、审美力、雅兴等方面给以适当的评价。

需要特别注意的是,无论是对人还是对物的赞美,应当尽可能具体一些;尤其是对熟人的访问,更应该注意不要每次都赞赏同一样东西、同一件事情,也不要每次都是"你们的房间布置得真漂亮"这样过于抽象的话。因为这样主人很可能以为你是在说客套话或是没话找话。这不仅不会引起主人的好感,有时甚至会引起他们的反感。假如你觉得确无什么特别之处,甚至房间显得比较零乱、不太整洁,也应当体谅主人,切忌"快人快语",有话"直说"。遇到这种情况,主人往往也比较尴尬,你不妨说一点"一看你们的房间,就知道你们平时一定很忙"之类的话,效果也一定不错。

（2）事务性拜访。

首要规则是准时,让别人无故干等无论如何都是严重失礼的事情。如果有紧急的事情,不得不晚到,必须通知到你要见的人。如果打不了电话,请别人为你打电话通知一下。如果遇到交通阻塞,应通知对方要晚一点到并告知原因。如果是对方要晚点到,你将要先到,则要充分利用剩余的时间,例如,坐在汽车里仔细想一想,整理一下文件,或问一问接待员是否可以在接待室里先休息一下。

当你到达时,告诉接待员或助理你的名字和约见的时间,递上你的名片以便助理能及时准确地通知对方。如果冬天穿着外套,而助理没有主动帮你脱下外套或告诉你外套可以放在哪里,你就要主动问一下。

在等待时要安静,不要通过谈话来消磨时间,这样会打扰别人工作。尽管你已经等了20分钟,也不要不耐烦地总看手表,你可以问接待或助理约见者什么时候有时间。如果你等不及那个时间,可以向助理解释一下并另约一个时间。不管你对要见的人有多么不满,也一定要对接待人员或助理有礼貌。

当你被引到约见者办公室时,如果是第一次见面,就要先做自我介绍,如果已经认识了,只要互相问候并握手就行了。

（3）拜访时的礼品赠送。

古今中外的交往几乎都离不开送礼这个内容,虽然公共关系或人际关系并不完全是用物质手段维系的,但也绝离不开礼品,礼品是情感的媒介和象征。赠送礼品时需注意以下几点。

① 搞清对象,注重效果。第一,置办礼物前,要搞清赠礼对象是单位还是个人,和拜访者是什么关系;第二,要对送礼的性质有清醒的认识。搞清送礼的性质,对于赠礼目的的达成至关重要;第三,要掌握一些与赠礼有关的禁忌。只有弄清楚了这些内容,我们赠送的礼品才能使我们的拜访达到沟通关系、联络感情、增进了解、互相关心的目的。

② 抓准时机,注意场合。从时间上讲,赠礼贵在及时而准确。毫无理由地过早赠送或"马后炮""雨后送伞"等赠送行为不但没有好结果,而且可能失礼。

从地点上讲,赠礼要考虑场合。一些高雅而清廉的礼品适宜送到办公室,而生活用品或价值较高的礼品则应送至私宅。

从时间上讲,向受礼者呈送礼品,一般应在相见或分手道别时赠送。

③ 挑选礼品,精心包装。礼品选好后,应检查一下是否有价签。如果你不想让受礼者知道价格或价格偏低则应取下,如果你的礼品价格较高则可保留。送礼前的最后工序就是对礼品进行包装。认真地对礼品进行包装既可以表达出你的诚意,也可以提高礼品的艺术性,进而更有利于交际。

例如,小王的同事小李刚刚生了小宝宝,小王从家里找出自己三年前生孩子时朋友送的宝宝衣服礼盒,既没检查也没包装就送到小李家去了,送给小李时还说是自己买的。小李及其家人看着又脏又破的礼盒,顿时沉下了脸。

分析提示:此例中的小王拜访前未做充分的准备;她既没有认真思考拜访的意图,也没有诚心诚意地准备礼品。虽然她所送礼品是适宜的,但是又破又旧,而且小王又没精心包装,所以其拜访的结果很糟糕,是失败的。

第九章　谈判与推销

第一节　谈判口语

沟通是个人或组织之间利用各种传达工具(不限于口语)与各种媒介(诸如符号、姿势、表情、动作、文字、手势、标志、图画、音乐)等信号,达到相互交换信息的过程。在现实生活中,经常发现在一些商务谈判中,尽管谈判双方的目标相同或相近,却仍无法达成一致。究其原因,我们认为这是双方沟通中的失误所致。良好的沟通不仅使组织内部能有效地衔接,形成较强的凝聚力,较好地发挥企业整体力量,而且是企业与外部合作、和谐共处,并取得外部支持的润滑剂,同时,也是获得外部环境信息、进行决策的依据。商务谈判的沟通是谈判双方或多方主体以追求利益最大化为目的,不断交换相互需求信息并做出决策的过程。谈判沟通的主要方式是语言沟通(含电话)和行为语言沟通。

商务谈判的过程,其实就是谈判各方运用各种语言进行洽谈、沟通的过程。依据语言表达方式的不同,商务谈判语言可以分为有声语言和无声语言;按说话者的态度、目的和语言本身的作用来看,商务谈判语言可分为礼节性的交际语言、专业性交易语言、留有余地的弹性语言、威胁劝诱性的语言和幽默诙谐性的语言。语言艺术在商务谈判沟通中起着十分重要的作用。在商务谈判中,运用有声语言的技巧主要体现在听、问、答、叙、辩、说服等方面。

一、谈判口语的原则和策略

(一)谈判口语的原则

1. 礼节性

在商务谈判中,友好融洽的气氛是商务谈判顺利进行的重要条件。礼节性交际语言的特征在于语言表达中的礼貌、温和、中性和圆滑,并带有较强的装饰性。在一般情况下,这类语言不涉及具体的实质性的问题。它的功用主要是缓和与消除谈判双方陌生和戒备的敌对心理,联络双方的感情,创造轻松、自然、和谐的气氛。

常用的礼节性交际语言有"欢迎远道而来的朋友""很荣幸能与您共事""愿我们的工作能为扩大和加强双方的合作做出贡献"等。礼节性的交际用语在运用时,如果能根据情况适当地增加一些文字色彩,其效果会更好。

2. 专业性

专业性交易用语是商务谈判中的主体语言,该语言的特征表现为专业性、规范性和严谨性。在一些涉外的商务谈判中,由于谈判在不同的国家、不同的民族之间进行,为了避免谈判双方理解上的差别,就需要将交易用语用统一的定义和词汇来表达,甚至连表达形式也加以符号化、规格化,从而使其语言更加具有通用性。有些专业性的交易语言虽然有了约定俗成的理解,形成了某些习惯用语,但是,不同国家和地区,仍然对某些用语有着与众不同的理解,因此,在谈判中,对关键性的、涉及双方责任、权利、义务分担的专业性的交易用语一定要向对方讲明确,并取得一致的理解,避免以后双方发生纠纷。

3. 灵活性

辩证法告诉我们,世界上没有绝对不变的事物。因此,在谈判中运用弹性语言能给谈判者留有余地,并且可以避免过早地暴露己方的意愿和实力。例如,"最近几天给你们回信""十点左右""适当时候""我们尽快给你答复"等。这些用词都具有灵活性,可使自己避免因盲目做出反应而陷入被动局面,避免在谈判中因谈话不够灵活而过早地露了底。

4. 威胁、劝诱性

商务谈判始终围绕着双方利益上的得与失。谈判的某一方如陷入较不利的境地,就容易产生急躁情绪,甚至表现出粗暴的行为。这样就促使威胁语言进入谈判领域,其主要作用是强化态度,从心理上打击对方,同时也用于振奋参加谈判人员的工作精神和意志。如"非如此不能签约""最迟必须在××月××日前签约,否则我方将退出谈判"。可见,威胁性语言在谈判中排斥了犹豫不决,同时,也给谈判双方制造了决战气氛,加速了谈判过程。但注意不要过多使用此类语言,因为,这样做往往会强化谈判双方的敌对意识,使谈判气氛变得更加紧张,甚至可能导致谈判失败。

在谈判中为了使自己尽可能在有利的情况下达成协议,除了使用威胁性语言策略外,劝诱也是一种能使谈判者在谈判中掌握主动、主导谈判方向、左右谈判进程的方法。劝诱是为了把对方的注意力紧紧吸引住,使其沿着我方的思路去思考问题,从而引导对方接受我方观点,最终做出我方所希望的决定而采取的一种语言。如"贵方若能在××月××日前签约,将会使我们双方的利益最大化。"

5. 幽默性

幽默性语言是思想学识、智慧和灵感在语言运用中的结晶,它诙谐、生动,富于感染力,能引起听众强烈的共鸣。在日常生活中,具有幽默感的人几乎毫无例外地受到欢迎,在谈判桌上也是一样。幽默诙谐性语言是用一种愉悦的方式让谈判双方获得精神上的快感,从而润滑人际关系,消除忧虑、紧张的语言。在谈判中,有时当双方正激烈争论,相持不下,充满火药味时,一句幽默的话会使双方相视而笑,气氛顷刻缓和下来。例如,有一次中外双方就一笔买卖交易进行谈判,在某一问题上讨价还价了两个星期仍没结果。这时中方的主谈人说:"瞧我们双方至今还没有谈出结果,如果奥运会设立拔河比赛的话我们肯定并列冠军,并载入吉尼斯世界纪录大全。我敢保证,谁也打破不了这一纪录。"此话一出,双方都开怀大笑,随即都做出让步,很快达成协议。心理学家凯瑟琳说过:"如果你能使一个人对你有好感,那么也就可能使你周围的每一个人甚至全世界的人都对你有好感。只要你不只是到处与人握手,而是以你的友善、机智、幽默去传播你的信息,那么时空距离就会消灭。"因此,有人称幽默语言是谈判中的高级艺术。

(二)谈判口语的策略

1. 注意谈判的对象

谈判的对象不同,所运用的语言也应不同,从总体上讲,必须考虑谈判者的职位、年龄、性别及谈判者的性格、态度等因素。对职位高者与职位低者、年长者与年轻者、性格内向的人与外向的人、态度友好的人与态度疏远冷落的人等,要使用不同的谈判语言,做到有的放矢,有针对性。

2. 选择合适的话题

在谈判的不同阶段,针对不同的话题运用不同的语言,才可谓言辞切题。在谈判双方见面寒暄、相互介绍、场下交易以及就某些题外话闲聊时,一般使用礼节性的交际语言,有时也适当使用幽默性语言。这样会给对方一种亲切轻松而又不失郑重的感觉。在谈判过程中涉及合同的条文以及价格等问题时,一般以专业性交易语言为主,以求准确而严谨地表达意思;当谈判遇到障碍,双方争执不下时,可以用威胁劝诱的语言来逼迫对方让步,同时也可采用幽默诙谐的语言来调节、缓和场上的气氛。

3. 营造融洽的气氛

谈判结果从本质上讲是没有输赢之分的,但谈判的各方都会设法在谈判过程中争取优势,这就不可避免地会产生谈判过程中顺利、比较顺利与不顺利的现象,从而导致了不同的谈判气氛。谈判者应把握各种谈判气氛,灵活运用谈判语言以争取谈判过程中的主动,如遇价格问题上争执不休的情况,可考虑运用幽默语言、威胁劝诱性语言;在谈判的开始与结束时用礼节性的交际语言等。

4. 优化双方的关系

从双方关系来讲,若经常接触并已成功地进行过多次交易,双方比较了解,在谈判时除了一些必要的礼节性的交际语言外,则以专业性交易语言为主,配以幽默性语言,使双方关系更加密切;若双方初次接触或很少接触,或虽有谈判但未成功,应该以礼节性的交际语言贯穿始终,以使双方感到可信,在谈判中间以专业性的交易语言来明确双方的权利义务关系,用留有余地的弹性语言来维持并进一步地发展双方关系,使双方由不熟悉转变为熟悉进而向友好过渡。

5. 选择恰当的时机

谈判中语言的运用很讲究时机。时机是否选择适当,将直接影响语言的运用效果。一般而言,当遇到出乎本方意料,或一下子吃不准而难以准确做出回答的问题时,应选择留有余地的弹性语言;当遇到某个我方占有优势,而双方又争执不下的问题时,则可以选择威胁、劝诱性语言;当双方争执激烈、有形成僵局或导致谈判破裂的可能时,不妨运用幽默性的语言;当涉及规定双方权利、责任、义务关系的问题时,就应当选择专业性的交易语言。

总之,谈判者应该审时度势,恰当地运用各种谈判的语言来达到自己的目的。

二、谈判中的语言表达

（一）谈判开始时的入题语言

谈判双方在刚进入谈判场所时，难免会感到拘谨，尤其是谈判新手，在重要谈判中，往往会产生忐忑不安的心理。为此，必须讲求入题技巧，采用恰当的方法来轻松入题。

1. 从题外话入题

为避免谈判时双方单刀直入、过于直露，造成谈判气氛严肃紧张，谈判时可采用迂回入题的方法，具体可从以下几方面入手。

（1）谈论有关季节或天气情况的话题。

（2）谈论目前流行的有关社会新闻、旅游、艺术、社会名人等话题。

（3）谈论有关嗜好、兴趣的话题。

（4）谈论有关衣、食、住、行的话题。

（5）谈论有关健康的话题。

（6）谈论有关谈判已方人员的情况，可简略介绍自己一方人员的职务、学历、经历、年龄等，既打开了话题，消除了紧张气氛，又可以使对方了解己方谈判人员的基本情况，显示自己的谈判力量和阵容，在气势上占据优势。

2. 从"自谦"开始入题

在谈判开局时，常常用到自谦。例如，对方在己方地点谈判，则可以谦虚地表示各方面照顾不周，向对方表示歉意；或者由主谈人介绍自己的经历，谦虚地说明自己缺乏谈判经验，希望通过谈判，学习经验，建立合作、友谊关系，也可称赞对方的到来使我处蓬荜生辉；或者从介绍自己一方的生产、经营、财务状况入题，先声夺人，在提供给对方一些必要资料的同时，又充分显示己方雄厚的财力、良好的信誉和优质价廉的产品等基本情况，从而坚定了对方谈判的信心。总之，迂回入题要从双方都熟悉的话题开始，做到新颖、巧妙、不落俗套。

3. 先谈细节，后谈原则性问题

围绕谈判的主题，可先从洽谈细节问题入题，条分缕析，丝丝入扣，谈妥各项细节问题之后，也就可以自然而然地达成原则性的协议。

4. 先谈一般原则，后谈细节问题

一些大型的经贸谈判，由于需要洽谈的问题千头万绪，双方高级谈判人员不应该也不可能介入全部谈判，往往要分成若干等级，进行多次谈判，这就需要采取先谈原则问题，再谈细节问题的方法入题。一旦双方就原则问题达成一致，也就可以洽谈细节问题了。

5. 从具体议题入手

大型商务谈判，总是由具体的一次次谈判组成，在具体的每一次谈判会议上，双方可以首先确定本会议的商谈议题，然后从这一具体议题入手进行洽谈。具体的议题宜小不宜大，一般可按单位时间考虑。但采用这种技巧要有统一的规划和安排，要避免形成"马拉松"式的局面。

6. 让对方先开口

在商务谈判中,当你不是很了解市场情况或者产品的定价,或者当你尚未确定购买何种产品,或者你无权直接决定购买与否的时候,你一定要坚持让对方首先说明可提供何种产品,产品的性能如何,产品的价格如何等,然后,你再审慎地表达意见。有时即使你对市场态势和产品定价比较了解,也不妨让对方阐述利益要求、报价和介绍产品,然后,你在此基础上提出自己的要求,这种后发制人的方式,常能收到奇效。

7. 以诚相待

谈判中应当提倡坦诚相见,不但将对方想知道的情况坦诚相告,而且可以适当透露我方的某些动机和想法。坦诚相见是获得对方同情和信赖的好方法,人们往往对坦率诚恳的人有好感。不过,应当注意,与对方坦诚相见,难免存在一定的风险。对方可能利用你的坦诚,逼迫你做出让步,你也可能因为坦诚而处于被动地位。因此,坦诚相见是有限度的,并不是将一切和盘托出,应以赢得对方信赖,又不使自己陷于被动为原则。

(二)谈判中的提问技巧

1. 提问的分类

商务谈判中,提问是推动谈判层层深入的主要手段。提问时哪些问题该问,哪些问题不该问,为了达到某一目的应该怎样问,以及问的时机、场合、环境等,对一个谈判人员来讲是非常重要的。通常谈判可分为开放式提问、封闭式提问、婉转式提问和澄清式提问。

(1) 开放式提问。

开放式提问可以让谈判对手回答时不受约束,能畅所欲言,它常用于营造谈判氛围,如"请问您对我公司的印象如何""您对当前市场销售状况有什么看法"等。

(2) 封闭式提问。

封闭式提问语言直白,明确具体,它常用于具体业务内容的洽谈,如"您是否认为售后服务没有改进的可能"等。

(3) 婉转式提问。

婉转式提问是采用婉转的语气或方法,在适当的场所或时机向对方提问。这种提问,既可避免被对方拒绝而出现难堪局面,又可以自然地探出对方的虚实,达到提问的目的。例如,谈判一方想把自己的产品推销出去,但他并不知道对方会接受,于是试探地问:"这种产品的功能还不错吧?您能评价一下吗?"如果对方有意,他会接受。如果对方不满,他的拒绝也不会使问方难堪。

(4) 澄清式提问。

澄清式提问是针对对方的答复重新措辞,使对方证实或补充原先答复的一种提问。例如,"您刚才说,对目前正在进行的这宗生意可以取舍,这是不是说您拥有全权与我进行谈判?"这样不仅能确保谈判双方在同一语言层面上沟通,而且可以从对方进一步得到澄清、确认的反馈。采用这些提问的目的,是为了摸清对方的真实需要,掌握对方的心理状态,进而表达自己的意见和观点,将提问作为解决问题的重要手段。

2. 提问时的注意事项

(1) 注意提问的内容。

提出问题是我们获取信息、发现对方需要的一个有效手段,但并非任何问题都可以问,一般在谈判中不应提出以下问题。

① 不应该问及有关对方个人生活、工作的问题。保持个人隐私对大多数国家与地区的人来讲是一种习惯。比如家庭情况、收入、太太年龄。

② 不要提出含有敌意的问题。一旦问题含有敌意,就会损害双方的关系,最终影响交易的成功。

③ 不要提出有关对方品质的问题。如指责对方在某个问题上不够诚实等。事实上,谈判中双方真真假假,很难用诚实这一标准来评判谈判者的行为。如果要审查对方是否诚实,可通过其他的途径。当你发现对方在某些方面不诚实时,你可以把你所了解或掌握的真实情况陈述一下,对方会明白的。

④ 不要故意提出一些问题。不要提与谈判内容毫不相关的问题,以显示自己的"好问"。

(2) 注意提问的时机。

提问的时机很重要。掌握提问的时机,可以控制谈话的方向。可在以下几个时间来提问。

① 在对方发言完毕之后提问。对方发言的时候,要认真倾听,一般不要急于提问,针对这些内容考虑成熟后再提问。因为打断别人发言是不礼貌的,容易引起别人的反感。即使发现对方的问题,很想立即提问,也不要打断对方,可先把想到的问题记下来,待对方发言完毕后再进行提问,并且一问就要问到点子上。

② 在对方发言停顿、间歇时提问。在谈判中,如果对方发言冗长,或不得要领,或纠缠细节,或离题太远而影响了谈判的进程,你可以借他停顿、间歇时提问,这是掌握谈判进程,争取主动的必然要求,但同时又不要使对方感到拖沓、沉闷。例如,"您刚才说的意思是……?""细节问题我们以后再谈,请谈谈您的主要观点好吗?""第一个问题我们听明白了,那第二个问题呢?"

③ 自己发言前后提问。在谈判中,当轮到自己发言时,可以在谈自己的观点之前,对对方的发言进行提问。这些提问,不必要求对方回答,而是自问自答。这样可以争取主动,防止对方接过话,影响自己的发言。例如,"您刚才的发言要说明什么问题呢?我的理解是……。""针对这个问题,我谈几点看法。""价格问题您讲得很清楚,但质量和售后服务怎样呢?我先谈谈我们的要求,然后请您答复。"在充分表示自己的观点之后,为了使谈判沿着自己的思路发展,牵着对方的鼻子走,通常要进一步提出要求,让对方回答。例如,"我们的基本立场和观点就是这样,您对此有何看法呢?"

(三) 谈判中的回答技巧

1. 回答问题之前,要给自己留有思考的时间

对于商务谈判中所提出的问题,必须经过慎重考虑后,才能回答。有人喜欢对方提问的语音刚落,就马上回答问题,这种做法很不科学。谈判者对问题答复的好坏与思考的时间成正比。在谈判过程中,绝不是回答问题的速度越快越好。人们通常认为,如果对方问话与我方回答之间所空的时间越长,就会让对方感觉我们对此问题欠准备,或以为我们几乎被问住了;如果回答得很迅速,就显示出我们已做好了充分的准备,也能显示出我方的实力。而谈判经验告诉我们,在对方提出问题甚至不断地催问时,作为答复者一定要保持清醒的头脑,沉着稳健,不追求"有问必答,对答如流"的虚荣,也不必顾忌对方的催问,而是应该坦率地告诉对方,你必须进行认真思考后才能回答。

2. 把握对方提问的目的和动机,针对提问者的真实心理答复

谈判者在谈判桌上提出问题的目的往往是多样的,动机也往往是复杂的。如果我们经过周密思考,准确判断对方的用意,便可做出一个独辟蹊径的回答。在一次宴会上,美国著名诗人艾伦·金斯伯格向中国作家提出一个怪谜,并请中国作家回答。这个怪谜是"把一只五斤重的鸡装进一个只能装一斤水的瓶子里,用什么方法把它拿出来?"中国作家回答说:"您怎么放进去的,我就会怎么拿出来。您凭嘴说就把鸡装进了瓶子,那么,我就用语言这个工具再把鸡拿出来。"此可谓绝妙回答的典范。在商务谈判中,有时提问者为获取出奇效果,有意识地含糊其辞,使所提问题模棱两可,此时,如果答复者没有摸清提问者的真实心理,就可能在答复中出现漏洞,使对方有机可乘。因此,答复者在遇到这种情况时,一定要先进行认真分析,探明对方的真实心理,然后针对对方的心理作答,不可自作聪明,按自己的心理假设答复。例如,对方在谈判时询问我方的供货能力,这有可能是对方要大量订货,也有可能想了解我方的库存情况,还有可能要估算产品的成本。在没有摸清对方意图的情况下,不能贸然作答,等明确对方的真实心理后,再伺机回答。

3. 模糊答复,不要彻底地回答对方的提问

在商务谈判中,对方提出问题或是想了解我方的观点、立场和态度,或是想确认某些事情,对此,我们可视情况而定。对于应该让对方了解的,或者需要表明我方态度的问题要认真回答;对于那些可能会有损己方形象、泄密或无聊的问题,谈判者也不必为难,回答时可闪烁其词,不做明确的答复,留有较大的灵活性,有时不予理睬是最好的回答。当然,用外交活动中的"无可奉告"一语来拒绝回答,也是回答这类问题的好办法。我们回答问题时可以将对方问话的范围缩小,或不做正面回答,而对答复的前提加以修饰和说明。例如,对方询问我方产品质量如何,我方不必详细介绍产品所有的质量指标,只需回答其中主要的某几个指标,从而造成质量很好的印象即可。又例如,"这件事我们会尽快解决。"这里的"尽快"就很有弹性,具体时间到底是什么时候,并没有说清楚,有很大的回旋余地。

4. 不要确切回答对方的提问

有时,对方提出的某个问题我方可能很难直接从正面回答,但又不能以拒绝回答的方式来逃避问题。这时,谈判高手往往采用避正答偏的办法来回答,即在回答这类问题时,故意避开问题的实质,而将话题引向歧途,借以破解对方的进攻,通常这是应付对方的一个好办法。一位西方记者曾讽刺地问周恩来总理一个问题:"请问,中国人民银行有多少资金?"周总理深知对方在讥笑中国的贫困,如果实话实说,自然会使对方的计谋得逞,于是他答道:"中国人民银行货币资金嘛,有十八元八角八分。中国银行发行面额为十元、五元、二元、一元、五角、二角、一角、五分、二分、一分的主辅人民币,合计为十八元八角八分。"周总理巧妙地避开了对方的话锋,使对方无机可乘,被中国人民传为佳话。在商务谈判中既

避开了提问者的锋芒,又给自己留下了一定的余地,实为一箭双雕之举。又如,当对方询问我方是否可将产品的价格再压低一些时,我方可答复:"价格确实是大家关心的问题,不过,我方产品的质量和我们的售后服务是第一流的。"也可以这样回答:"是的,我想您一定会提出这一问题,我会考虑您的建议,不过请允许我提一个问题……"

5. 对于不知道的问题不要回答

参与谈判的人不是全能全知的。谈判中尽管我们准备得很充分,也会经常遇到陌生难解的问题,这时,谈判者切不可为了维护自己的面子强做答复,因为这样不仅有可能损害自己的利益,而且对自己的面子也丝毫无补。有这样一个实例:我国某公司与美国公司谈判合资建厂事宜时,外商提出有关减免税收的请求。中方代表恰好对此不是很有研究,或者说是一知半解,可为了能够谈成,盲目地答复了,结果使己方陷入非常被动的局面。经验和教训一再告诫我们:谈判者对不懂的问题,应坦率地告诉对方不能回答,或暂不回答,以避免付出不应付出的代价。

6. 答非所问

有些问题可以通过答非所问的方式来给自己解围。经验丰富的谈判人员往往在谈判中运用这个方法。表面上看讲话人似乎头脑糊涂、思维有问题,实则不然,这种人往往高明得很,对方也拿这种人毫无办法。答非所问在知识考试和学术研究中是不能给分的,然而从谈判技巧的角度来研究,却是一种对不能不答的问题的一种行之有效的答复方法。

例如,古代有一个较为精明的骗子,他从别人那儿借来一匹马,便牵去与一个财主进行交换。财主问:"你的马是从哪里来的?"他回答道:"我想要买马的念头已有两年了。"财主又问:"为什么要换?"他回答道:"这马比你的马跑得快。"这两句话的回答全是答非所问,换马的骗子就是用这样灵活的方式,回避了一个事实,即马是他人的,换马是想要骗走财主的马。此人的计谋是得逞了,但在谈判中,我们并不主张像这个骗子一样在谈判双方之间行骗,谈判必须是建立在双方相互信赖的基础上。但是在双方利益相冲突时,如何巧妙地回答对方有关利益分割方面的问题,倒是应该从这一案例中学些参考经验。

7. 以问代答

商务谈判中有时可以以问代答。以问代答,顾名思义,就是当谈判中遇到一时难以回答的问题时,反问对方以代替自己作答。此方法如同把对方踢过来的球踢过去一样,请对方在自己的领域内反思后寻找答案。例如,在商务工作进展不是很顺利的情况下,其中一方问另一方:"你对双方合作的前景怎样看待?"这个问题在此时可谓十分难回答的问题。善于处理这类问题的对方可以采取以问代答的方式:"那么你对双方合作的前景又是怎么看待的呢?"这时双方自然会各自在自己的脑海中加以思考和重视,对于打破窘境起到良好的作用。商务谈判中运用以问代答的方法,对于应付一些不便回答的问题是非常有效的。

8. 恰当地运用"重申"和"打岔"

商务谈判时,要求对方再次阐明其所问的问题,实际上是为自己争取思考问题的时间的好办法。在对方再次阐述其问题时,我们可以根本不去听,而只是考虑如何做出回答。当然,这种心理不应让对手有所察觉,以防其加大进攻的力度。

另外,如果有人打岔那将是件好事,因为这可为我们赢得更多的时间来考虑。在商务谈判中,有些富有谈判经验的谈判人员,估计到谈判中会碰到某些自己一时难以回答而又必须回答的、出乎意料的棘手的问题,为了能够赢得更多的时间,就事先在本组内部安排好某个人,专门在关键时间打岔。打岔的方式是多种多样的,比如借口外面有某某先生的电话、有某某紧急的文件需要某某先生出来签个字等。有时,回答问题的人自己可以借口去洗手间方便一下,或去打个电话等来拖延时间。

谈判中的回答不以正确与否来评论,对对方的答复是为了实现己方的目的和利益。谈判中的回答应该是一种解释、证明、反驳或传递观点的过程。回答时不仅应当采取容易为人接受的方法,而且应当巧立新意、渲染观点、强化效果。此外,谈判中的回答也应在准备工作中就列入考虑,以便对对方可能提出的问题及早做好对策;在未搞清对方真正意图的情况下,千万不要随便作答;回答时一定要谨慎,把握回答的分寸、方式、态度等。

(四) 谈判中的说服技巧

说服是一种通过沟通使听话人自愿改变其信仰、态度或行为的活动。依靠理性的力量和情感的力量,通过自己的语言策略,令对方朝着对自己有利的方向改变。说服可以使他人改变初衷,心悦诚服地接受你的意见,它是谈判过程中双方沟通的重要组成部分。能否有效地说服对方接受自己的观点,对于谈判过程中双方之间的关系以及最终达成的协议有着重要的作用。有效的说服能够使双方尽快接受有关意见,避免双方在谈判过程中不必要的对抗,大大地缩短磋商过程,提高谈判效率,加快谈判进程。

谈判的说服技巧是丰富多彩、千变万化的。在运用各种说服技巧的过程中,有些要领必须掌握。

1. 先易后难,步步为营

谈判应当按"先易后难"的原则去安排。当谈判双方利害冲突不大时,更容易取得初步成效,并使双方从一开始就显示出合作的诚意和彼此的信任,从而为谈判的进展创造了更加友好的气氛。

2. 先直言利,后婉言弊

在说服对方时,为了满足对方对谈判结果的心理需求,不仅要对我方的主张晓之以理,而且更应侧重言之以利。但只言利而不言弊的单方面论据往往会引起对方的猜疑,因为,人们不会相信你的提议纯粹是为了让他们一方得到好处。因此,要成功地说服对方免不了要兼言利与弊两个方面,把好与坏的信息全部传递给对方。在陈述过程中,一般的原则是先言有利的一面,然后再以委婉的口气陈述弊的一面。为了迎合对方的需求,示之以利,就有助于激发对方的兴趣与热情。而且,这种"先入为主"的思维定式往往会使对方更注重他得到的第一个信息。这样,当我们委婉地讲到关于弊的第二个信息时,不但不会削弱第一个信息的印象,相反,我方还会给对方留下坦率、真诚的良好印象,从而使对方接受这个利大于弊的方案。

3. 强调互利,激发认同

谈判中交织着冲突与合作的双重因素,没有冲突就不需谈判,而没有合作,谈判中各执一端,冲突就无法解决。谈判的成功与否取决于合作与冲突的强弱。强调利益的一致性比强调利益的差异性更容易提高对方的认同程度和接纳的可能性。因此,在谈判中,我们应当更多地强调双方利益的一致性与互惠的可能性,这样就有助于激发对方在认同自身利益的基础上接受你的建议。谈论共同之处可引起对方的兴趣,随着谈话的进一步深入,还可增强彼此的亲近感和信任感。在说话时,要避免那种盛气凌人、我行我素的态度。

4. 恩威并施,刚柔相济

由于谈判中双方难免会产生各种对立的意见分歧,作为谈判的双方既要维护自己的应得利益,又要满足对方的必要需求。有经验的谈判者应当根据己方的合理需求和对方的必要利益,凭借自己的实力、经验和技巧,做到恩威并施,刚柔相济。在涉及我方应得的必要利益的问题时,应凭借我方的实力与优势,施展强攻的心理战与语言对策,显示"刚"的威力,迫使对方在这些问题上做出让步;而在涉及对方应得的必要利益问题上,则应理解对方的实际需求,做出必要的退让。这样,"刚"的威力在"推"着对方;"柔"的吸引力在"拉"着对方,说服的成功就有了双重的保证,达成的协议也体现了利益均沾的互惠性。

5. 投其所好,取我急需

谈判的任何一方都是以满足自己的需要为主要目标的,但在现实谈判中,双方都不可能全面满足自己的所有需求,而任何一方的各种需求也不是没有主次之分的。因此,需要在说服过程中尽量去发现对方的迫切需要或第一位需要。如果我们发现了对方的迫切需要与我方的第一需求并不重合,那么我们就可以比较容易提出一个"投其所好,取己所需"的方案来,从而达到一拍即合的良好效果。而如果双方的第一需要是重合的,那么就要求双方在第一需要的问题上各自做出相应的退让,找出一个合适的接合点,或对第二级、第三级需要做出相应的调整,这样的提议,也是有可能说服对方的。

6. 设身处地,动之以利

在谈判桌上,人们无时无刻不在计算自己一方获利的多少。因此,一个谈判高手知道,利益是说服对方改变想法的重要杠杆。谈判者对谈判成功的欲望,往往与他们从成交方案中获利的大小成正比。因此,我们要说服对方,应及时、适当而有的放矢地强调某一提议的实施对双方的好处,特别要强调切中对方第一需要的各项条件,从而影响对方去思考权衡,进而影响谈判的结果。另外,在阐之以利的过程中,还要注意一个立足点的问题,即把思维与表述的立足点从己方转到对方的立场,设身处地地阐明该建议对满足对方需求的好处。这样做的好处在于它能使说服者的立场、角度与对方相一致,无形中缩小了与对方的心理距离,使对方对己方产生一种"理解我并为我着想"的印象,自然就会对己方的建议产生较强的认同感。

7. 多言成果,淡化争议

为了更好地说服对方,我们应十分珍惜和充分运用已取得的谈判成果,应当重点、反复强调已解决的问题,赞扬双方前阶段谈判的真诚意向和良好合作气氛,而不应单纯去强调未解决的有争议的问题。这样有助于增强对方合作的信心和决心,鼓励和说服对方始终以积极的态度互相理解,互相体谅,以不断淡化争议,扩大战果,直至达成协议。

8. 兼听为先,后发制人

当谈判进入关键阶段,关键问题上的分歧逐步显露,争议也会越来越激烈。这时不宜操之过急,强加于人。争议已进入了关键性的讨价还价阶段,要说服对方,关键不在于你先强调了什么,多说了什么,而在于你能让对方相信什么。所以,这时候不应急于发表意见,不应迫不及待地反驳对方,而应冷静地倾听谈判桌上的各种意见,从中找出双方利益冲突的关键所在,找到双方可求之同与应存之异,然后再提出更全面、更成熟、更易于为双方接受的方案。这样的方案常常更具有说服力。

9. 多言事实,少说空话

事实是人们可以凭借感官和经验予以验证的东西。在谈判中,有的人喜欢用空话、大话来炫耀自己的产品,什么"质量上乘""人见人爱""誉满全球""领导时代新潮流"等,这除了给人以自吹自擂的感觉外,是不能说服对方的。为了说服对方,应力戒"肥皂泡"式的空话,而注意多用确凿的事实,用有代表性的典型事例说话,让对方凭借自己的实践经验和独立思考来获取结论。

随着当今社会经济的发展,人们越来越多地参与到了商务谈判中,为了达到互惠互利的目的,巧妙地采用一些说服手段是必不可少的。说服技巧有很多,所适用的场合也绝不限于上述情况。虽然说服技巧不能盲目地应用于各种场合,但只要谈判者抓住机会,晓之以理,动之以情,真诚地为双方的共同利益着想,定会有助于取得理想的谈判效果,达到预期的目的。

(五)谈判中的倾听技巧

1. 要耐心专注地倾听

倾听对方讲话,必须集中注意力,同时,还要开动脑筋,进行分析思考。对方的话还没有说完,听话者觉得大都理解了,思想稍一疏忽,也许恰在这时,对方传递了一个至关重要的信息,听话者就错过了,事后再后悔也没有用了。因此,听者要尽量做到耐心专注地围绕对方发言进行思考,使自己的注意力始终集中在对方发言的内容上。首先要了解你在听人讲话方面有哪些不好的习惯,你是否经常对别人的话匆忙做出判断?是否经常打断别人的话?是否经常制造交往的障碍?了解自己听的习惯是正确运用听的技巧的前提。美国的朱迪·皮尔逊博士把"听"分为两种形式,即积极的听与消极的听。积极的听,就是指在重要的交谈中,听者全神贯注,充分调动自己的知识、经验储备及感情等,使大脑处于紧张状态,以便在接收信号后立即进行识别、归类、解码,并做出相应反应,比如表示理解或疑惑、支持或反对、愉快或难过等。消极的听,就是指在一般的交谈中,听者处于比较松弛的状态,即在一种随意状态中接受信息。比如,平时家庭中的闲谈或者非正式场合下的交谈等。积极的听既有对语言信息的接收,也有对语言信息的反馈。

2. 要有鉴别地倾听

在专心倾听的基础上,为了达到良好的倾听效果,可采取有鉴别的方法来倾听对手发言。通常情况下,人们说话时边说边想,来不及整理。有时表达一个意思要绕着弯子讲许多内容,从表面上听,根本谈不上什么重点突出。因此,听话者就需要在用心倾听的基础上,鉴别收听过来的信息的真伪,去粗取精、去伪存真。这样才能抓住重点,收到良好的听的效果。

3. 要积极主动地倾听

谈判双方一旦坐在谈判桌前,就要想方设法摸清对方的底细,发现对方的需要,同时,还必须准备及时做出反应。在谈判中积极主动的倾听不等于只听不说。要学会倾听,善于倾听,要克服以下几种带有偏见的听。

(1) 自己先把别人要说的话做个标准或价值上的估计,再去听别人的话。当对方正在讲话时,这种有偏见的听讲者往往会在心里判断,对方接下来要说的是不重要的、没有吸引力的、太复杂的和老生常谈的内容,于是,他便一边听一边希望对方赶紧把话题转入重点或者结束讲话。有偏见的听讲者常常会按自己的好恶曲解的话,常常根据自己过去的经验,自以为是地把对方的某些话附加上自己的意义。这样就不能真正理解对方的话。

(2) 因为讨厌对方的语音语调而拒绝听对方讲话的内容。即使对方的话很重要或者有许多值得注意的地方,也会因为讨厌其语音语调而不想听其讲话的内容,故不能从中获得确实有用的信息。

(3) 有些谈判者尽管心里明明在想别的事情,却为了使讲话者高兴而假装自己很注意听。伪装实际上也是一种偏见。伪装的听者往往有一个共同的特征,就是双眼直愣愣地盯着讲话者,做出一副洗耳恭听的样子。因为他们把注意力都集中在伪装的姿态上,所以根本没有余力去专心倾听讲话内容。还有一种伪装者喜欢试着去记住别人的每一句话,却把话题的主要意义忽视了。这种伪装者常使讲话者以为他们的确是在专心倾听。因此,这种伪装的倾听很容易使双方产生误会,影响沟通。

4. 要克服先入为主的倾听

先入为主地倾听,往往会扭曲说话者的本意,忽视或拒绝与自己心愿不符的意见。这种做法是错误的,因为听话者不是从谈话者的立场出发来分析对方的讲话,而是按照自己的主观来听取对方的谈话,其结果往往是将听到的信息变形地反映到自己的脑中,导致己方接受的信息不准确、判断失误,从而造成行为选择上的失误。将讲话者的意思听全、听细是倾听的关键。

5. 要给自己创造倾听的机会

一般人往往认为在谈判中,讲话多的一方占上风,最后一定会取得谈判的成功,其实不然。如果谈判中有一方说话滔滔不绝,垄断了大部分时间,也就没有谈判可言了。因而应适当地给自己创造倾听的机会,尽量多给对方说话的机会。也就是说,倾听者要采取一些策略方法,促使讲话者保持积极的讲话状态,主要有三种形式。

(1) 鼓励。面对讲话者,尤其是没有经验、不善演讲的谈话者,需要用微笑、目光、点头等赞赏的形式表示呼应,显示出对谈话的兴趣,促使对方继续讲下去。谈判中,只听对方所述的事实是不够的,还要善于抓住背后隐喻着的主题需要。在这里,关键不在于对方说什么,而在于他怎么说。一个合格的谈判者应该是观察人的行家,要有敏锐的洞察力。在谈判中,对方的措辞、表达方式、语气,甚至声调,都能为自己提供线索,要善于发现对方一言一行背后隐藏的含义,从客观实际出发,合理客观地分析对方的言行。

(2) 理解。谈判过程中谈判人员不仅要耐心认真地听,而且要不时地做出反馈性的表示,例如欠身、点头、摇头、摆手、微笑或重复一些较为重要的句子,或提出几个能够启发对方思路的问题,从而使对方产生被重视感,有利于谈判气氛的融洽,这也是对讲话者的积极呼应。

(3) 激励。适当地运用反驳和沉默,也可以激励谈话。这里的反驳不是指轻易打断对方讲话或插话。当对方征求你的意见或停顿时,反驳才是适宜的。沉默不等于承认或忽视,它可以表示你在思考,是重视对方的意见,也可能是在暗示对方转变话题。通常在简明地表达自己的意见以后,加上一句"我很想听听贵方的高见。"或"请问您的意见如何?",从而把发言的机会让给对方。

6. 要创造良好的谈判环境

人们都有这样一种心理,即在自己所属的领域里交谈,无须分心于熟悉环境或适应环境。而在自己不熟悉的环境中交谈,则往往容易变得无所适从,导致发生正常情况下不该发生的错误。可见,有利于己方的谈判环境,能够增强自己的谈判地位和谈判能力。事实上,美国心理学家泰勒尔和他的助手兰尼俄做过一次有趣的试验,证明了许多人在自己客厅里谈话,比在他人客厅里谈话更能说服对方这一观点。因此,对于一些关系重大的商务谈判工作,如果能够进行主场谈判是最为理想的。因为这种环境下会有利于己方谈判人员发挥出较好的谈判水平。如果不能争取到主场谈判,至少也应选择一个双方都不十分熟悉的中性场所,这样也可避免由于场地优势给对方带来便利而给己方带来不便。

7. 倾听时要做好必要的记录

俗话说"好记性不如烂笔头"。在谈判过程中,人的思维在高速运转,大脑需要接受和处理大量的信息,加上谈判现场的气氛又很紧张,同时对每个议题都必须认真对待,即便一个人记忆力再好也只能记住谈话的大概内容,有的人甚至会忘得干干净净。因此,做一定的记录是必要的,甚至可以进行录音。记笔记的好处在于,一方面,笔记可以帮助自己记忆和回忆,而且有助于在对方发言完毕之后,就某些问题向对方提出质询,同时,还可以帮助自己进行充分的分析,理解对方讲话的确切含义与精神实质;另一方面,通过记笔记,可以给讲话者留下重视其讲话内容的印象。当停笔抬头看讲话者时,又会对其产生一种鼓励作用。

第二节 推销口才

从商品经济角度看,推销是指商品交换范畴的推销,即商品推销。它是指推销人员运用一定的方法和技巧,帮助顾客购买某种商品和劳务,以使双方的需要得到满足的行为过程。推销作为一种社会经济活动,是伴随着商品经济一起产生和发展的,是商品经济活动中一个必不可少的组成部分,对推动商品经济的发展起着积极的作用。推销是现代企业经营活动中的一个重要环节,推销作为一种企业行为,更是决定着企业的生死存亡。当今社会充满竞争,企业要生存,要在强手如林的竞争者中脱颖而出,离不开成功的推销。在商品经济发达的国家,推销被认为是经营的命脉。

任何形式的推销都少不了推销员(推销主体)、推销品(推销对象)和推销客体(顾客)。推销的核心是说服,推销员的主要工作就是说服顾客接受自己推销的产品或服务,没有一定的表达能力和说服技巧是很难奏效的;整个推销活动,从接近顾客到解除疑虑,直到最后成交,都离不开推销口才。口才是推销成功的关键所在,是推销员创造销售业绩的有力武器。

一、推销口才的原则和策略

（一）推销口才的原则

1. 目的是关键,口才是手段

手段是为目的、结果服务的,推销员的口才是为推销目的服务的手段。中国古代有"一言可以兴邦,一言也可以误国"之说,道出了说话举足轻重的作用。口才是人类生活中最难能可贵的艺术或手段,没有口才的人,犹如发不出声音的留声机。

推销员遇到的顾客各不相同,在谈话过程中,从顾客的谈话中了解对方是说话取胜的关键。谈话如同上阵打仗,只有知己知彼,才能百战不殆。只有了解顾客,考虑他们的性格、经历、背景、知识层次,等等,根据对方不同的特点"对症下药",才能达到推销的目的。例如,对于性格沉稳的人,要用道理说服他;而对于好冲动的人,激将法会很有用。

2. 有理、有据、有节

口才是手段,但不能为了获得好口才的称赞,或为了营造融洽的谈话气氛,而一味地让步。无原则地让步,如牺牲自己利益,丧失自己的尊严,不坚持自己的立场,等等,都是不正确的。说话也要讲究有理、有据、有节。

有理,指的是要讲真话。在推销时,与顾客有时在认识上、感情上会产生不一致;有时顾客说的话、提出的问题是自己所不能接受的,这时要敢于表达自己的真实立场、观点或想法。在任何时候,都应得体地表达自己的真实想法,站在"理"字一边。

有据,指的是要说实话,反映真实情况,而不是歪曲事实,顺风说好话。真诚,就是真实诚恳,不论对推销员还是顾客来说,都非常重要。与人相处,追求成功的目标和准则应该是自己、他人和社会三者都是获益者,交际的实质是给予和索取。

推销员在与顾客谈话时,要有自我控制能力,即"有节"。每个人都有自己的利益、立场、观点和看法,也许顾客的讲解、主张与自己不同,这时一定要保持冷静,寻求沟通,以达到互相理解。当然,也有顾客故意贬低或挑衅,这时更要保持冷静,思考反击之策。一定要控制自己的情绪和语言,否则很容易在"心不平、气不和"的情况下,口不择言。推销中,要控制自己,不必因顾客的一句话或某种态度而愤怒,要镇静、理智地思考对策,通过温和得体的态度表达自己的观点。说话要有节制,还要知道什么时候说,什么时候保持沉默。与顾客谈话时,不要只自己说,还要学会听,学会观察。顾客刚说了一半就抢话,这样会造成没了解清楚对方的意思,自己要说的话也没有经过深思熟虑,很容易表达失误,而且,抢话还是不礼貌、没有信心的表现。会说话的推销员和不会说话的推销员有一点最大的不同,就是会说话的推销员能控制自我,掌握说话的主动权。

3. 说赢顾客不等于你有好口才

推销的最终目的在于成交，不在于说赢顾客。不要对顾客提出的任何问题、想法，都抱着要说赢顾客，才能说服顾客的心理。有经验的推销员都懂得要赢得胜利，不妨忍让小处。小的地方应该顺着顾客，略做让步，不要对顾客提出的任何问题、想法，都咄咄逼人、尖锐地反驳回去，不要以为说赢顾客，顾客就会购买。须知抵抗越大，反弹就越强。顾客购买东西，并不一定非要所有的条件都完备才购买，往往只要是最重要的几项需求能被满足就会决定购买，因此没有必要对顾客提出的任何异义都想说赢他，在小处无论有无道理都可以考虑顺从客户。

每个人都有自己的想法与立场，在推销说服的过程中，若想要顾客放弃所有的想法与立场，完全接受你的意见，会使对方觉得很没面子，特别是一些关系到个人主观喜好的问题，例如颜色、外观、样式，千万不能将自己的意志强加到别人身上。没有经验的推销员，对顾客提出的异议都千方百计地想要证明自己是对的，往往让顾客在被推销的过程中经历一段不愉快的处境。而真正的推销专家从不会想要说赢顾客，他们只会建议顾客，在尊重顾客感受的情况下进行推销工作。

4. 说话要条理清楚

条理清楚指的是说话时要注意因果关系、前后联系和善于归类。在表达不同的思想时，要注意使用过渡、转折。如果一次谈话中要表达多个观点、见解，要注意使用"另外……""还有一个问题……""更重要的是……"等句式，这样，顾客可以根据你的语言调整自己的思维，理解你所表达的要点。

关于说话要条理清楚的反例可以说比比皆是。有的人一个问题说到一半儿，开始说第二个问题，第二个问题没说完，他又回到了第一个问题，甚至还有第三个问题、第四个问题……结果哪个问题都没说清楚，顾客听得稀里糊涂，一头雾水。说话条理不清，还可能是喋喋不休、啰唆、废话连篇，只有一个问题，却翻来覆去地说，越说废话越多，越说离题越远，结果顾客不知你所言为何事。条理清楚是说话的基本功，只有条理清楚，才能清楚地表达自己。

5. 掌握主题

推销交谈时，推销员经常会用一些信息作修饰，以突出或充实自己的语言。如果使用正确，这会使语言显得丰富，但如果使用不当，容易适得其反，令人抓不住你谈话的主题。在交谈时，传递的信息要简明准确，不要让多余的信息增加对方理解上的困难。在一些毫不相干的事情上兜圈子，会使听者迷惑不解，无法理解你要表达的意思。

（二）推销口才的策略

1. 避免命令式语句，尽量采用请求式语句

什么是命令式语句，什么是请求式语句呢？举个例子，搭乘公交车时，假如一个人上来后，对坐着的人说："喂！过去一点，这里我要坐！"这是命令式语气，其结果是即使座位很宽松，对方也不见得乐意空出地方。如果换个口气说："对不起，能不能让我也挤一挤？"这是请求式语句，由于他说话客气，所以对方是乐意帮忙的。

命令式语句是说话者单方面的意见,没有征求别人意见就勉强别人去做。请求式的语句是尊重对方,以协商的态度,请别人去做。

假如,顾客问推销员,有没有他们需要的一种货,推销员答:"没有了,到下个月再说吧。"这会令顾客不舒服,从而转向别的商家。但若回答"这种货暂时已全部被订出去了,不过已经在赶货,您愿意等几天吗?"则会挽留住一个顾客。

2. 少用否定语句,多用肯定语句

对推销人员而言,讲否定语句应视为一种禁忌,要尽量避免。在很多场合下,肯定句可以代替否定句,且效果往往出人意料。

例如,顾客问:"这样的衣料没有红色的吗?"推销员答:"没有。"这就是否定句,顾客听后反应是既然没有就不买了。但若回答:"目前只剩下黄色和蓝色的了,这两种颜色都很好看。"便成为一种肯定的回答。虽然两种回答都承认没有红色衣料,但否定似乎是拒绝,而肯定则给人一种温和的感觉。

3. 要用请求式的肯定语句说出拒绝的话

例如,当顾客提出"降价"要求时,如果推销员说"办不到",那么会挫伤顾客的积极性,从而打消购买欲望。如果推销员不能满足顾客的要求,可以说:"对不起,我们的商品不二价,价钱都是实实在在的,绝不会多要您一元钱。"这实际上是用肯定的语句请顾客体谅。总之,如能做到拒绝顾客又不使之反感,才称得上掌握了说话技巧。

4. 边说话,边注意顾客的反应

推销员切忌演说式的独白,而应边说边注意顾客的反应,提一些问题,了解顾客的需求以便随时调整自己的说话方式。英国心理学家奥格登说:"说话的意义并不像字典上所查的那么固定,因为现实情况的差别,话语便会呈现不同的意义。"

例如,某天张先生走出家门,抬头望了望天空,嘴里便自言自语说:"天上有乌云呢!"他的意思并不单指"云",而表示"要下雨了,出门需带伞"。此时张太太也同样望着天说:"天上乌云密布了!"但这并不表示出门带伞,而是说"天要下雨了,我就不能把衣服晒到外面了"。同样的道理,推销员对不同顾客谈话,虽然语句一样,由于顾客的理解力、想象力不同就会产生不同的结果,所以推销员要时常用话试探顾客的反应,激发其购买欲望。

真正的推销对话,应该是相互应答的过程,推销员对顾客的每句话都要做出反应,并能适当引用和重复,这样,彼此间就会取得真正的沟通。

5. 用负正法讲话

什么是负正法呢?看下面两句话。

(1)"价格虽然高一点,但东西很牢固。"

(2)"东西虽然很牢固,但是价格稍微高了一点。"

这两句话除了前后颠倒外,其余都相同,但是顾客听了会有截然不同的感受,一般认为(1)较好,为什么?

因为两者侧重点不同,前一句把重点放在"牢固"上,顾客理解这件商品是因为牢固才这么贵,于是认定其质量好,而增强购买欲望。即:

(1) 价格高一点,但东西牢固。

缺点→优点＝优点

(2) 东西虽然很牢固,但是价格稍微高了一点。

优点→缺点＝缺点

缺点→优点的推销法,称为负正法,是推销口才中的一种好方法,能够较好地化解顾客对商品的异议,赢得顾客的好感和信赖。

6. 加强语言细节

语言的影响力不可低估,一句话可以让对方感动或豁然开朗,也可能会使对方生气,推销员就是要巧妙利用语言的魅力达成自己的目的。

(1) 含蓄幽默。在与顾客交谈过程中,可以穿插些含蓄、幽默的话,增添语言的生动性。推销员过分露骨地推销会引起顾客的反感,而公开地表露在交易中给对方"好处",有时会适得其反。如果含蓄一点表示出来,不但体现了说话者的语言技巧,也表现了对顾客想象力和理解力的信任。此外,在推销过程中含蓄还能起到弥补误会的作用。要做到含蓄,可以利用同义词,可提示、暗示,还可以利用比喻、双关、反语、对比等多种修辞格表示。

幽默可以使推销过程中紧张的气氛变得轻松,使对立冲突变得和谐宽容,还能制造长期有利的影响。推销员应学会幽默,注意提高自己的修养素质,平时注意收集一些有趣的事件,谈话时巧用夸张、想象等多种手法把本来平淡无奇的事实表现得妙趣横生。

(2) 注意说话的停顿和重点。调查表明,谈话中的停顿、重点、语调和说话速度对于成功的推销非常重要。在说话停顿时,顾客自然会对前后谈话的内容进行回顾,当你需要强调谈话的某些重点时,停顿是非常有效的(注意,在报价时是例外)。推销员还可以使用加强语气来强调某些重点问题,这比一长串形容词的效果好。

(3) 语言通俗流畅。说话不能跟文章一样可以反复斟酌,它是一说即过,故推销员的语言一定要流畅而易懂。中国地域广阔,南北语言差异很大,所以推销员讲话需要看语言环境,不能千篇一律照搬。说话要自然,可以在一定的场合,适当地穿插一些诗词、顺口溜等,会收到很好的效果。字词是思想感情传达的主角,而辅之以表情、动作、姿势等,更能体现推销语言的说服力。

(4) 掌握谈话的主动权。推销过程中提问题的一方总是掌握销售对话的主动权。推销员提问是了解对方的需要、获取所需信息的手段,也是沟通双方感情的一种比较好的方法。在交谈过程中,要善于结合不同的环境、不同的交谈阶段提出不同的问题。向顾客提出的问题应简单明确,使对方一听就能明白,并便于回答。每次提出的问题不宜太多,一般只提一到两个,以免顾客记不住提问的内容或感到紧张,不知先回答哪个问题好;同时提的问题太多,顾客会产生厌烦的情绪,不利于推销的进行。当顾客对某些问题故意避而不答时,推销员应采取迂回战术,耐心追问,或变换角度继续提问,直到顾客满意为止。

二、推销口才的技巧

(一) 陈述的技巧

陈述是指销售人员向消费者正面介绍产品、说明交易条件或回答其提问的过程。它的主要目的是把恰当准确的信息传递给消费者,引起消费者的反应,这是销售语言最基本的使用方式,是每一次洽谈所不可缺少的环节。

1. 陈述的要求

(1) 简洁。

简洁是对销售陈述的基本要求。陈述时,应简单明了、干净利落,避免啰唆、反复,并尽可能用较短的时间,把比较重要的信息传达给消费者,以便尽快唤起消费者的兴趣,促使销售活动进行下去。

(2) 流畅。

流畅也是对销售陈述的基本要求。语言流畅,要求销售人员讲话时要口齿清晰、流利;陈述的内容要有连续性、逻辑性,上下文衔接合理,原因结果叙述清楚。

(3) 准确。

准确是对销售陈述提出的更高要求。第一,要求销售人员必须选择正确的陈述内容。成功的销售人员不应该试图把自己掌握的所有信息都传达给消费者,而应该选择消费者最感兴趣的信息作为陈述的内容。第二,要求销售人员要根据具体情况,把重要的信息分成几次陈述。即使是那些消费者最感兴趣的信息,也不应全部安排在一次陈述中。第三,要求销售人员语言语调要准确,抑扬顿挫要合理。总之,陈述的内容要使消费者能正确地理解陈述者的意图。

(4) 生动。

生动是对销售陈述的最高要求。销售是激发消费者购买欲望、说服消费者采取购买行动的过程,因此,要求销售语言必须能够打动消费者。它应该新颖、与众不同,易使人产生联想,并且使消费者能够感受到、记住,从而产生购买的欲望。

有句话说"不会讲故事的销售人员,不是好销售人员"。实际上,讲故事确实对客户有很大的吸引力,可取得"引人入胜"的效果。

讲故事和干巴巴地陈述相比,哪个更能打动客户?答案不言自明。

2. 陈述的时机

陈述的时机选择也非常重要,以一个销售洽谈会为例,陈述通常在下列情况使用。

(1) 在销售洽谈刚刚开始时,销售人员需要简明扼要地向消费者介绍产品的特征和产品的利益。

(2) 在消费者提出问题之后,销售人员需要就消费者的询问进行陈述。

(3) 在洽谈进入实质磋商阶段时,销售人员要提出成交的各项条件,作为交易的基础。

(4) 在洽谈结束阶段,销售人员要回顾总结洽谈的进程,概括己方的立场和观点。

(5) 在洽谈的任何阶段,只要消费者提出要求,销售人员就应随时就有关内容进行陈述。

(二) 询问的技巧

1. 询问的原则

(1) 询问应具有鼓励性。

询问应鼓励消费者做更详细的回答,给予消费者较多的信息,使消费者参与洽谈。例如,销售人员可以这样问:"关于浙江纳爱斯的产品,你知道哪些?"

(2) 询问应具有阶段性。

询问时要注意消费者的情绪,并保持轻松的气氛。要有计划性地把问题分布在不同的时间上,避免连续询问,以免消费者感到不愉快,从而产生抵触情绪。例如,"您好,我是浙江纳爱斯的销售人员,如果我公司产品给您带来过什么不便,欢迎您留下宝贵意见,以便我们改进。"

(3) 询问应具有明确性。

既要保证询问的问题令消费者容易理解和回答,同时也应该避免过于复杂与冗长的询问,以免消费者产生不快。例如,"请问您使用雕牌洗衣皂多长时间了,您觉得它的效果如何?你一般多久购买一次?"这样简单的复合问题,使消费者很难做出回答,因为他们不知道先回答哪一个,而且会产生厌恶,感觉自己好像在接受审问。

因此询问时要尽量简单、明确、不拖泥带水,避免将几个问题掺杂在一起,使问题复杂化。

(4) 询问应具有客观性。

询问的主要目的是了解消费者的真实想法,并不是诱导消费者符合销售者的想法。如果询问的问题只有一个可能的答案,而且这个答案很明显有利于销售者,那么这个问题就明显不具备客观性原则。例如,"为什么您认为雕牌的产品是优秀产品呢?"或者"您认为浙江纳爱斯的产品在哪些方面胜过其他的产品?"

回答这类问题一般是鼓励消费者做出肯定回答,而该类问题并没有否定的答案,由于这类问题具有很明显的主观倾向,很容易使消费者产生反感。即使得到了想要的答案,也不可能把握消费者的真实想法。

2. 询问问题的种类及适用性

(1) 指向性询问。

指向性询问的目的十分清楚,比较容易回答,常在了解简单、公开的信息时使用。一般常用"谁、什么、何处、为什么"等为疑问词,主要用来了解消费者的一些基本事实和情况,以便更好地进行以后的说服工作。例如,"您目前在哪里购买洗衣用品?""谁需要的推车?""您觉得这个产品的售后服务怎样?""什么牌子的洗衣用品您更喜欢?"等。而且这类问题比较容易表现出对消费者的关心,使其感觉到自己的重要性。

(2) 评价性询问。

评价性询问是指消费者对某个问题的看法,或询问目前使用的产品是否存在问题,一般没有固定的答案。例如,"您觉得这种打印机怎么样?""您感觉哪种鞋子更适合您?"

评价性询问通常用于指向性询问之后,用来进一步挖掘信息,以达到销售的目的。

(3) 鼓励性询问。

鼓励性询问本身没有实际含义,一般用来鼓励消费者提出更多的信息,促使消费者进一步表明观点,说明情况,而且问句简短。例如,常用"是吗?""真的吗?""后来呢?""好吗?""请您告诉我具体情况,好吗?""您是否能告诉我您的想法?""您说您原来喜欢用中华牙膏,后来呢?"

(4) 反射性询问,也称重复性询问。

一般以问话的形式重复消费者的语言或观点,以起到检验作用。如果理解有误,消费者会指出问题所在。反射性询问会鼓励消费者继续表明自己的观点,但销售人员对消费者观点的反应,应避免做出肯定或否定表示。例如,"您是说您订购的是10箱康乃馨,15箱玫瑰,对吗?"起到了检验确认的目的。"您是说对我们提供的服务不太满意?"起到了缓冲语气,确定问题所在,调节气氛的作用。

（三）倾听的技巧

倾听在语言沟通中具有一定的重要作用。良好的倾听技巧可以帮助销售人员解决许多销售中的实际问题。

1. 倾听的重要性

销售过程中的语言沟通应具有双向性,销售人员的"说"与"听"要相互结合。在向消费者宣传企业和产品的过程中,通过不断地"说"使消费者被"说服"。使其接受劝说,购买产品。但其缺点在于它不能使销售人员了解消费者的意见和要求,因此要求销售人员学会倾听并接受消费者传来的信息。倾听至少具有以下作用。

（1）可以获得消费者反馈回来的信息,而这种信息可以帮助销售人员发现消费者的真实需求,从而改进销售人员的销售方法。

（2）可以向消费者表明,销售人员十分重视他们的需求,并正在努力满足他们的需求。

（3）有充分的时间思考问题,以利于进一步陈述。

2. 倾听的技巧

倾听是一种主动的行为,应该积极地创造倾听的机会,引导消费者说出更多的信息,以便更好地修正销售方法。有效地倾听需要一些基本技巧,主要有以下几个方面。

（1）配合与引导。

怎样能使倾听发挥最大限度的作用呢？这就要求销售人员必须将倾听与陈述、询问有效地结合起来。在销售过程中,不但需要有主动的精神、熟练的语言技巧,还要求销售人员主动地引导消费者表达自己的思想,并为消费者创造机会。在倾听过程中,当消费者因为某些原因不能或不愿意发出信息,销售人员应进行有效的引导,如对消费者的意见通过概括、解释、推理之后,再以陈述或询问的方式表达出来,让消费者感到自己的要求与建议的重要性。

例如,销售人员:"您的问题是,您对我们产品的售后服务还有疑惑,对吗？"消费者:"不错,这正是我最想知道的。"

（2）核实与反应。

倾听的过程中,销售人员要避免遗漏或误解消费者发出的信息,并随时注意消费者的反应。应选择适当的时机和技巧进行核实,以验证消费者信息的正确性。核实的方法通常是重复。当消费者进行陈述之后,销售人员应尽快有所反应,以免使消费者陷入尴尬与失望中。如果消费者提出的问题有些不切实际,也不应进行正面的反驳,语气要委婉,间接地告知其错误所在,保持和谐的洽谈气氛。例如：

消费者:"我想要10箱奥妙洗衣粉和15箱雕牌洗衣粉。"销售人员:"好的,15箱奥妙洗衣粉、10箱雕牌洗衣粉。"消费者:"等一下,应该是10箱奥妙洗衣粉和15箱雕牌洗衣粉。"这就起到了验证消费者信息是否正确的作用。

（3）时机与礼节。

在倾听过程中，销售人员要集中精力，自然地目视对方，并适当地使用表情、手势等无声语言来迎合消费者，以表示理解。当消费者的陈述不切合实际时，也不能随意打断其陈述，需要时，应征得消费者同意。保持基本的礼节，能使消费者的自尊得到满足。例如，销售人员："我想知道，您对我们产品质量和售后服务有什么更好的建议呢？"消费者："我觉得应该……"

销售人员："您的建议真的很不错，倘若可以，我们一定按照您的建议去做，谢谢您的宝贵意见。"

第十章 演讲与辩论

演讲是人们日常生活中运用较多的一种独白式口语交流形式。根据不同的标准可以将演讲划分为不同的类型。从演讲的准备和演讲稿的有无这个角度,可将其分为即兴演讲和拟稿演讲。

第一节 命题演讲

命题演讲即由别人拟定题目或范围,并经过一定时间的准备后所做的演讲。演讲前的准备包括心理准备、演讲稿准备和演讲技巧准备等。由于命题演讲是经过充分准备后所进行的演讲,所以命题演讲的特点是:主题鲜明、针对性强、内容稳定、结构完整。一般来说,命题演讲的成功率较高。

一、演讲准备

1. 演讲前的心理准备

演讲前的心理准备主要包括两个方面:一是心理调控;二是情感调控。

(1)心理调控。

戴尔·卡耐基经过多年的调查,得出一个统计数据:"有80%~90%的学生,对到台上讲话感到困扰,而已经步入社会的成年人,则100%恐惧公开发表演说。"

英国前首相狄斯累利说:"宁愿带一队骑兵去冲锋陷阵,也不愿首次去国会发表演说。"

由此可见,大多数演讲者,包括一些演说家,他们在初次演讲时,都会存在怯场心理。心理调控就是为了克服怯场心理。

首先,正确认识怯场心理。不要觉得怯场是一种胆小、丢人的行为,罗斯福曾经说过:"每一个新手,常常都有一个心慌病。心慌并不是胆小,乃是一种过度的精神刺激。"从这句话我们可知,心慌其实是一种正常的生理和心理现象,人人都有,只是每个人的程度不同罢了。著名的演说家尚且不可避免,更何况我们普通人呢?只要自身加强训练,怯场的心理一定会逐渐得到克服。

其次,要学会运用积极的心理暗示,来帮助自己克服自卑感和胆怯心理,从而增强自信心。法拉第在演讲时暗示自己:"听众一无所知。"卡耐基说:"你要假设听众都欠你的钱,正要求你多宽限几天;你是神气的债主,根本不用怕他们。"日本演讲训练教程甚至主张"把听众当傻瓜",虽然这种说法不太好听,但是对于克服怯场心理,还是有一定作用的。

最后,演讲前一定要做好充分的准备。不少人怯场主要是缺乏准备所造成的,即便是久经沙场的演讲高手,如果他事先没有做好充分的准备,在演讲时同样会感到手足无措。也就是说,演讲前的工作做得越充分,越认真,就越有助于克服怯场心理。

除此之外,还要多学习、多借鉴、多锻炼。可运用多种视听手段,去学习和借鉴古今中外优秀的演说家的演讲技巧、演讲举止和演讲风度,努力学习他人的长处。能够把握各种机会,锻炼自己,例如:在研讨会上积极发言;课上课下,能勇于回答老师的提问和敢于对某个问题发表不同的看法和见解。

(2) 情感调控。

演讲是需要投入真实的情感的,但情感表现要恰当,失控的情感是不可取的。我们要注意以下两点。

一是要调节过激情绪。所谓过激情绪,是指演讲者在演讲时不能保持冷静、适当地表现情感,例如,有的演讲者讲到兴奋时,会手舞足蹈,声嘶力竭;说到伤心时,又泪流满面,不能自制,这些都是情感失控的表现。这种过激的情绪,如果不加以控制与调节,就会影响到演讲者演讲才能的发挥,不利于演讲的成功。

二是要控制冲动情绪。1959年,赫鲁晓夫在联合国的讲台上发表演讲,台下的听众有的喧闹,有的吹口哨,面对如此情景,他被激怒了,竟然脱下皮鞋,用力敲打讲台。这种失态即是缘于情感的失控,但显然这种行为是不可取的。

2. 了解与演讲有关的情况

(1) 了解演讲的性质、目的。

人们的任何社会实践活动都有明确的目的,演讲也不例外。美国第16任总统林肯关于解放黑奴的演讲,目的是动员美国人民为解放黑奴、废除奴隶制而斗争;杨振宁、李政道两位科学家发表的学术演讲,目的是宣传他们的科学发现,让社会接受其正确观点,从而推动科学文化的进步;闻一多《最后一次演讲》的目的是揭露和痛斥敌人,鼓舞听众,推动民主运动。每一位演讲者在演讲之前,都必须明确演讲的性质,树立正确的演讲目的,这样的演讲才会有意义、有价值。

(2) 了解演讲的环境。

在演讲之前,首先要了解演讲的环境,演讲的具体环境是指演讲的规模、规格、会场条件、时间安排等。演讲者只有对这些有了充分的了解之后,才能有针对性地运用材料、构思设计主题、选择语言风格、安排演讲时间。

(3) 了解听众。

演讲者的首要任务是要了解听众,要想打动听众、感染听众,就必须事先了解听众。毛泽东曾说过:"如果真想做宣传,就要看对象,就要想一想自己的文章、演说、谈话、写字是给什么人看的,给什么人听的,否则就等于不要人看,不要人听。"还说:"射箭要看靶子,弹琴要看听众,写文章作演说倒可以不看读者不看听众么?"

所以了解听众是为了更有针对性地进行演讲的准备,尽量迎合听众的心理,强化演讲的效果。

二、演讲稿的准备

演讲是一种具体的社会实践活动,其有形的语言载体就是演讲稿。好的演讲者必须要有好的演讲稿。俗话说:"巧妇难为无米之炊。"再好的演说家也无法将肤浅空洞的内容演绎得天花乱坠。

演讲不仅要从形式上吸引人,更需要从内容上打动人,写出一篇好的演讲稿,你的演讲就成功了一半。

1. 确定主题

所谓主题,就是演讲者在演讲中所要表达的中心思想或基本观点,可以说是整个演讲的灵魂。在确定主题时,我们要注意以下两点。

一是主题要合适。演讲的主题应该是人们普遍关心的问题,这样的主题才有价值,才能被听众所欢迎。同时还要注意听众的年龄、受教育程度、职业等,根据听众的具体情况,来把握演讲的内容,这样才会在演讲的过程中形成听众与演讲者的互动。

二是主题要集中。一般来说,一篇演讲稿只能确定一个主题,如果主题太多,会造成演讲的内容头绪纷繁,结构松散,话说了很多,但台下的听众却不知道你到底想要表达什么观点。所以演讲稿只需要围绕一个主题,把问题讲清楚,讲透彻,结构层次清楚,这样听众听得明白,自然会在脑海里留下深刻的印象。正如德国著名的演说家海因兹·雷曼所说:"在一次演讲中,宁可牢牢地敲进一个钉子,也不要松松地按上几十个一拔即出的图钉。"

2. 选用材料

材料是演讲的血肉,材料的选择和使用在演讲稿的写作过程中是一个重要的环节。

首先,要围绕主题筛选材料。主题是演讲稿的思想观点,是演讲的宗旨所在。材料是主题形成的基础,又是表现主题的支柱。演讲稿的思想观点必须靠材料来支撑,材料必须能充分地表现主题,有力地支撑主题。所以,凡是能充分说明、突出、烘托主题的材料就应选用,否则就应舍弃,要做到材料与观点的统一。另外,还要选择那些新颖的、典型的、真实的材料,使主题表现得更深刻、更有力。

其次,要考虑到听众的情况。听众的思想状况、文化程度、职业状况及心理需求等,都对演讲有制约作用。因此,选用的材料要尽量贴近听众的生活,这样,不仅容易使他们心领神会,而且听起来也会感兴趣。一般而言,对青少年的演讲应形象有趣,寓理于事,举例时要尽量选取他们所崇拜的人和有轰动效应的事情;对工人、农民的演讲,要生动风趣,通俗易懂,尽可能列举他们身边的人或他们周围的事做例子;而对知识分子的演讲,则使用材料时必须讲究文化层次。

3. 安排结构

不同类型、不同内容的演讲稿,其结构方式也各不相同,但基本是由开头、高潮、结尾三部分构成。

(1) 开头。

俗话说:"良好的开头是成功的一半。"好的演讲开头能够先声夺人,富有吸引力,它在全篇中占据着重要的地位。开头的方式有以下几种。

① 开门见山，揭示主题。演讲稿的开头就直接提出演讲意图和演讲主题。例如，鲁迅先生在《少读中国书，做好事之徒》的开头。

今天我的讲题是：《少读中国书，做好事之徒》。我来本校是搞国学研究工作的，是担任中国文学史课的，论理应当劝大家埋首古籍，多读中国书。但我在北京，就看到有人在主张读经，提倡复古。来这里后，又看见有些人老抱着《古文观止》不放，这使我想到，与其多读中国书，不如少读中国书好。

再如宋庆龄《在接受加拿大维多利亚大学荣誉法学博士学位仪式上的讲话》的开头：

我为接受加拿大维多利亚大学荣誉法学博士学位感到荣幸。

这种演讲的开头，简明扼要，不绕弯子，开宗明义地提出自己的观点。

② 介绍情况，说明根由。开头如能向听众报告一些新发生的事实，就比较容易吸引听众，引起人们的注意。恩格斯的《在燕妮·马克思墓前的讲话》的开头。

我们现在安葬的这位品德崇高的女性，在1814年生于萨尔茨维德尔。她的父亲冯·威斯特华伦男爵在特利尔城时和马克思一家很亲近；两家人的孩子在一块长大。当马克思进大学的时候，他和自己未来的妻子已经知道他们的生命将永远地连接在一起了。

这个开头对发生的事情、人物对象做出了必要的介绍和说明，为进一步向听众提示论题做了铺垫。

③ 提出问题，引导思考。通过提问，引导听众思考一个问题，并由此造成一个悬念，引起听众想知道答案的好奇心。弗雷德里克·道格拉斯于1854年7月4日在美国纽约州罗彻斯特市举行的国庆大会上发表的《谴责奴隶制的演说》，一开讲就能引发听众的积极思考，把人们带入一个深沉而愤怒的情境中去。

公民们，请恕我问一问，今天为什么邀我在这儿发言？我，或者我所代表的奴隶们，同你们的国庆节有什么相干？《独立宣言》中阐明的政治自由和生来平等的原则难道也普降到我们的头上？因而要我来向国家的祭坛奉献上我们卑微的贡品，承认我们得到并为你们的独立带给我们的恩典而表达虔诚的谢意么？

像这种开头方式，就是先用问题来引起听众的注意，把听众的注意力集中到演讲上来，再用自问自答的方式来阐述自己的观点，这样能够达到激发听众思维、引起听众思考的效果，并且还能给听众留下较深刻的印象。

④ 援引事实，引起关注。可以引用一些初看不太可能，但的确是现实的典型事例来开头，同样能抓住听众的心，吸引他们的注意力。卡耐基曾说他的一个学生在一次演讲中是这样开头的。

各位听众，你知道吗？现在世界上还有17个国家未取消奴隶制。

听众听后自然大吃一惊："什么，目前还有奴隶制吗？都什么年代了？是哪些国家？在哪儿？"吊起了听众的胃口，那接下来的演讲就顺利了。

⑤ 故事导入，妙趣横生。用一个具体生动的故事导入演讲主题。这里的故事可以是生活中的趣闻，可以是书中的传奇，也可以是历史上有影响的事件。白岩松的演讲《人格是最高的学位》就采取了这种故事导入的方法。

很多年前，有一位学大提琴的年轻人向20世纪伟大的大提琴家卡萨尔斯讨教："我怎样才能成为一名优秀的大提琴家？"卡萨尔斯面对雄心勃勃的年轻人，意味深长地回答：

"先成为优秀而大写的人,然后成为一名优秀的音乐人,再然后就会成为一名优秀的大提琴家。"

在这里,听众自然就把卡萨尔斯的话与主题"做文与做人"联系起来,也就有兴趣去听演讲者是如何分析两者之间的关系,从而收到较好的现场效果。

⑥ 名言切入,增强力度。利用名言警句引出演讲的主题内容。这种开头既能点明演讲的主旨,又能增强语言的文采,展现出深厚的文化底蕴。如《事业是怎样成功的》这篇演讲稿是这样开头的。

著名的心理学家赫巴德说:"全世界都愿意把金钱和名誉的最优奖品,只赠给一件事,那就是创造力。"创造力是什么?简单来说,就是不必人家指示,就能够做出别人没做过的事……

这篇演讲的开头借用赫巴德的名言切入,指出事业的成功和人的创造力是分不开的。

此外,演讲词的开头方式还有很多种,在这里就不一一举例了。不管哪种方式,我们的目的就是要唤起听众的好奇心,引起他们的兴趣,才能取得良好的演讲效果。至于哪种方式适合演讲者本人,这需要演讲者在广泛的演讲实践中,根据不同的演讲主题来选择。

(2)高潮。

没有高潮的演讲是平淡的,甚至是乏味的,也可以说是失败的。所谓高潮,即演讲中最精彩、最激动人心的段落。当听众听到高潮部分时,会和演讲者产生共鸣。那么如何将演讲推向高潮?可采取以下几种方法。

① 由点及面,逐步扩展。由对"这一个"事实的叙述推及包含"这一类"的事实,由点及面将演讲推向高潮。

演讲稿《铭记国耻,把握今天》中有这样一段话。

吉鸿昌高挂写有"我是中国人"标语的木牌,走在一片蓝眼睛、黄头发的洋人群中。正是这千百万个赤子,才撑起了我们民族的脊梁,才使我们看到了祖国的希望;正是他们,冒着敌人的炮火,用满腔的热血,谱写了无愧于时代的《义勇军进行曲》……正是他们,才使得我们今天的炎黄子孙一次又一次地登上世界最高领奖台……

演讲者以吉鸿昌的爱国举动做"点",联想到千千万万个爱国者,通过层层铺排推进,概括出一代代爱国者的崇高情怀,使单一的事例所体现的思想意义得到扩展、升华,将演讲推向高潮。

② 由表及里,进行深化。由对客观存在的事实的叙述,升华为内在思想,由表及里深化主题,从而达到演讲高潮。孙中山先生在一次演讲中讲到这样一个故事。

南洋爪哇有一个财产超过千万的华侨富翁,一次外出访友,因未带夜间通行证怕被荷兰巡捕查获,只得花钱请一个日本妓女送自己回家。为什么请一个日本妓女呢?因为日本妓女虽然很穷,但是她的祖国强盛,所以她地位高,行动自由。这个华侨虽然很富有,但他的祖国落后,所以他的地位还不如日本的一个妓女。

最后孙中山先生大声疾呼。

如果国家灭亡了,我们到处都要受气,不但自己受气,子子孙孙都要受气啊!

孙中山先生在这里对一个典型材料进行了由表及里的深化分析,揭示出国家贫弱,人民必受欺凌,"落后就要挨打"的道理,唤起了听众强烈的爱国之心,将演讲推向了高潮。

③ 由抑及扬,形成反衬。先抑后扬,"抑"为"扬"蓄势,最后由抑及扬,形成反衬效果。卢国华的演讲《愿君敢为天下先》的高潮部分。

也许有人说,年轻气盛,不知天高地厚,改革的潮是那么好弄的吗?弄得好,该你走运,福星高照;弄得不好,该你倒霉,身败名裂……如果我们徘徊观望,如果我们不求有功但求无过,如果我们事不关己,高高挂起,如果我们害怕枪打出头鸟,信奉"人言可畏"的法则,那么,我们就会被历史所淘汰,被时代所抛弃,被生活所嘲弄。因此,我们必须去无畏拼搏,去大胆开拓,去承担风险,去顽强竞争!

在这里,演讲者先设立一个与结论相反的前提,极力地"抑",再用否定性结论,为结论的"扬"蓄势,最后才水到渠成地"扬"起来,这样由抑及扬的反衬,把演讲推向高潮。

能将演讲推向高潮的方法还有很多,大家要注意的是在主体部分的行文上,要在理论上一步步说服听众,在内容上一步步吸引听众,在感情上一步步感染听众。要精心安排结构层次,层层深入,水到渠成地推向高潮。

(3) 结尾。

结尾是演讲内容的自然收束。言简意赅、余音绕梁的结尾能使听众精神振奋,并促使听众不断地思考和回味;而松散疲沓、枯燥无味的结尾只能使听众感到厌倦,并随着时过境迁而被遗忘。怎样才能够使听众留下深刻的印象呢?美国作家约翰·沃尔夫说:"演讲最好在听众兴趣到高潮时果断收束,未尽时戛然而止。"这是演讲稿结尾最为有效的方法。在演讲处于高潮的时候,听众的大脑皮层高度兴奋,注意力和情绪都由此而达到最佳状态,如果在这种状态下突然结束演讲,那么保留在听众大脑中的最后印象就特别深刻。下面就给大家介绍几种结尾方式。

① 总结式结尾。卡耐基在《演讲训练教程》中谈到这样一个例子,芝加哥铁路公司的一名交通经理在演讲结束时讲道:

总之,根据我们自己操作这套设备的经验,以及根据我们在东部、西部、北部使用这套机器的经验——它操作简单,效果精确;再加上它在一年之内预防撞车事故发生而节省下的金钱,促使我以最急切的心情建议:请立即采用这套机器。

对此,卡耐基给予了高度评价:你们看出了这篇演讲成功的地方吗?你们不必听到演讲的其余部分,就可以感受到那些内容。他只用了几个句子,就把整个演讲重点全部概括进去了。

② 号召式结尾。例如,毛泽东的演讲《论联合政府》是这样结尾的。

成千上万的先烈,为着人民的利益,在我们的前头英勇地牺牲了,让我们高举起他们的旗帜,踏着他们的血迹前进吧!一个新民主主义的中国不久就要诞生了,让我们迎接这个伟大的日子吧!

③ 幽默式结尾。一个演讲者在演讲结束时能赢得笑声,不仅能创造融洽和谐的氛围,还会给听众留下美好的回忆。我国著名作家老舍先生在某市的一次演讲中,开头即说:

我今天给大家谈六个问题。接着,他第一、第二、第三、第四、第五,井井有条地谈下去。谈完第五个问题,他发现离散会的时间不多了,于是他提高嗓门,一本正经地说:第六,散会。

听众开始一愣,立刻就欢快地鼓起掌来。老舍在这里运用的就是一种"平地起波澜"的演讲艺术,打破了正常的演讲程序,从而出乎听众的意料,收到了幽默的效果。

三、演讲提纲写作示例

演讲提纲是演讲词最精要的凝结,它能让演讲者的思路更加清晰,一份优秀的演讲提纲能为演讲者提供积极的心理支持。下面的演讲提纲适合大部分演讲。

1. 序言(5%的时间)

(1) 开始陈述以获得注意和引起兴趣——利用听众的善解心理。

① 开头的陈述。

② 如果有必要,其他论证性材料。

(2) 第二段介绍性文字(如果有必要)。

2. 正文(90%的时间)

(1) 演说的第一个要点 A。

① 支持 A 要点的主论点。

② 支持 A 要点的副论点。

(2) 演说的第二个要点 B。

① 支持 B 要点的主论点。

② 支持 B 要点的副论点。

(3) 演说的第三个要点 C。

① 支持 C 要点的主论点。

② 支持 C 要点的副论点。

3. 结尾(5%的时间)

总结:

(1) 令人满意的结束语。

(2) 感谢听众。

四、演讲技巧

1. 有声语言的表达技巧

演讲中语速应适中,富于变化。太快让人听不清楚,对主要观点难以形成深刻印象,而急促的语速也给人以过于紧张、缺乏控制力的错觉;太慢显得拖沓,容易让人失去耐心,给人以缺乏力度和激情、技巧不熟练、对演讲内容不熟悉等感觉;过于死板的语速容易使人陷入单调的境地,这时须要用一定的提速来突出激情部分,加强自己想强调的部分。

2. 体态语言技巧

体态语言并不是使用越多越好,如果无目的地乱用一气,会有喧宾夺主之嫌,不仅不能为演讲增色,反而会因此而招致非议。在这里就列举一些使用频率较高的体态语予以阐述。

(1) 走姿:从台下到台上。心理学家史诺嘉丝的试验表明,人们的步姿不仅和他的性格有关,而且和他的心情、职业有关。可以这样说,从台下到台上的这段路,就是展现你的精神风貌的舞台。无论怎样的走姿,做到自然、轻松、自信、稳健,就会给人一个好的印象。一般来说,向前移步表示积极性的意义;向后移则表示消极性的意义;向左、向右移动则表示对某一侧听众特别的传情致意等。

(2) 站姿:自然得体。演讲者应该挺胸收腹,精神饱满,两肩放松,胸略向前上方挺起。身体挺直,不要左右摇摆。演讲中一般提倡"丁"字步,两腿前后交叉,距离以不超过一只脚的长度为宜。演讲者全身的重力应集中在前脚上,后脚跟略微提起。站姿主要还是以自然得体为度,不必刻意追求一举手、一投足都完美无缺。

(3) 手势:多一张嘴表达。手势是演讲中使用频率最高,也是最富有表现力的体态语。美国第37位总统理查德·尼克松在演讲时,因为动作和语言不一致留下很多逸闻,值得我们注意。在一次招待会上,他举起双手招呼记者们站起来,嘴上却说:"大家请坐!"而在另一次演讲时,他手指听众,嘴上却说"我",然后又批判自己说"你们"。这种配合不当的表现,让记者们大伤脑筋。手势的运用是否恰当,直接或间接地给予演讲效果以不同的影响。

(4) 表情:细腻丰富。法国著名作家罗曼·罗兰说:"面部表情是多少世纪培养成功的语言,是比嘴里讲得更复杂千百倍的语言。"

演讲中常用到的体态语如眼睛、微笑、服饰等,都有其各自的特色,是有声语言所不能替代的表达方式,需要演讲者在生活中注意观察、学习、积累,以备演讲之用。当然,我们未必都是为了演讲去学习准备,在日常生活中各种社交场合,如果恰当地使用了体态语言,就会让你的表现更加出色。

第二节 即兴演讲

1. 什么是即兴演讲

即兴演讲就是指讲话人在一定的场合,在事先毫无准备的情况下或经过短暂的思考,临时起兴发表的讲话。作为一种最能反映人们的思维敏捷程度和语言组织能力的演讲形式,即兴演讲随着生活节奏的加快,已经渗透到社会生活中的各个领域,受到人们的普遍欢迎,并在日常生活中发挥着举足轻重的作用。

2. 做好即兴演讲应具备的条件

(1) 广博的知识。"知识犹如一张网,它结得越大,捕捞成功的机会就越多。"

(2) 敏捷的思维能力。俗话说:语言是思维的衣裳,良好的语言缘于敏捷的思维能力。

(3) 良好的心理素质。有的人心理素质好,能够做到一边思考一边讲话;有些善于讲话的人,只要有纲目,就可以流畅地讲话,做到纲举目张,侃侃而谈;而生活中不善言谈的人,由于缺乏锻炼,当众讲话脸红脖子粗,语无伦次。所以要培养自己良好的心理素质,健康的心态,多经受锻炼。俗话说:不经历风雨,怎么能见彩虹!

(4) 丰富的想象力和联想力。比如一次辩论赛,学生获奖,教师发言。联想到自己上学时的经历,以此鼓励学生。

一、即兴演讲的方法与要求

1. 选择话题,确定中心,选好突破口

(1) 感"地"起兴。

特定的地点,同构成的环境因素密切相关,如果处在现场环境中的人对这一地点有着难以忘怀的人生记忆,就有可能由此激起内心强烈的情感活动,从而产生一吐为快的表达欲望。例如,老同学聚会时的演讲:"当年一声再见我们含泪离开母校。今天为了重温旧梦,我们又从四面八方汇集到母校——北京大学。北大是我的娘家,回到娘家,心中就有许多说不出来的感慨和欣喜……"

学校是学生成长的摇篮,曾留下许多青春记忆。重返校园,讲述让人魂牵梦绕的校园故事,使听众感同身受。

(2) 感"人"起兴。

可以从听众身上寻找话题,可以谈他们的工作、贡献和影响。1991年11月上海电视台"今夜星辰"节目主持人叶惠贤,荣获全国节目主持人金奖。他在答谢讲话中说:"我感到咫尺荧屏就像一片无际的海洋,主持人就像一条经受风吹雨打的小船。我将竭尽全力驶向观众喜爱、欢迎的彼岸。同时,也渴望得到观众的支持。"主持人通过比喻,表达了他不辜负观众的期望,并愿意再接再厉,更上一层楼,接受观众检验的心情。

(3) 感"景"起兴。

世间最奇妙的事,就是与美妙山水的遇合。即兴演讲时,特定的景象同样也能给演讲者带来一吐为快的冲动。例如一位老师带领学生春游,在举行联欢会前发表演讲:"今天天气真好,春风特别和煦,阳光格外明媚。在这充满生机与活力的季节里,我们走进了美丽的大自然。面对春云舒卷、莺歌燕舞、姹紫嫣红的美妙世界,我们怎能不兴奋,怎能不激动,怎能不欣喜?让我们放开喉咙,尽情歌唱这妩媚的春天吧!"

(4) 从会旨找话题。

各种聚会都有其不同的内容,即兴讲话时,可以根据会议的主旨、内容、目的来选择话题。1991年11月中国电影的最高奖"金鸡奖"与"百花奖"同时揭晓,李雪健因在影片《焦裕禄》中饰演焦裕禄而获两个大奖。他在讲话时说:"苦和累都让一个好人——焦裕禄受了;名和利都让一个傻小子——李雪健得了。"这就是根据会议的内容选择话题。

2. 精心安排好开头和结尾

(1) 提纲挈领式。

提纲挈领式就是开门见山地接触主题,交代讲话中心。如1949年春北平解放,郭沫若到北京大学演讲,许多同学闻信赶来,会场内外人山人海。当主持人宣布开会后,郭老登台发言,他的第一句话是:"同学们!今天我面对青春的海洋,摆革命的龙门阵!"话音刚落,整个会场沸腾起来,掌声笑声连成一片,经久不息。

这个开场白仅有两句话,但却非常生动、风趣,一下子抓住了听众,引起共鸣。面对欢天喜地迎来了解放的青年学生,郭老第一句话用了贴切形象的比喻,第二句更是妙语双关。

四川人把拉家常叫摆龙门阵,郭老是四川人,搬一句家乡话,自然别有风趣,再加上"革命"二字,就把他要讲的内容含蓄地点出来,同时也恰当地表现了郭老谦逊的态度。反之,如果改用这样的开场白"各位同学,今天我向大家谈谈北伐战争问题",其效果又将如何呢?

(2) 顺手拈来式。

会议现场有时会出现某种引人注目的物品,演讲者可以着眼于其特殊内涵和象征意义,进行主观联想,顺手拈来,借题发挥。例如,在"钻石表杯"业余书评授奖大会上的演讲:"今天,我参加'钻石表杯'业余书评授奖大会,我想说,钻石代表坚韧,手表意味时间,时间显示效率,坚韧与效率的结合,这是一个读书人的成功所在,一个人的希望所在。"

演讲者就眼前之物"钻石表"起兴,揭示了"钻石表"的品牌内涵,表达了对读书人的殷切希望,给人以深刻的启示和教育。

(3) 自我介绍式。

自我介绍式即开头自我介绍,可以介绍自己的姓名、身份、职业、经历、爱好或表明自己的立场观点。这种开头形式给人一种诚挚、坦率的感觉。

抗战期间,著名的作家张恨水在成都中央大学的即兴演讲就采用了这种开头方式。"今天,我这个鸳鸯蝴蝶派的作家到大学来演讲,感到很荣幸。我起名'恨水'不是什么情场失意,而是因为我喜欢南唐后主李煜的一首词《乌夜啼》中的'恨水'二字,我就用它做了笔名。"这种开头把自己的文学流派、性格、爱好,毫不隐瞒地介绍出来,给人留下一种真诚、坦率的印象。

(4) 自我贬抑式。

自我贬抑式开头也可以使气氛更轻松活跃。1990年春节联欢晚会上,我国台湾著名电视节目主持人凌峰做了一段精彩的即兴演讲。他的开场白是这样的:"在下凌峰,我和文章不一样,虽然我们都得过'金钟奖'和'最佳男歌星'奖,但我是以长得难看而出名的……一般来说,女观众对我的印象不太好,她们认为我是人比黄花瘦,脸皮比炭球黑。"开场白虽然采用了自我贬损,但效果正相反,不但表现了讲话人的坦率幽默、机智随和,而且备受听众的欢迎。

二、几种常见的即兴演讲

1. 说明情况的即席发言

说明情况的即席发言通常是剖析性或解释性的发言。既可以摆事实,指出问题的真实情况;也可以分析事理,以深邃的洞察力透彻地剖析利害关系,达到摆事实、讲道理、以理服人的目的。

例如,1936年"西安事变"发生之后,周恩来为了实现我党"和平解决西安事变"的政治主张,达到逼蒋介石抗日的目的,只身到强烈要求杀蒋的军官中去做解释工作。周恩来讲清了不杀蒋的道理使军官们深明事理,感到我党胸怀宽阔,眼光远大。周恩来是怎样阐释和剖析的呢?他抓住这些军官急切要求杀蒋的心理特点,采用了欲扬先抑的办法平静地说:"杀他还不容易,一句话就行了。可是杀了他,还怎么办呢?局势会怎么样呢?南京会怎么样?日本人会怎么样?国家和民族的前途会怎么样?各位想过吗?这次捉了蒋介石,不同于十月革命逮住克伦斯基,不同于滑铁卢擒住了拿破仑。前者是革命胜利的结果,后者是拿破仑军事失败的悲剧。现在呢？虽然捉住蒋介石，可并没有消灭他的实力，在全国人民抗日热情的推动下，加上英美也主张和平解决西安事变，所以逼蒋抗日是可能的。我们要爱国，就要从国家和民族利益考虑，不计较个人的私仇。"周恩来这番摆事实论道理的分析，说服了主张杀蒋的军官们，促进了抗日民族统一战线的建立。

2. "灵感"勃发时的即席发言

"灵感"勃发是指触景生情。这种发言多在讨论会、酒宴、各种聚会上遇到，偶尔也在意外情况突发中遇到。这种讲话，往往由别人的一席话使你产生联想，或者借景生情引出思绪，打开话匣子。通常要看场合、情景，内容多以幽默、逗趣、欢乐为主，要把握住简洁、得体、高雅、有趣等几个方面的要求。

如《正大综艺》节目主持人杨澜在1991年9月19日晚于广州天河体育中心主持演出时，节目演到中间，她在下台阶时绊了一跤。杨澜灵机一动，说："真是人有失足，马有失蹄呀。我刚才的'狮子滚绣球'的节目滚得还不熟练吧？看来这次演出的台阶不那么好下哩！但台上的节目会很精彩的，不信，你们瞧他们。"杨澜这几句话不仅为她自己摆脱了难堪，而且显示了她非凡的应变能力和口才。这就是一次成功的灵感勃发时的即兴讲话。

3. 被人邀请时的即席发言

被人邀请时的即席发言在各种场合里经常遇到。发言时一要谦逊，可以感谢主人的热情好客或赞扬主人的功绩；二要使听众通过讲话内容有所收获和启迪；三要正确估计听众的心理要求，可根据对象选择话题。

如一位老师在接新班时，学生鼓掌欢迎他讲话，情绪十分热烈。他针对学生希望有一位好班主任的心理要求，发表了即兴讲话。

亲爱的同学、朋友们：

当我站在这讲台上，不，应当说是舞台上，我似乎觉得两侧的紫色帷幕缓缓拉开，最富有生气的戏剧就要开始了。最令我兴奋的是这戏剧拥有一群忠于我的演员——在座的全体同学。为此，我愿做一名热情的报幕员，此时此刻向观众宣布：会计06级1班的演出开始了！我想，我这个班主任首先应该是一名合格的导演，我渴望导出充满时代气息的戏剧来：团结、紧张、严肃、活泼是它的主调，理解、友爱、开拓、创新是它的主要内容；爱着这个集体和被这个集体爱着是它的主要故事。我作为导演要精心设计出生动的情节、典型的角色、迷人的故事献给今天在座的每一位同学。这舞台是你们的，你们是当然的主角，我心甘情愿地做配角，尽我的力量竭诚为主角效劳。不仅如此，我还要做一名最虔诚的观众，为你们精彩的演出微笑、流泪、鼓掌、欢呼。

四年之后，当你们与自己的中专时代告别，将要登上人生的大舞台时，你们会深深感到这小舞台所给予你的一切，是多么珍贵、多么难忘。四年后，当我们这个班的戏剧舞台徐徐落下帷幕时，我愿听到这样的评价：老师，你是我们满意的导演，也是一名不错的配角，更是我们喜欢的观众。预祝我们合作顺利成功！

这段精彩的即兴讲话，道出了老师的期盼，满足了学生的心理要求。

第三节 辩 论

有备演讲、即兴演讲都是一人说,众人听,属于单向式的语言交流。辩论演讲是正反两方的说与听,属于双向式的语言交流,是演讲活动的高级形式。

一、辩论的特点及类型

1. 辩论的特点

(1) 针锋相对。

辩论各方的观点必须是截然对立的或至少是有鲜明分歧的。没有对立便没有辩论。辩论中,辩论者既要千方百计地证明并要对方承认自己观点的正确性,又要针锋相对地批驳对方的观点,并使对方放弃自己的观点,这就决定了各方立场的鲜明对立性,这样才有辩论的必要。

(2) 策略灵活。

赛场辩论,犹如战场布阵,非常讲究用兵之道,即运用策略,这也是辩论活动的明显特点。在辩论中可正面攻击、长驱直入,可侧面迂回、步步紧逼,也可巧布疑阵、投石问路。竞赛型的辩论都需要讲究策略性。这种策略性首先表现在辩论的准备阶段,要求在摸清敌我双方各方面条件的情况下,制订好防御策略、攻击策略、配合策略、攻心策略等,在辩论开始后逐步实行,并根据需要随时灵活地调整这些策略。

日常辩论在许多时候打的是无准备之战,在唇枪舌剑的战斗中,双方思维的紧张程度不亚于短兵相接。语言信息的传播与反馈比起一般的会话快得多。因而既需明察对方的策略,又要应付对方的"明枪暗箭",而这一切往往来不及深思熟虑,都得临场发挥。所以辩论者必须具有敏捷的思维能力,高度的判断能力,机智的语言运用能力。

(3) 机敏幽默。

在辩论中,尽管辩论双方各有准备,但辩场风云变幻莫测。因此,首先,要求辩论双方反应机敏,对对方的提问和反驳应迅速做出反应,否则,会处于被动和劣势的地位。其次,反应要正确。对方发言时,要记住要点,捕捉漏洞,反驳时要击中要害,出奇制胜。最后,要巧妙幽默。作家老舍说过:"文章要生动有趣,必须利用幽默。"写作如此,辩论言谈亦如此。幽默对答,不仅含有笑料,使人轻松,而且表情达意更为含蓄、深沉、犀利,能取得特殊的论证和反驳效果。

(4) 语言简洁。

辩论的得失成败,在很大程度上往往取决于语言。要击中对方的要害,最好是"一针见血",使对方猝不及防。要字斟句酌,谨防在语言上给对方留下把柄。语言要简洁犀利,表达时,要游刃有余,切忌啰哩啰唆,言不达意。否则,会削弱自己的辩驳力,暴露自己的破绽。

2. 辩论的类型

辩论根据其表现形式的不同可以分为以下几种。

（1）竞赛式辩论。

竞赛式辩论是指两支辩论队伍，按照竞赛规定，针对同一辩题，通过交替发言，论证己方观点，攻击对方观点，最后由评委打分决定胜负。

（2）答辩式辩论。

答辩式辩论有毕业论文答辩、法庭辩论、决策辩论、外交辩论、答记者问等。

（3）对话式辩论。

对话式辩论在社会生活中很常见，以说服对方接受自己的观点为目的，如日常琐事的交谈、经济纠纷的协调、工作上的谈判、邻里矛盾的化解和交通事故的协调等。

二、辩论的环节及技巧

辩论往往是在动态思维中进行的，是一种高智商的游戏。辩论能否成功，对辩论双方来说，不在于各自拥有多少真理，而在于能辩出多少真理、多少智慧。要想成为"巧言一席，强似雄兵百万"的高明的辩手，除了要具有多方面的知识素养之外，还必须掌握多种辩论技巧。

1. 立论环节的技巧

赛场辩论的辩题一般都是中性的，在理论上双方都存在着薄弱点，而这些薄弱点在辩论的过程中又往往很难回避。因此，要想获得辩论胜利，就要在遵循逻辑思维规律的基础上，对辩题进行艺术加工，使立论有所突破，有所创新。

（1）巧妙定义。

辩论是有规则的智力游戏，可以在不歪曲原意的情况下，巧设逻辑框架，扬长避短，自圆其说。例如，在"顺境出人才还是逆境出人才"的辩论中，反方从逻辑角度对"逆境出人才"的立论：人才就是能够从众人中脱颖而出、出类拔萃的人物；顺境就是顺利的环境，比如顺风而行，顺流而下；逆境不但是悲惨之境，苦难之境，还是困难之境。在苦难之境、困难之境前，别人畏缩不前，你仍然勇往直前，于是脱颖而出，成为人才，所以说人才只能产生于逆境。在顺境中，人人乘风而行，人人顺流而行，谁也不能成为人才，因为人才必须出类拔萃。而你超越众人，将顺境变为逆境，比如水速十里，众人航速皆十里，而你独以百里之速前进，于是顺流变成了逆流，顺境变成了逆境，十里动力变成了九十里阻力，而你正是在克服九十里阻力的过程中脱颖而出成为人才。所以人才与顺境无关，只有逆境才能出人才。

（2）追加前提。

当碰到一个对自己不太有利的辩题时，巧妙限题，趋利避害。例如，在"竞争与合作可以（不可以）并存"的辩题中，正方要想维护"竞争与合作可以并存"这一观点是有一定的困难的，但在辩题中追加"在社会主义市场经济条件下"这一前提，就达到了既不改变辩题性质，又能缩小辩题的范围，增添己方立论有利因素的目的。

（3）公理论证。

科学定义、科学原理、公理等是为实践所证实了的真理，在论证中恰当地加以引用，能牢不可破地树立自己的观点。此外，用数据论证自己的观点，直观而准确，形象而生动。

（4）避实就虚。

当遇到让大多数评委和观众难以接受的辩题时，可以独辟蹊径，拓展辩题，把论题界定到对己方有利的范围。在"人性本善(本恶)"的辩题中,反方对"人性本恶"的命题,就从三个角度来立论。从事实上讲人性先天、与生俱来是恶的;从价值上讲我们不鼓励恶,希望通过教化来使人性向善的方向发展;从起源上讲人性本恶,但是如果人皆相恶,那么人种便难以保存,为了群体的生存,必须制定一些规则,那最初的对于规则的遵守便是善的起源。

(5) 出奇制胜

表述论点,可以大胆创新,转换话题切入角度,营造攻守皆宜的辩论氛围。例如,在"大学生择业的首要标准是发挥个人专长"的辩论中,反方的立论角度虽然很多,但都很一般,没有新鲜感。辩论时,反方以"大学生应从个人的自我完善和推动社会进步的角度确定择业方向"为论点,别出心裁,出人意料,使正方措手不及,增强了论点的说服力。

2. 辩论取材的技巧

辩论赛是一场智慧之战,机敏之争。就地取材体现了辩手的机敏、瞬间的智慧。要想论辩克敌制胜,增色添彩,除了赛前要充分准备之外,还需要随机应变,把握现场,切合时境,就地取材。

(1) 就"己方"取材。

以己方的某一情况为素材,或引出问题,或反驳对方,以证明己方观点的正确。如"美是(不是)客观存在的"的辩论。

正方二辩:"请问对方辩友,我美吗?"

反方三辩:"我认为对方二辩很美,但是,这只是我个人的意见,如果在场有人胆敢说对方二辩不美,那么,我们是不是要踏上千万只脚,让他永世不得翻身呢?正因为美是一种主观感受,所以,才会有人觉得对方二辩很美,有人觉得对方二辩不美。"

正方二辩:"刚才对方三辩认为我很美,我要谢谢他。但是,如果有人说我不美,我会骂人吗?那倒不会!因为,不管你认为我美不美,我还是我,我并没有因为你认为我不美,就变成了母夜叉!美是客观存在的,只不过是人们所欣赏的角度不同罢了!"

正方二辩以自己的相貌为话题,巧妙地证明了己方的立场,美是客观存在的。取材机智,论证巧妙,收到了很好的现场效果。

(2) 就"敌方"取材。

把对方辩友的有关材料作为论据,或证明自己的立场,或批驳对方观点。如"温饱是(不是)谈道德的必要条件"的辩论。

反方:"第二次世界大战的时候,面对着法西斯的疯狂攻袭,英国民众也并没有丧失他们讲究道德的绅士传统。热爱祖国、伸张正义的信念,使得众多还在不温不饱状态下的英国民众们顽强抗争着。面对着这些贫寒但是高贵的灵魂,来自英国的对方辩友难道还要告诉我们'温饱是谈道德的条件'吗?"

因正方来自英国剑桥大学,反方论辩时,列举英国公民在"二战"中艰苦抗击法西斯的例子作为己方的论据,使对方不能否认,也无法否认这一令英国人引以为自豪的事实,显示了就地取材的力量。

(3) 就"现场人员"取材。

把辩论现场人员"扯入"自己的辩驳中,为证明己方的观点服务。如"艾滋病是医学问题,不是(也是)社会问题"的辩论。

反方:"一个人得了病也许不是社会问题,千百万人得了艾滋病难道还不成为社会问题吗?"

正方:"那千百万人还曾经得过感冒,千百万人还曾经得过心脏病,难道这都是社会问题吗?"

反方:"一个人打喷嚏不是社会问题,但如果我们全场的人同时打个喷嚏——还不是社会问题吗?"

正方提出的问题,可谓咄咄逼人,比较棘手,反方如果直接辩驳,恐怕很难奏效。从现场就地取材,把全场人员作为话题并推向极端。虽然不能直接证明己方"艾滋病也是社会问题"的立场,但却巧妙地避开了对方的进攻,没有让对方占到上风。

（4）就"评委"取材。

把现场的评委作为话题,将其有关情况巧妙地穿插在自己的辩论中,一方面用以证明己方的观点;另一方面可以借此赢得评委的好感。例如,"夜晚对人类利大于弊（弊大于利）"的辩论。

反方:"请问,为什么人们都选择白天工作,夜间休息呢？如果说夜晚对人类利大于弊,那人们为什么不都改在晚上工作呢？"

正方:"我告诉你,金庸先生的作品有70%都是夜深人静的时候写成的,夜晚往往是作家灵感频发、文思泉涌的黄金时段,不信你问问在座的金庸先生啊!"

反方:"金庸先生已经七十高龄了,你是想让金庸先生夜以继日、不停地写,永远不见天日了吗?"

辩论双方,你来我往,都以坐在台下的评委金庸先生为论据,幽默中夹着"狡猾",让评委饶有兴趣,观众反应强烈。

（5）就"举办地"取材。

以辩论赛举办地的材料为题材,将它作为证明己方立场或反驳对方观点的论据。如"人性本善（恶）"的辩论。

正方:"对方辩友,请不要回避问题,中国台湾的证严法师救济安徽的大水,照你们的说法,都是泯灭人性,人性本恶,还会发生这样的事情吗?"

反方:"但是,8月28日的新加坡《联合早报》也告诉我们,这两天新加坡游客要当心,因为中国台湾出现了'千面迷魂'这种大盗,瞧,人性多么险恶啊!"

正方用关于中国台湾的证严法师救济安徽水灾的新闻,证明人性本善,生动真切;反方随手拈来新加坡《联合早报》的有关迷魂大盗的报道,证明人性本恶,让在场的新加坡观众笑得开心又会心。

3. 反驳环节的技巧

反驳是对对方错误的言论进行驳斥。一般情况下,可以通过摆事实、讲道理的方法,从正面指出对方论点的谬误所在,但有时效果不佳,此时应独辟蹊径,运用一些恰当的逻辑方法,这样能够出奇制胜。

（1）归谬反驳。

在辩论中,对对方荒谬的论题,不予正面的直接揭露、反驳,而是以它为真命题,遵循"有此必有彼"的必然联系,引申出一个更为荒谬的论题,对方观点不攻自破,达到"以子之矛,攻子之盾"的效果。一位加拿大外交官竞选省议员,遭到反对派攻击,理由是他出生在中国(其父母均为美籍传教士),吃过中国奶妈的奶,因此"身上有中国血统"。对此,这位外交官反驳道:"诸位是喝牛奶长大的,我不得不遗憾地指出,你们都有牛的血统!"他的朋友也补充道:"各位有喝羊奶的,吃猪排的,啃鸡脯的,这样你们的血统实在是很难断定了!"放大谬误,使对方不能"自圆其说"这就是归谬反驳法。

(2)类比反驳。

在辩论中,举出一个与本论题相似的例子,由此及彼,达到反驳的目的。最后的效果是"以其人之道,还治其人之身"。类比反驳往往机智巧妙,出人意料,具有较好的反驳效果。

(3)引君入彀。

先避开论题,而去谈论双方有共同认识的话题,诱使对方钻入其中,进而将其制服。美国第一位总统华盛顿年轻时,一匹马被邻人偷走了,华盛顿同一位警官到邻人农场里索讨,那个人拒绝归还,声称那是自己的马。华盛顿用双手蒙住马的双眼,对邻人说:"如果这马是你的,那么请你告诉我,马的哪只眼睛是瞎的?""右眼。"华盛顿移开右手,马的右眼光彩照人。"哦,我弄错了,是左眼。"华盛顿移开左手,马的左眼也是光亮亮的。"糟糕,我又弄错了。"邻居为自己辩护。华盛顿避开马的归属,设置马瞎眼问题诱使对方"入彀",使其就范。

(4)反唇相讥。

在辩论中,常出现恶意的人身攻击和挑衅,针对这种情况,可承接对方的讲话内容,借用其中的某些词语反戈一击。这种反驳方法能言简意赅地击中对方要害,收到良好的效果。德国诗人海涅是犹太人,一次,一个旅行家讲述他旅行中发现的一个小岛,最后他说:"你猜猜,这个小岛有什么现象使我惊奇?那就是这个岛上竟没有犹太人和驴子。"这个旅行家故意把犹太人与驴子相提并论,意在侮辱海涅。海涅听了冷冷地接道:"只要你和我一块儿去一趟,就可以弥补这个缺陷了。"海涅巧妙地利用对方的话语,把"旅行家是驴子"的意思潜藏在话语底层,表面不动声色,实则是针锋相对,且委婉含蓄、语胜一筹。这种反驳达到了以守为攻,后发制人的效果。

(5)借力打力。

"以子之矛,攻子之盾",使对方于急切之中,理屈词穷,无言以对。如"知难行易"的辩论。

反方:"许多贪官不是不知法,而是知法犯法。"

正方:"对呀!那些人正是因为上了刑场死到临头才知道法律的威力、法律的尊严,可谓'知难'哪,对方辩友!"

当反方以实例论证"知法容易守法难"时,正方马上借反方的例证反治其身,强化"知法不易"的观点。辩题中的"知",不仅指"知道"的"知",也指建立在人类理性基础上的"知"。正方宽广、高位定义的"知难"和"行易",借反方狭隘、低位定义的"知易"和"行难"的攻击之力,有效地回击了反方,使反方构建在"知"和"行"表浅层面上的立论框架崩溃。

(6)移花接木。

一位乘坐公交车的青年反问道:"为什么要我赔?"售票员理直气壮地说:"公交车是人民的财产,谁损坏谁就要赔偿!"青年人说:"我是人民中的一分子,人民财产有我一份,我那份不要了,就算做赔偿吧。"这里青年人把"人民的财产"这一概念偷换成"每个人都有份的财产"的概念。"人民的财产"是"人民大众共有的财产",而不是"每个人都享有一份的财产"。只要明白了这点,诡辩便被揭穿。

(7) 两难推理。

两难推理就是一方提出具有两种可能性的判断,迫使对方不论肯定还是否定其中哪种可能性,结果都会陷入为难的境地。它是辩论中十分常见的诡辩术之一。例如,有位干部抱怨说:"要是会议多了,整天泡在会里,影响其他工作;要是会议少了,上级精神无法传达,基层情况也无法了解。唉,现在的领导真难当啊!"这里就包含了一个两难推理,不过这是个为自己"泡会海"进行辩护的错误的两难推理。其一,"会议少"与"上级指示无法传达,基层情况也无法了解"并无必然联系;其二,"或者会议多,或者会议少",没有穷尽一切可能,因为还有"会议不多不少"这种选择。论辩中遇到这种情况,要予以拆穿,一般采用"反两难推理法"(即另外构造一个与原来的两难推理相反的两难推理,"以其人之道,还治其人之身")或"直接拆穿法"(即直接指出其推理中的逻辑错误,如上例中列举未穷尽等)。

(8) 釜底抽薪。

向对方做选择性提问,把对方置于"两难"境地,是许多辩手惯用的进攻招数之一。对付这种有预谋的提问,可以从对方的选择性提问中,抽出一个预设选项进行强有力的反诘,从根本上挫败对方的锐气,如"思想道德应该适应(超越)市场经济"的论辩。

反方:"我想问雷锋精神到底是无私奉献精神还是等价交换精神?"

正方:"对方辩友您错误理解了等价交换,等价交换是说所有的交换都要等价,但并不是说所有的事情都是在交换,雷锋还没有想到交换,当然雷锋精神谈不上等价了。"

反方:"那我还要请问对方辩友,我们的思想道德的核心是为人民服务的精神,还是求利的精神?"

正方:"为人民服务难道不是市场经济的要求吗?"

这一交锋,反方有备而来,有"请君入瓮"之意。如果正方以定势思维被动回答,就难以处理反方预设的"两难":选择前者,则刚好证明了反方"思想道德应该超越市场经济"的观点;选择后者,则有悖事实,谬之千里。妙在正方辩手跳出反方"非此即彼"的框框设定,反过来单刀直入,从两个预设选项中抽出"等价交换"这一选项,进行反诘,以倒树寻根之势彻底推翻了其作为预设选项的正确性,语气从容,语锋犀利,其应变之灵活、技法之高明,令人叹为观止。

参考文献

[1] 陈丛耘. 口语交际与人际沟通[M]. 重庆：重庆大学出版社,2010.
[2] 陈兴焱. 普通话口语教程[M]. 北京：清华大学出版社,2010.
[3] 中公教育普通话水平测试研究中心. 普通话水平测试专用教材[M]. 北京：世界图书出版公司出版,2015.
[4] 高雅杰. 普通话训练教程[M]. 北京：清华大学出版社,北京交通大学出版社,2009.
[5] 王炜. 普通话语音基础与播音发声实训[M]. 北京：科学出版社,2017.
[6] 王浩瑜. 跟我说普通话[M]. 北京：中国国际广播出版社,2016.
[7] 金正昆. 接待礼仪[M]. 北京：中国人民大学出版社,2009.
[8] 李开复. 做最好的自己[M]. 北京：人民出版社,2007.
[9] 刘金同,裴明珍,李兴军. 大学生实用口才与演讲(第二版)[M]. 北京：清华大学出版社,2009.
[10] 罗爽. 实用口才技巧与训练[M]. 北京：机械工业出版社,2009.
[11] 麻友平. 普通话与口语实训教程[M]. 北京：中国石化出版社,2010.
[12] 四川省语言工作委员会. 普通话水平测试训练教程[M]. 成都：电子科技大学出版社,2003.
[13] 孙汝建. 口语交际理论与技巧[M]. 北京：中国轻工业出版社,2007.
[14] 王非,霍维佳. 大学生口才与演讲训练[M]. 北京：清华大学出版社,2010.
[15] 王浩瑜. 跟我说普通话[M]. 北京：中国传媒大学出版社,2009.
[16] 王景华,尹建国. 普通话口语交际[M]. 北京：北京师范大学出版社,2011.
[17] 夏少钦. 普通话[M]. 北京：电子工业出版社,2007.
[18] 邢福义. 普通话培训测试指要[M]. 武汉：华中师范大学出版社,2010.
[19] 张保志. 普通话口语交际教程[M]. 北京：科学普及出版社,2007.
[20] 张晓梅. 现代口语交际礼仪[M]. 北京：中国青年出版社,2009.
[21] 周彬琳. 实用演讲与口才[M]. 大连：东北财经大学出版社,2010.